백만장자 메신저

Millionaire Messenger

백만장자 메신저

The Millionaire Messenger
Make a Difference and a Fortune Sharing Your Advice

당신의 경험이 돈이 되는 순간이 온다

──── 브렌든 버처드 지음 | 위선주 옮김 ────

위선주 | 서울대학교 컴퓨터공학과를 졸업하고 동 대학교 대학원에서 컴퓨터공학을 전공했다. 영국 워릭대학교에서 MBA 학위를 받았다. 삼성전자와 ㈜파라다이스 등에서 근무했고, 전문 번역가로 활동했다. 현재 ㈜KBS한류투자파트너스에서 콘텐츠 및 미디어 분야 투자운용인력으로 일하고 있다. 옮긴 책으로는 『잊혀진 사람』, 『2010 세계 경제 전망』, 『잭 니클러스 Golf My Way』, 『자본주의 4.0』, 『아시아 미래 대예측』, 『고마워, 너를 보내줄게』, 『불평등 민주주의』, 『리바운더스』, 『무엇이 세상을 바꾸는가』, 『공개하고 공유하라』, 『린 스타트업』, 『린 분석』, 『린 마인드셋』 등이 있다.

당신의 경험이 돈이 되는 순간이 온다

백만장자 메신저

초판　1쇄 발행 2012년 6월 15일
개정판 19쇄 발행 2023년 9월　4일

지은이 브렌든 버처드 **옮긴이** 위선주

발행인 이재진 **단행본사업본부장** 신동해
편집장 김예원 **마케팅** 최혜진 백미숙 **홍보** 반여진 허지호 정지연
국제업무 김은정 김지민 **제작** 정석훈

브랜드 리더스북
주소 경기도 파주시 회동길 20
문의전화 031-956-7357(편집) 031-956-7129(마케팅)
홈페이지 www.wjbooks.co.kr
인스타그램 www.instagram.com/woongjin_readers
페이스북 https://www.facebook.com/woongjinreaders
블로그 blog.naver.com/wj_booking

발행처 ㈜웅진씽크빅 **출판신고** 1980년 3월 29일 제406-2007-000046호

한국어판 출판권 © ㈜웅진씽크빅 2018
ISBN 978-89-01-22266-0 03320

나의 아버지 멜 버처드에게 이 책을 바칩니다.
그는 일생을 통해 인간이란 어떤 존재인지,
또 내가 어떤 사람이 돼야 하는지를 알려주었습니다.
"진정한 네가 되어라.
정직하라.
최선을 다하라.
가족을 돌보라.
사람들을 존경하라.
그리고
너의 꿈을 좇아라."

왜 이 책은 중고서점에서 수십만 원에 거래됐을까

—이동우(이동우콘텐츠연구소 대표)

인류 역사를 통틀어 지금까지 출간된 책은 3억 1,000만 권에 달한다. 이 엄청난 숫자 앞에서는 책을 쓰는 저자도, 책을 읽는 독자도 겸손해질 수밖에 없다. 아무리 많은 책을 써도 그중 일부일 것이며, 아무리 많은 책을 읽어도 그중 일부분일 것이기 때문이다. 그런데 우리를 더 겸손하게 만드는 것은 이 숫자가 지금도 계속 커지고 있다는 사실이다. 그래서일까? 이제는 얼마나 많은 책을 읽어야 하는지가 아니라, 어떤 책을 읽어야 하는지가 더 중요한 세상이 되어가는 것 같다.

이 관점에서 보면 그 많은 책 중에 이 책을 알게 된 나와 당신은 분명 축복받은 사람들이다. 그것은 중고서점에서 운 좋은 사람만이 구할 수 있다던 이 책을 '득템'해서가 아니다. 우리가 '메신저 사업'을 해야만 하는 진정한 이유, 앞으로 무엇을 해야 하는지에 대한 명확한 가이드, 그리고 가슴 뛰는 저자의 생생한 이야기를 직접 들을 수 있기 때문이다. 그렇다. 지금 이 순간 여러분과 나는 이 같은 출발점에 서 있다.

나는 사람들이 말하는 '1인 기업가'다. 책을 쓰는 저자이자 '이동우의 10분 독서'라는 콘텐츠를 만드는 콘텐츠 프로듀서이다. 또 어떤 곳에서는 강사로 불린다. 이 책의 저자 브렌든 버처드가 살아가는 세상과 정확히 같은 포지션을 가진 셈이다. 그렇기 때문에 저자가 말하고자 하는 바를 조금 더 빠르게 이해할 수 있었는지도 모른다. 그럼에도 불구하고 나는 이 책을 감히 '칭찬'할 수밖에 없다. 메신저 사업에 대한 거의 모든 것, 즉 '바이블'이라고 이야기할 수 있기 때문이고 나 역시 이 책에서 많은 것을 배웠기 때문이다.

이 책이 처음 쓰인 것은 2011년이다. 지금부터 7년 전이라는 사실이 믿기지 않는다. 메신저 사업, 즉 사람들에게 어떤 콘텐츠를 제공해야 하는지, 어떤 방법으로 제공해야 하는지, 그것을 '왜' 해야 하는지를 대단히 명확하게 이야기하고 있기 때문이다. 시대적 관점으로 보면 이 생각은 최소 몇 년은 앞서 있다고밖에 설명할 방법이 없다.

콘텐츠 산업은 실제로 시작해서 실패해보지 않으면 절대 알 수 없는 부분들이 있다. 즉 시간을 들여 좋은 품질의 콘텐츠를 만들어도 그것이 사람들의 마음을 움직이고 돈을 지불하는 행위로까지 이어지게 한다는 보장이 없다. 따라서 상당한 시간과 노력을 투자했음에도 아무런 성과를 얻지 못하는 경우가 많다. 몇 가지를 수정하면 되는 게 아닌가, 그렇게 생각하는 사람도 있을 것이다. 그러나 이런 생각은 콘텐츠 산업의 특수성을 전혀 모르고 하는 말이다. 콘텐츠 산업은 제조 공장이 아니다. 그렇기 때문에 잘못된 부분을 수정해서 다시 성공한다는 것은 거의 불가능에 가깝다.

독자들이 이 책에서 가장 크게 얻을 수 있는 부분이 바로 이런 전체적인 전략이다. 브렌든 버처드는 여기에 대한 지름길을 제시한다. 우리가 세상에 기여할 수 있는 '메시지'를 만들고, 이 메시지를 오디오북, 동영상, 소책자, 상담, 세미나, 워크숍, 강연 등의 형식으로 제공하는 방법에 대해 알려준다. 이 부분은 실제로 이런 사업을 하고 있는 나에게도 많은 도움이 되었기에 메모를 하면서 기억하려고 애썼다. 지금은 하나씩 실천하는 중이다. 먼저 이 책을 읽은 독자로서, 단언컨대 이 대목은 이 책이 중고서점에서 수십만 원의 호가에 팔리게 만든 중요한 요인으로 작용했을 것이다.

물론 서점에 가보면 현대사회의 조직생활은 우리 인생을 책임져줄 수 없고, 1인 기업을 시작하거나 평생 직업을 찾아야 한다고 주장하는 책들이 많다. 큰 조직에 들어가야만 살아남을 수 있다고 주장하던 예전의 책들과는 사뭇 다르다. 어떤 사람들은 이 책도 요즘 서점에 있는 수많은 책들과 비슷한 책, 혹은 트렌드에 맞춰 쓴 책이 아니냐고 생각할 수 있다.

분명히 말하지만 '아니다'. 『백만장자 메신저』는 그런 책들과 다르다. 브렌든 버처드가 메신저 사업을 시작한 것은 회사가 미래를 보장해주지 않기 때문도 아니고, 단순히 먹고살기 위해서도 아니기 때문이다. 그는 교통사고 이후 왜 이 일을 시작해야 하는지에 대한 명확한 비전을 갖게 되었고, 그 목표를 실현하는 삶을 살고 있다. 동기가 다르다는 얘기다. 조직사회에서 '동기' 운운할 때마다 프로파간다 혹은 달콤한 사탕발림이라 생각했을 수도 있다. 하지만 직접 '내 일'을 시작해보면 그 작은 동기 하나가 힘들고 어려울 때 얼마나 든든한 버팀목이 되는지를 실감할 수 있을 것이다. 콘텐츠 사업은 그래야 한다. 이 일을 '왜 하는지'가 명확해야 한다. 남을 설득하기에 앞서 나부터 나를 설득해야 하는 이유가 여기에 있다.

혹자는 콘텐츠를 만들어 이를 사람들에게 전달하기 위해서는 콘텐츠를 만드는 전문지식이나 경험이 있어야 한다고 생각할지 모르겠다. 하지만 이 책은 그게 아니라고 말한다. 나의 생각도 같다. 더불어 콘텐츠를 만들기 위한 핵심 역량이나 기술이 있다면 그 기술은 절대 아웃소싱하지 말아야 한다는 저자의 주장에 동의한다. 진정으로 스스로 고민하고 스스로 콘텐츠를 만들어야 한다는 얘기다.

이렇게 장황하게 늘어놓으면 해야 할 일이 많은 것 같아 두려운 마음이 들지도 모르겠다. 하지만 걱정할 것 없다. 이 책의 저자도 그랬고 나도 그랬듯이 누구나 '시작'은 있기 마련이다. 그 시작은 누구에게나 두려울 수 있다. 그래서 필요한 것이 먼저 그 길을 걸어간 사람이 아니겠는가. 이 책을 추천하지 않을 수 없는 이유다.

물론 이 책에서 언급하지 않는 부분도 있다. 실제로 메신저 사업을 시작하면 어려운 일이 많다. 기본적으로 콘텐츠를 만들기 위해서는 상상 이상으로 많은 시간과 노력이 투입된다. 거기다 내가 하는 일의 겉모양만 베낀 경쟁자들이 우후죽순 생겨난다. 물론 그중에는 진짜 실력자도 숨어 있겠지만 허풍쟁이가 대부분인 게 사실이다. 또 돈을 좀 벌었다 싶으면 수많은 거간꾼들이 모여든다. 이런 모든 것들이 우리를 흔들어놓는다.

그러나 이 책은 그 모든 뒷이야기를 멋스럽게 감추고 있다. 굳이 보여주지 않아도 될 부분까지 이야기할 필요는 없다고 생각했을지 모른다. 우리를 앞으로 나아가게 만드는 것은 미래에 대한 희망과 비전이지, 괴롭고 아픈 기억들로 점철된 어두운 과거가 아니기 때문이다. 설령 그런 일이 존재한다면 그것은 우리 스스로가 감당해야 할 몫이다.

이 책을 먼저 읽은 독자로서 진심으로 이렇게 말하고 싶다. 이 책을 끝까지 읽고 앞으로 무엇을 할 수 있는지를 생각해보는 시간을 갖기를 바란다. 그것은 세상이 여러분을 지켜주지 않기 때문에, 조직사회가 우리의 남은 인생을 보장해주지 않기 때문에 대안으로 만드는 미래와는 사뭇 다를 것이다.

그렇다. 당신의 숨은 동기부터 찾아야 한다. 당신만의 메시지는 분명 존재한다. 지금 이 사회는 당신의 메시지를 절실히 필요로 하고 있을지 모른다. 책을 읽다보면 모든 일은 이렇게 작은 동기에서 시작함을 가슴으로 느낄 수 있을 것이다. 만약 이미 콘텐츠 사업을 하고 있다면 이 책은 여러분이 제대로 잘하고 있는지를 가늠해볼 수 있는 좋은 길잡이가 될 것이다. 나역시 이 부분에서 큰 배움을 얻었다.

물론 이 책 한 권을 읽는다고 해서 당장 콘텐츠 전문가 혹은 메시지 전문가가 되지는 않는다. 분명 성공의 방향과 지름길을 알려주지만 그 길을 직접 걸어야 하는 것은 당신 혼자이기 때문이다. 우리 삶은 이렇게 하나씩 배워가고 조금씩 완성해가는 게 아닐까 싶다. 이것이 정답이라 말하기는 힘들다. 다만 누군가 이 길을 먼저 걸었고 그 길에서 배운 점을 공유하고 있다면, 우리 또한 거기에서 무언가를 배우고 또 누군가에게 공유할 수 있지 않을까 생각한다.

끝으로 내가 그러했든 여러분 또한 브렌든 버처드의 가슴 뛰는 메시지에 영감을 얻고 힘을 얻기를 기대하며, 새로운 출발을 하려는 여러분 모두에게 건투를 빈다.

'의미있는 삶'과 '물질적인 만족' 모두 누릴 수 있는 메신저의 세계에 당신을 초대합니다

나는 충분히 만족스러운 인생을 살았는가?
열린 마음으로 다른 이들을 사랑했는가?
스스로 가치있는 존재라고 느끼는가?

인생을 마감하는 시점에 이르면, 누구나 이 세 가지 질문을 스스로에게 던지게 된다고 한다. 나 역시 자동차 사고로 죽음의 문턱에 섰을 때 이 질문들을 떠올렸다. 그리고 이 질문들은 나를 완전히 바꿔놓았다. 그날의 사고 이후, 나는 열정과 목적이 이끄는 길로 들어서게 되었다.

충분히 만족스러운 인생을 살았는가, 하는 질문 앞에 놓이면 우리는 그동안 생기있고 활기차게 하루하루를 보냈는지 돌아보게 된다. 나는 과연 새로운 도전 앞에서 위험을 감수하면서 대담하게 살았는가. 큰 꿈을 품고 잠재력을 마음껏 발휘하기 위해 애썼는가. 무엇보다 부모님이나 선생님, 동료나 배우자의 바람대로가 아닌 나 자신으로서의 인생을 살았는가. 이 질문에 주저 없이 '그렇다'라고 답할 수 없어 낙담할 수도 있고, 혹은 그래왔는지 아닌지조차 알 수 없어 속상할 수도 있다.

또한 스스로에게 묻게 된다. 주변 사람들에게 후회 없을 만큼 사랑을 주고, 적절한 순간에 고맙다는 인사를 건넸던가. 수많은 만남과 헤어짐 속에서 소중히 간직해야 했던 인연에 최선을 다했던가. 내가 죽고 나면 누군가는 나를 절실히 그리워할까.

내가 죽음과 마주하던 순간, 눈앞에는 내가 사랑하는 사람들과 친구들에게 둘러싸인 장면이 펼쳐졌다. 그들의 모습을 아득히 바라보면서 스스로에게 물었다. 과연 나는 그들에게 내 감정을 솔직하게 그리고 충분히 드러냈다고 말할 수 있는가. 반성할 수밖에 없었다.

마지막으로 마음 깊은 곳에서 내 삶의 목적이 무엇이었을까, 묻게 된다. 좋은 삶을 살았는지 확인하고 싶은 것이다(나는 누군가에게 도움이 되는 가치 있는 존재였나). 내가 이 세상을 조금이나마 변화시켰는지 알고 싶고, 그랬다고 믿고 싶어진다.

죽음을 앞두고 이 질문들을 떠올리며 반성과 회한에 휩싸이는 것은 가혹한 일이다. 그래서 나는 지금 당장 사람들에게 말하고 싶다. 생을 마감할 때 이 질문들에 대해 만족스러운 답을 할 수 있는 인생을 살자고 말이다.

의미있는 삶과 물질적인 만족, 두 가지를 모두 누릴 수 있을까

왜 우리는 죽음을 맞이할 때와 같은 절박함으로 매 순간을 충실히 살지 않는가? 왜 인생의 마지막 순간에 사랑의 대서사시를 볼 수 있도록 살지 않는가? 왜 나 자신을 위한 삶인 동시에 다른 사람을 위한 삶, 즉 다른 사람의 인생을 변화시킬 수 있는 삶을 살지 않는가? 지금 그렇게 살지 않을 이유가 어디에 있는가?

당신에게는 당신만의 인생 경험과 그 과정에서 얻은 지식이 있다. 그리고 그것을 토대로 다른 사람을 도울 수 있다. 이는 당신이 스스로 충분히 만족스러운 삶을 살았노라 답할 수 있는 하나의 방법이다. 이 책은 자신의 경험과 지식으로 남을 돕는 일을 직업으로 삼아 평생 성장하는 메신저가 되는 방법을 담고 있다. 이 책의 내용은 다음 세 가지로 요약된다.

- 당신이 살아온 이야기, 알고 있는 지식, 전달하고자 하는 메시지는 생각보다 훨씬 더 가치있다. 사람들은 당신의 경험을 통해 간접체험과 교훈을 얻기 때문이다.
- 당신은 세상을 변화시키기 위해 태어났다. 세상을 변화시키는 가장 좋은 방법은 자신의 지식과 경험(어떤 주제에 대한 것이든)을 이용해 다른 사람들이 성공하도록 돕는 것이다.

• 결론적으로 당신은 사람들이 성공하도록 조언하고 관련 정보를 제공해 대가를 받을 수 있으며 이렇게 함으로써 스스로의 성장과 먹고사는 문제, 두 가지를 모두 해결할 수 있다. 즉 의미있는 삶과 물질적인 만족을 동시에 얻을 수 있다.

이 같은 일이 가능할 거라 믿지 못한다면, 특히 자신의 메시지를 세상과 나눔으로써 돈을 벌 수 있다는 점이 미심쩍다면, 그것은 '메신저'라는 것이 당신에게 아직 생소한 대상이기 때문이다. 한때는 비밀스럽게 유지되기도 했던 이 일을 지금은 우리 주변에서 흔히 접할 수 있다. 다만 우리가 접한 그 사람이 메신저였음을 알지 못했을 뿐이다.

지식노동자로 머물 것인가, 창조자로 발전할 것인가

메신저란 간단히 말해 다른 사람들에게 조언과 지식을 제공하고 대가를 받는 사람이다. 어떻게 하면 삶을 개선할 수 있을지, 또는 사업을 성장시킬 수 있을지에 대해 TV 프로그램 강연이나 블로그 글, 웹사이트 게시글 등으로 조언을 제공하는 사람들이 바로 메신저다.

이들은 평범한 보통 사람들이지만 자신의 성공 경험, 연구 결과 또는 인생 이야기를 바탕으로 다른 사람들에게 적절한 조언을 한다. 이들은 좋은 부모가 되는 법, 사업을 시작하는 법, 직장에서 성공하는 법, 더 열정적으로 사는 법 등 다양한 주제에 대해 실천적인 조언을 해준다. 이들은 자신만의 경험과 지식을 이용해 사람들에게 영감을 불러일으킨다.

다시 한 번 말하지만 이 메신저들은 '보통 사람들'이다. 이들은 자신의 인생 경험을 활용해 대중에게 판매할 상품과 프로그램을 만든다. 이들이 사용하는 매체는 책, 기사에서부터 블로그, 오디오 프로그램, DVD 학습 코스, 팟캐스트, 동영상까지 다양하다.

그리고 인터넷 덕분에 매우 적은 비용으로 콘텐츠를 생산하고 유통하는 일이 가능해졌다. 메신저들 중에는 그저 조언을 주고 방법론을 제공했을 뿐인데, 유명해진 이들이 많다. 사실 이들 중 몇몇은 다른 사람들이 짐작하는 것보다 훨씬 더 많은 돈을 벌고 있다.

지금은 자기 자신을 메신저나 구루guru(권위자)라고 생각하지 않는 사람도 메신저나 구루가 될 수 있다. 혹여 메신저나 구루에 대한 부정적 이미지가 있는 사람은 마음에 들지 않을 수도 있지만 속단하지 않길 바란다. 이 책에서 말하는 메신저 혹은 구루는 모르는 사람을 가르치는 선생이 아니라 '다른 사람들이 성공하도록 돕는 사람'을 의미한다.

성공적인 메신저가 되려면 최대한 많은 사람들을 도울 수 있도록 자기 자신과 자신이 아는 바를 포지셔닝하고 상품화하면 된다. 누구나 원하는 거의 모든 주제에 관해 매우 영향력 있는 메신저가 될 수 있고, 이를 통해 높은 수익을 올릴 수 있다. 이 책에서 나는 그 방법을 자세하게 설명하려고 한다.

그런데 여기서 한 가지는 분명히 해두고 싶다. 이 책의 의도는 글로벌 기업에서 일하는 '지식노동자'가 되기 위해 메신저가 되자는 것이 아니다. 지식노동자는 오래전에 생명력을 잃은 개념이다. 콘텐츠, 진정성, 신뢰, 스마트폰과 소셜미디어 등이 이끄는 새로운 창조의 시대에 새로운 부류의 창조적 인재들과 메신저들은 1인 기업으로 일하면서 고객과 진정한 관계를 형성하게 된다. 인터넷 덕분에 정보의 생산과 전달 과정이 민주화됐고, 누구나 다른 사람들에게 도움을 줄 수 있는 방법을 만들어내고 퍼트릴 수 있게 됐다.

이 새로운 경제 체제에서는 누구나 영향력 있는 사람이 될 수 있다. 그리고 굳이 조직에 들어가지 않아도 우리가 보유한 지식의 대가로 돈을 벌 수 있다. 전달하고자 하는 메시지가 있고 인터넷을 사용할 수만 있다면 누구나 메신저 산업에 몸담을 수 있는 것이다.

다른 사람들에게 깨달음을 불러일으킬만한 인생사를 갖고 있고 이를 통해 세상을 변화시키고자 하는 사람들은 보통 '자기계발서'를 써보라는 조언이나 제안을 듣는다. 그러나 다른 사람들을 돕고자 할 때 선택할 수 있는 길은 그 외에도 다양하다. '자기계발서 저자'라는 길밖에 없다고 생각한다면 정말 유감이다.

이 책에서 다른 사람들에게 영향력 있는 메시지를 전달하는 방법으로 제안하는 것들은 흔히 언급되는 것들과는 다르다. 특히 어떻게 하면 사람들에게 동기를 부여하고 그들의 열정을 불러일으키는 책을 쓸 수 있는지는 다루지 않는다. 책은 메신저가 활용할 수 있는 여섯 가지 방법 중 하나일 뿐이다. 그 외 다른 방법으로는 강연, 워크숍, 코칭, 컨설팅, 온라인 교육 상품 및 프로그램 제공 등이 있다. 이 모든 것들을 뛰어나게 잘 다루지 않아도 당신은 메신저로 성공할 수 있다. 이 책에서 나는 바로 그 점, 즉 메시지를 전달하고 그 대가를 받는 일이 놀랄 만큼 간단하게 이뤄질 수 있음을 보여주려 한다.

열정과 목적이 이끄는 삶, 바로 메신저의 삶이다

최근의 경제는 불안정하다. 많은 사람들은 앞으로 어떻게 살아갈지에 대한 적절한 조언과 성공 전략, 구체적인 실천 지침과 관련 정보를 절실하게 구하고 있다. 나는 오늘날의 자본주의 경제 체제가 자연스럽고도 논리적인 발전 과정을 겪고 있으며, 이런 흐름에서 지금이 바로 메신저들에게 있어 최적의 창업 기회라고 생각한다.

다시 한 번 강조하건대, 당신은 수백만 명의 사람들에게 메시지를 전달할 수 있고 그 대가로 수백만 달러를 벌 수 있다. 나 자신이 이를 증명해왔고 내가 가르친 사람들도 마찬가지였다. 과장된 이야기처럼 들릴 수 있다. 하지만 이 책을 계속 읽다 보면 당신에게 맞는 새로운 일을 반드시 찾을 수 있을 것이다. 그리고 성공할 수 있다는 확신을 갖게 될 것이다.

예전엔 나도 이런 일이 가능한지 몰랐다. 세상을 돕는 의미 있는 메시지가 돈, 마케팅과 어우러질 수 있다는 말을 들을 때마다 회의적인 태도를 보였다. 나는 '권위자'라는 단어를 좋아하지 않았고 지금도 여전히 좋아하지 않는다. 권위자가 되는 것을 목표로 삼지도 않는다. 지방 소도시 출신인 나는 이른바 '유명한 사람들'을 대체로 믿지 않았다. 자라면서는 메신저를 자칭하는 사람들을 그다지 믿지 않았다. 어릴 때 돈이 별로 없어서 그랬는지 모르지만 돈에 대해 진지하게 생각하지도 않았다. 그렇기 때문에 내가 앞서 늘어놓은 이야기들이 메신저 산업을 생소하게 여기는 독자들에게 이상하게 보일 수 있음을 잘 알고 있다.

나 역시 나의 메시지를 전달해 많은 사람들을 돕고, 동시에 돈까지 벌 수 있다는 사실을 알지 못했다. 솔직히, 예전에 누군가가 내게 그렇게 할 수 있다고 말해주었다 하더라도 믿지 않았을 것이다. 그러나 목숨을 잃을 뻔한 큰 사고를 겪으며 죽음 앞에서 스스로에게 질문을 던진 결과, 메신저 산업의 가치와 가능성을 이해하게 됐고, 이제는 그 산업을 이끌고 있다. 나 브렌든 버처드가 인생에서 얻은 경험과 지식 하나를 꼽으라면 바로 이것이다.

"메신저로 살면 의미있는 삶과 물질적인 만족, 두 마리 토끼를 모두 잡을 수 있다."

나는 여러분들에게도 이 길을 안내하려 한다. 이제 열정과 목적이 이끄는 충만한 삶을 살고자 길을 찾는 당신을 메신저 산업의 세계에 초대하겠다.

이제는 당신이 '골든 티켓'을 받을 차례다

 도대체 어떤 사람이 메신저가 될 수 있나

평생 성장하는 백만장자 메신저의 생각법

골리앗을 이긴 백만장자 메신저의 실전 노하우

CHAPTER 6
기회와 위기가 공존하는 시대, 메신저는 어떻게 변화해야 하는가

INTRO

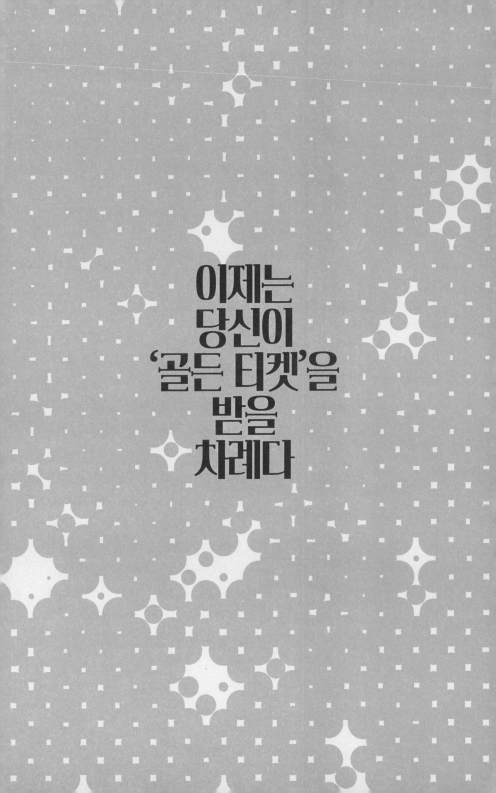

"브렌든, 차에서 빨리 빠져 나가! 어서!"

케빈은 깨진 운전석 창문을 통해
차 밖으로 빠져 나가려 애쓰면서 내게 소리치고 있었다.
그의 얼굴은 피투성이였다.
우리는 시속 140킬로미터로 도로 모퉁이를 돌았다.
미국이었다면 모퉁이에 U턴 모양의
밝은 노란색 화살 표시가 있었을 것이다.
곧 급커브가 있으니 속도를 늦춰야 한다는 경고 표시 말이다.
그러나 그때 우리는 도미니카공화국에서
그것도 새로 생긴 도로를 따라 달리고 있었다.
도로표지판은 하나도 없었다.
그리고 그 모퉁이가 인생의 전환점이 되었다.

죽음
앞에서 얻은
두 번째
골든 티켓

그 사고는 축복이었다. 첫사랑과 헤어진 나는 몇 달 동안 우울했고 정서적으로 피폐한 상태였다. 겨우 열아홉 살이었지만 마치 인생이 끝나버린 것처럼 어쩔 줄 몰랐다. 우리는 고등학교 동창 커플이었다. 나는 언젠가는 그녀와 결혼하리라 믿고 있었다. 그러다가 둘 다 대학에 진학했고 내 여자친구는 술과 더불어 더 많은 남자를 알게 되었다. 나는 별로 신경쓰지 않았다. 그러나 그녀는 나를 속이고 다른 남자를 만났다. 순진했던 연애의 끝은 무척이나 추했다.

크게 상심한 나는 여름방학 동안 도미니카공화국에서 일할 기회를 놓치지 않았다. 여러 가지 문제와 우울한 기분을 떨쳐

버리려면 내가 살던 도시에서 벗어나는 것으로는 부족했다. 미국을 잠시 떠나고 싶었다.

그리하여 나는 고향 친구 케빈과 함께, 도미니카공화국에서 운송장비업체를 운영하는 한 사업가를 돕게 됐다. 사고가 일어난 날, 케빈과 나는 어떤 고객의 집에서 돌아오는 길이었다. 어둡고 습기 찬 카리브해의 밤이었다. 우리는 차의 창문을 모두 내렸다. 라디오에서는 존 코크런의 노래 '인생은 고속도로 Life is a Highway'가 울려 퍼지고 있었다. 차를 둘러싸고 있는 눅눅한 공기를 뚫고, 양쪽으로 어두운 정글이 늘어서있는 도로를 질주하면서 나는 우울했던 마음이 사라지는 것을 느꼈다. 외로움과 슬픔이 음악만큼 빠른 속도로 달아났다. 나는 눈을 감고 마치 죽음처럼 느껴졌던 과거의 순간들을 잊으려고 노력하면서 목청껏 노래를 따라 불렀다. 바로 그때 케빈이 소리를 질렀다. "맙소사! 브렌든, 꽉 잡아!"

눈을 뜨자 머리 위로 헤드라이트 불빛이 지나가더니 어둠 속으로 사라지는 것이 보였다.

세상 보는 눈을 바꿔준 그날의 자동차 사고

케빈은 운전대를 붙잡고 필사적으로 우회전을 하려

고 했다. 그러나 이미 늦었다. 우리가 탄 차는 휘청거리며 미끄러지더니 길에서 벗어나 뒤집어지며 빙글빙글 돌았다. 나는 마음을 다잡고는 생각했다. '하나님, 아직 죽고 싶지 않아요.' 아직 인생을 충분히 살았다는 생각이 들지 않았다. 이때 느꼈던 절박한 느낌은 한참 후에도 매우 생생하게, 오래도록 지속됐다.

차가 도로에서 벗어나 뒤집어지던 그 긴박한 순간에 나는 슬로모션으로 움직이는 듯한 느낌을 받았다. 그리고 그렇게 죽음의 문 앞으로 미끄러지는 동안 내 마음속에는 '내가 과연 충실한 삶을 살았나?'라는 질문이 빠르게 솟아올랐다.

도로를 벗어난 차는 물을 대려고 만들어놓은 수조와 충돌했다. 차는 공중으로 비스듬히 튕겨 올라갔고, 안전벨트를 하고 있던 나는 의자에 붙어있는 느낌이 들었다. 이어 차가 땅에 부딪혀 몇 번 튕겨 올라갈 때는 기이한 무중력 상태를 느꼈다.

눈을 감고 있었지만 내 눈에는 과거의 한 장면이 보였다. 그런데 생각했던 것과는 달랐다. 나는 이런 순간이 되면 지금껏 살아온 인생이 전지적 시점으로 눈앞에 펼쳐질 거라 생각했었다. 기억의 필름이 천천히 돌아가며 내가 살아온 모습을 하나하나 다시 보게 되지 않을까 막연히 추측했던 것이다. 실제로는 그렇지 않았다. 내 눈앞에 나 자신은 보이지 않았고, 어린 내가 뛰어다니는 모습 같은 영상도 펼쳐지지 않았다.

대신 나는 다른 사람들을 보고 있었다. 친구와 가족들이 내 주위에 서있었다. 그들은 거실 테이블 위에 놓인 케이크 주위에 서서 노래를 부르고 있었다. 나의 열두 번째 생일파티였다. 엄마는 기쁨의 눈물을 글썽이며 우리 형제의 생일마다 불러주시곤 하던 그 노래를 즐겁게 부르고 계셨다. 다른 모습이 보였다. 이번에는 내 여동생이었다. 그 애는 나와 나란히 그네를 타고 있었다. 눈이 마주치자 여동생은 내게 활짝 웃어줬다.

다른 장면들이 계속 보였다. 내가 보는 시선으로 내 인생이 지나가고 있었다. 그 모든 장면들은 내가 사랑하는 사람들과 함께 있는 모습이었다. 정말 생생했다. 하지만 내가 지금 그 순간 속에 있다고 느껴지지는 않았다. 나는 자동차 의자에 묶여 공중으로 튀어 오르고 있는 상황을 분명히 인식하고 있었다. 나는 죽음을 느끼며 내가 사랑하는 사람들과 나를 그리워할 사람들을 생각했다. 뼛속 깊이 후회가 밀려들었다. '나는 사랑하며 살았던가?'

차가 땅에 떨어지는 순간 큰 충격에 나는 잠시 의식을 잃었던 것 같다. 차에서 빠져 나가라고 소리치는 케빈의 목소리에 정신이 들었다. 고함을 지르며 깨진 창문을 통해 차에서 나가려는 그의 뒷모습이 보였다. 나를 돌아보는 케빈의 오른쪽 머리에 큰 상처가 나있었다. 그의 얼굴은 피투성이였다. "빨리 나와, 브렌든!" 그는 공포에 질려 외쳤다.

　　　　나는 우리가 타고 있던 차에 무슨 일이 벌어진 건지 전혀 알 수가 없었다. 그러나 케빈의 목소리만으로도 사태가 심각하다는 것쯤은 짐작할 수 있었다. 차에서 나가려고 오른쪽을 쳐다보니 조수석 창문틀이 완전히 찌그러져 있었다. 차 지붕도 내 위로 찌그러져 있었다. 유일한 탈출구는 차의 앞 유리였다. 앞 유리에는 작은 구멍이 나있었다.

　그 좁은 틈으로 빠져나오느라 팔과 다리, 배에 상처를 입은 나는 가까스로 찌그러진 차 보닛 위에 섰다. 몸에서 흘러내린 피가 내 발과 신고 있던 샌들, 보닛 위로 떨어지는 것이 보였다. 어지럽고 정신이 아득했다. 천천히 기운이 빠져나가고 죽음에 대한 두려움이 가슴 깊은 곳에서부터 솟아났다. 순간 다리가 후들거렸다. 존재의 미약함에 몸이 떨렸다. 그리고 이윽고 공포라는 어두운 에너지가 나를 휘감았다. 불안에 휩싸이다 마침내 눈물을 흘리기 시작했다. '나는 가치있는 존재였나?' 정신이 몽롱해지면서 눈앞이 어두워졌다. 의식이 흐릿해지는 게 느껴졌다. '이제 끝이구나.' 그런 생각이 엄습해왔다.

　바로 그때 찌그러진 차 보닛 끝에 뭔가 반짝거리는 것이 보였다. 나는 흐려지는 정신을 수습하며 반짝임에 집중했다. 부서진 차체 위를 타고 흐르던 내 피에 달빛이 반사돼 반짝이고 있었다. 고개를 들어 하늘을 올려다보니 어두운 밤하늘에 굉장한 보름달이 떠있었다. 예전에 한 번도 본 적 없는 그림 같은 달이었다. 그렇게 가깝게 보이고, 그렇게 크고, 그렇게 밝게 빛나고, 그렇게 아름다운 달은 처음이었다. 나는 찌그러진 내 삶에서 날아올라 하늘로 강하게 빨려드는 느낌을 받았다. 그것 말고는 고통도, 불안도, 다른 어떤 감정도 느껴지지 않았다. 고요함 속에서 아무것도 느껴지지 않던 그 잠깐의 시간. 나는 지금도 그 순간을 결코 잊을 수 없다. 찰나의 그 순간이 지나고 나자 서서히 현실감각이 돌아왔다. 유체이탈의 경험은 아니었다. 그때의 나는 다른 어느 때보다 나 자신과 긴밀히 연결돼있었기 때문이다.

몸이 안정을 되찾자 감사함과 감격이 솟구쳤다. '내가 이렇게 살아있구나!' 그 사고를 겪은 지 오랜 시간이 지난 지금까지도 그때의 감격을 제대로 설명할 수가 없다. 살아남았음을 느낀 그 순간, 나는 마치 신에게서 두 번째 삶을 살 수 있는 티켓을 건네받은 것 같았다. "이것을 받아라. 너는 아직 살아있고 다시 사랑할 수 있으며 앞으로 더욱 가치있는 존재가 될 수 있다. 지금 이 순간이 소중하다는 것을 깨달았으니 가서 열심히 살아가거라."

그날 티켓을 받아들고는 밤하늘을 올려다보며 '감사합니다. 감사합니다. 그렇게 하겠습니다.'라고 생각했던 것이 기억난다. 눈물이 두 뺨을 타고 흘렀다. 그 순간 내 영혼은 몇 달 만에 다시 노래를 부르기 시작했다. 이 놀라운 경험을 통해 나는 인생에 있어 말로는 다 표현하기 힘든 감사의 마음을 갖게 됐고, 지금까지 매 순간을 감사하며 살고 있다.

누구나
자신만의
'영감'과
'지혜'를
갖고 있다

전 세계 청중들 앞에서 나는 지난날의 자동차 사고에 대해 수백 번 이야기를 했다. 그때마다 나는 당시 느꼈던 감동과 감격을 더 생생하게 떠올린다. 그리고 더 큰 진심을 담아 그때의 깨달음을 강력한 메시지로 전달한다.

그때 케빈과 나는 여기저기 찢기고 멍이 들고 뼈가 부러졌다. 하지만 다행히도 살아남아 무사히 집으로 돌아왔다. 그리고 오래지 않아 우리 둘은 그 사고를 그다지 생각하지 않게 됐다. 이상하게 보일 것이다. 그러나 우리는 보통 스스로의 경험을 과소평가하고 거기에 숨겨진 뜻을 고민하거나 나누려 하지 않는 경향이 있다. 다른 사람의 경험에서는 쉽게 의미를 찾아내면서 말이다.

사고 이후 미국으로 돌아와 대학에 복귀했을 때 나는 그 사고는 거의 잊은 채 그저 해야 할 일들을 해나갔다. 대학을 졸업하고 학위를 받고 이력서에 쓸 경험들을 쌓고 취업 준비를 한 후 안정적이고 보수가 좋은 일자리를 구했다.

열정과 목적이 이끄는 메신저의 삶

그렇게 평범하고 평온한 일상을 살아가는 중에도 마음속 깊은 곳에는 내게 일어난 일들을 다른 사람과 나누고 싶다는 생각이 자리하고 있었다. 나는 여전히 사고 후의 한 순간과 연결돼있었다. 내가 받은 '인생의 두 번째 티켓'을 다른 사람들에게도 나눠주고 싶었다. 삶을 끝내야 할 때 누구나 스스로에게 세 가지 질문을 던지게 됨을 이야기해주고 싶었다.

나는 정말 인생을 만족스럽게 살았는가? 주변 사람들을 충분히 사랑하고 보살피고 그들에게 감사했는가? 내 마음속 깊은 곳에는 삶의 목적이 있었는가? 이 질문들이 나를 완전히 바꿔놓았고 나를 열정과 목적이 이끄는 길로 들어서게 했음을 모두에게 알리고 싶었다.

물론 몇몇 지인들에게는 이 세 가지 질문에 대해 이야기했다. 대부분 흥미로워하기는 하나 대수롭게 여기지 않았다. 다만 두어 사람만이 이 질문들이 심오하다고 여겨 더 많은 사람들에게 내 이야기를 들려주라고 독려했다.

이 작은 격려에 힘을 얻은 나는 경험과 깨달음의 메시지를 모두에게 알리고 싶었다. 그러나 나 스스로 망설임과 두려움을 떨치기가 어려웠다. 사람들이 나의 이야기에 귀 기울여주길 바라는 마음은 간절했다. 잠이 들면 나의 메시지를 통해 사람들의 인생을 변화시키는 꿈을 꿀 정도였다. 하지만 아침에 깨고 나면 과연 이 꿈을 현실에서 실현시킬 수 있을까, 막막하기만 했다.

현실 세계는 냉혹했다. 꿈에 나올 정도로 나의 바람은 간절했으나 내게는 '일다운 일자리'를 구하기 위해 해야 할 일들이 있었다. 풋내기 젊은이가 인생의 의미를 이야기한들 누가 듣고 싶어할 것인가? 내가 메시지를 전달할 길을 찾은들 누가 들어줄 것인가? 그랬다간 미쳤다는 소리나 듣지 않겠는가?

이렇게 이상과 현실 사이에서 갈등하던 나는 한 조언자를 만났다. 그 역시 인생에 열정적이었다. 충만한 삶과 그러한 삶을 만드는 열정에 대한 메시지를 전하고자 했던 나는 '메신저 산업'을 우연히 접하게 됐고, 운 좋게도 그 사업으로 성공할 수 있었다. 만약 그렇지 못했다면 나의 메시지는 그냥 허공에서 사라져버렸을 것이다.

진정 원한다면 자신을 뛰어넘는 결정을 할 수 있다

나의 어린 시절 꿈은 다른 이들에게 큰 가치를 전달하는 사람이 되는 것이었다. 미약하나마 내가 아는 인생의 지혜를 이용해 사람들을 돕는 일을 하고 싶었다. 다른 사람들에게 메시지를 전해주고 싶다는 생각은 깊고도 간절했다. 그런데 문제는 마음만 간절할 뿐 어떻게 해야 할지 아무것도 모른다는 것이었다.

이 순간 당신에게 묻고 싶다. 어쩌면 당신 또한 지금 이런 막막함에 직면해 '평범한 일상'에 머물러 있는 것은 아닌가? 당신도 인생 혹은 비즈니스에서 뭔가 깨닫고는 이를 다른 사람들과 나누고 싶다는 꿈을 품어보지 않았는가? 다른 사람들을 이끌어주는 행위가 의미있는 삶으로 향하는 길임을 이미 깨달았지만 구체적인 실현 방법이 보이지 않아 그저 꿈으로만 남겨두지 않았는가?

문제는 미약한 지혜가 아니다. 생계를 위해 열심히 일해서 돈을 벌어야 하는 경우 어떻게 실질적으로 다른 사람에게 영향을 주는 일을 할 수 있을까? 어떻게 평범한 사람인 내가 의미있는 방식으로 다른 사람들에게 메시지를 전달하고 영향을 줄 수 있을까? 나는 도미니카공화국에서 돌아온 후 몇 달 동안 작은 기숙사 방 안에서 뒹굴뒹굴하며 이런 생각을 하고 있었다.

그러던 어느 날 밤, TV에 나온 한 남자가 내게 길을 보여주었다. 그는 목사도, 교수도 아니었다. 다만 내가 알아들을 수 있는 말로 인생에 대한 이야기를 해주었다. 그의 이름은 토니 로빈스^{Tony Robbins}. 그는 우리 각자에게는 저마다 원하는 삶을 살고 변화를 일으킬 무한한 능력이 있다고 역설했다. 그리고 우리가 그런 삶을 살 수 있도록 자신이 돕겠다고 말했다.

그런 이야기에 혹하는 것이 어리석어 보일 수도 있다. 나도 그 전에는 다른 사람들처럼 방송이나 스타 강사의 말을 잘 믿지 않았다. 그러나 자동차 사고에서 얻은 깨달음을 어떻게든 사람들에게 전하고 싶었던 나는 토니 로빈스에게 사로잡혔다. 그가 말하는 내용 때문만이 아니었다. 내가 그에게 사로잡힌 것은 그가 하는 일이 몹시 인상적이었기 때문이다. 그는 인생에서 배운 바를 통해 사람들을 돕고 있었다. 그렇다. 바로 내가 하고 싶어하는 일을 그가 하고 있었던 것이다!

그날 밤 나는 토니 로빈스의 오디오북 『내 안의 힘^{Personal Power}』을 샀다. 내가 신용카드로 구입한 두 번째 물건이었다. 빨리 접하고 싶은 마음에 빠른 배송으로 주문했고, 오디오북을 받은 후에는 되풀이해서 듣고 또 들었다. 학교에서 집으로 돌아가는 길에 세 시간 내내 듣는 일도 많았다.

내게 있어 그의 메시지는 정말 놀라웠다. 우리는 대개 자신의 가치관을 바탕으로 삶의 태도를 결정하지만, 진정 원한다면 자신을 뛰어넘는 새로운 결정을 내릴 수 있다. 보다 열정적으로 살 수 있다. 그리고 이를 통해 스스로의 운명까지 바꿀 수 있다! 나는 이 오디오북을 통해 얻은 메시지가 내 인생을 완전히 바꾸어놓았다고 일 초도 주저하지 않고 말할 수 있다.

그 후 몇 해 동안 나는 웨인 다이어^{Wayne Dyer}, 디팩 초프라^{Deepak Chopra}, 스티븐 코비^{Stephen R. Covey}, 데이비드 바크^{David Bach}, 존 그레이^{John Gray}, 존 맥스웰^{John Maxwell} 등 자기계발과 비즈니스 분야 권위자들의 이야기를 듣고 읽었다. 이들 대부분은 자신의 메시지를 책, 테이프, CD, DVD, 세미나, 코칭 프로그램 등으로 제작해 사람들에게 내밀었다. 나는 삶과 일, 인간관계를 개선하는 데 도움이 되는 내용이라면 무엇이든 꾸준히 실천했다. 즉 내가 죽음의 문턱에서 떠올린 세 가지 질문과 메신저들의 가르침을 염두에 두고 열심히 살기 위해 노력했다.

사실 전 세계 수많은 사람들이 비슷한 노력을 했을 것이고, 나의 이런 실천들이 그리 특별하다고 말하기 힘들지도 모른다. 그렇지만 나에게는 좀 다른 점이 있었다. '어떻게 하면 더 나은 삶을 살 수 있을까?'에서 멈추지 않았다. '언젠가는 나도 그들처럼 사람들에게 영감과 지혜를 주는 사람이 될 수 있지 않을까? 그들은 자신의 메시지를 전달해 사람들을 돕는 사업을 어떻게 실제로 벌일 수 있었던 걸까?' 나는 리더들의 이야기를 들으면서 항상 이런 생각을 했다.

당신의
메시지로
할 수 있는
일은
무궁무진하다

대학을 졸업하고 조직 분야 컨설턴트로 사회생활을 시작했을 때에도 마음속에는 앞의 질문이 여전히 남아있었다. 나는 글로벌 컨설팅회사에서 7년 정도 일했다. 일은 재미있었고 어렵지 않게 승진도 했다. 하지만 이것이 평생 동안 해야 할 일이라는 생각은 들지 않았다.

함께 일하던 클라이언트들에게 종종 내가 겪은 자동차 사고 이야기를 해주었다. 그러면 그들은 내 이야기에 깊이 공감하며 이렇게 말했다. "사람들에게 그 이야기를 해주세요. 메시지를 전달해야 해요." 그러나 그렇게 하려면 어떻게 해야 하는지에 대해 물으면 그들은 금세 곤란해했다. "글쎄요. 책을 쓰

거나 강연을 하세요. 블로그를 만들거나 라이프 코치가 되거
나 뭐 그런 방법들이 있겠지요."

누구나 같은 말을 했다. 작가, 강사, 코치, 세미나 리더, 컨설
턴트, 온라인 마케터(조언, 훈련법 등 각종 정보를 온라인으로 파
는 사람)가 돼라. 그러나 그렇게 '되는 방법'을 아는 사람은 없
었다. 이 방법을 배우려고 학교에 다닐 수는 없지 않은가. 아
니, 어느 학교에서 이런 것을 가르쳐주겠는가.

삶에 대한 의미 있는 조언만으로도 돈을 벌 수 있다

나는 인터넷에서 '나의 메시지를 전달하는 법'을
검색해보았다. 하지만 내가 찾은 것이라고는 책을 쓰는 방법,
TV 방송에 출연하는 방법, 혹은 자기계발 강사로 돈을 버는
방법 같은 정보뿐이었다. 가치있는 메시지로 사람들을 돕는
일을 '직업'으로 삼으려면 어떻게 해야 하는지에 대해 이야기
하는 사람은 없었다.

결국 나는 내가 마음속에 품고 있는 일, 즉 메시지를 전달하
는 직업군을 '구루 산업guru industry'이라고 스스로 이름 붙였다.
그리고 무모할지는 모르지만 이 일에 전심전력을 다하기로
결심하고는 회사를 그만두었다. 그만큼 나는 내가 겪은 자동

차 사고에 대한 이야기를 나누고 싶은 마음이 너무 크고 간절했다. 나는 교육을 받거나 자격증을 따는 등 스스로 그 방법을 배워가기로 마음먹었다.

1년도 되지 않아 나는 나보다 앞서 이 길에 뛰어든 사람들의 전철을 밟고 있었다. 그리고 이들 대부분과 같은 결과를 맞봤다. 파산한 것이다.

슬프게도 우리는 멘토십을 존중하지 않는 사회, 즉 인생에서 얻은 경험과 교훈을 다른 사람에게 나눠주는 일에 별 가치를 두지 않는 분위기에서 살고 있다. 따라서 이런 일을 하는 데에는 정해진 '경력 로드맵'이 없다. 자기가 아는 내용을 이용해서 다른 사람들을 돕는 일은 퇴직연금을 받으면서 골프를 치거나 전원생활을 즐기는 황혼기에나 할 만한 일로 여겨진다.

나는 의미있는 삶에 대한 조언과 정보를 어떻게 전달할지, 이를 통해 어떻게 돈을 벌지에 대해 전혀 교육을 받지 못했다. 아무런 실마리도 없었다. 이런 상태에서 사업에 뛰어들자 곧바로 재정적 곤란이 찾아왔고, 동시에 좌절에 빠졌다. 나는 고군분투하는 불쌍한 작가의 전형적인 사례였다. 작가, 강사, 코치, 컨설턴트, 세미나 리더, 온라인 마케터가 되는 법에 대한 책, 오디오 프로그램, 세미나 티켓 등을 닥치는 대로 구입했고, 나는 점점 더 빚의 수렁으로 깊이 빠져들었다.

동시에 그 1년 동안 나는 수십 개 출판사로부터 책 출판을 거절당했다. 그 원고는 내가 깨달은 두 번째 삶의 기회에 대한 메시지를 우화 형태로 쓴 것으로 '인생의 황금 티켓Life's Golden Ticket'이라는 가제를 붙였었다. 여러 가지 시도를 했으나 모두 거부당했다. 하지만 나는 포기하지 않았다. 아직은 쉽게 지치고 싶지 않았다. 내가 가진 비전을 변함없이 소중히 여기며 그것을 실현할 방법을 계속해서 찾아 헤맸다. 끈질긴 학생이자 연구자가 되어 '메신저 되기'라는 이 이상한 세계를 더 깊이 파고든 것이다.

외롭고 절망스러우며 비용이 많이 드는 탐구였다. 나는 각기 다른 출처에서 배운 내용들을 모두 조합하기 시작했다. 작가 협회에서 배운 정보를 가져다가 강사 세미나에서 배운 내용을 곁들인 뒤 인터넷 마케팅에서 배운 내용을 더하고 라이프 코칭 모임에서 배운 내용을 섞었다. 그리고 이를 다양한 분야의 거물급 권위자들이 온·오프라인에서 제시한 내용들과 혼합했다. 이제까지 각 분야의 단편적인 메시지들을 종합한 사람이 없었고 이 일을 진정한 직업으로 생각하는 사람도 없었다면, 내가 그 첫 번째 사람이 되리라고 결심했다.

다음 해, 즉 메신저 산업으로 뛰어들기로 결심한 지 2년이 되어갈 때 상당한 결실이 나타나기 시작했다. 이제부터 밝힐 이 결실은 상당히 놀라운 것들이다. 이것은 나의 성과를 자랑하기 위한 과장이 아니다. 내가 가진 메시지를 시장에서 포지셔닝하고 상품화하고 홍보하는 방법을 깨치기만 한다면, 얼마나 빨리 상황이 바뀔 수 있는지를 보여주기 위한 한 예이다.

메신저가 된 지 2년째에 접어들자 나는 내 메시지를 수백만 명의 사람들에게 전달할 수 있었다. 인생을 향상시키고 메시지를 전달하는 나만의 방법을 통해 나는 사람들에게 영감을 불어넣었고 그 결과 460만 달러 이상을 벌었다. 3년째에 나는 작가가 되었다. 수십 개 출판사에서 거절당했던 그 원고는 2007년 하퍼스콜린스에서 『골든 티켓』이라는 제목으로 출판돼 전 세계 베스트셀러가 됐다. 그 후로는 모든 것이 승승장구였다.

기조연설을 하면 회당 2만 5,000달러를 받았다. 내가 이끄는 세미나마다 참가 티켓이 매진됐다(몇몇 세미나의 티켓 가격은 1만 달러에 달했다). 클라이언트들은 나의 라이프 코칭과 소규모 비즈니스 컨설팅을 받기 위해 수년을 기다려야 했다. 온라인 프로모션을 할 때마다 평균 200만 달러 매출을 올렸다. 이 모든 것들을 나는 상근 직원을 한 명도 고용하지 않은 채 재택근무로 해냈다. 프로젝트마다 함께 일하는 작은 협력팀을 두었을 뿐이다.

동시에 나는 달라이 라마Dalai Lama, 리처드 브랜슨Richard Branson, 스티븐 코비, 디팩 초프라, 존 그레이, 데이비드 바크, 잭 캔필드Jack Canfield, 데비 포드Debbie Ford, 브라이언 트레이시

Brian Tracy, 키이스 페라지Keith Ferrazzi, 하브 에커T. Harv Eker, 폴라 압둘Paula Abdul 등과 함께 강연 무대에 올랐다. 또한 기사를 쓰고, 비디오 및 오디오 프로그램, DVD 홈스터디 시스템, 온라인 훈련 프로그램을 제작했다. 수만 명이 이를 통해 자신의 삶과 일을 완전히 전환했다. 글로벌 비영리재단과 포춘 500대 기업들이 내 메시지를 후원하기 시작했다. 이제 나는 내 메시지를 속으로 삭이고 싶어도 그럴 수 없게 됐다.

이 모든 일이 믿기지 않을지도 모른다. '나는 도저히 그렇게 될 수 없어.'라고 생각할 수도 있다. 그러나 당신에게도 이 모든 일이 가능하다. 거액의 사업자금이 없어서, 또는 뒷받침해줄 많은 직원이 없어서 망설여지는가? 그런 건 필요하지 않다. 그런 것 없이도 이 모든 일을 지금 당장 시작할 수 있도록 도와주는 시스템이 있다. 이 책에서 나는 다른 사람들을 돕는 일을 하면서 그 일에서 뛰어난 성과를 거둔 사람들의 성공담을 소개할 것이다. 그리고 어떻게 이 모든 일을 통해 수백만 달러를 벌 수 있는지를 보여줄 것이다.

메신저는 직업에 대한 패러다임을 바꾸고 있다

나의 성공을 지켜본 사람들은 질문을 하기 시작했

다. "브렌든, 어떻게 이 모든 일을 그렇게 빨리 해냈나요? 도대체 어떻게 책을 출판하고 어떻게 연사로 활동하게 됐지요? 어떻게 워크숍을 열고 라이프 코치와 비즈니스 코치가 되고 온라인 프로그램을 시작했나요?"

이 질문에 제대로 답하기 위해 나는 나와 같은 일을 시작하려는 사람들을 위한 교육 프로그램을 만들기로 결심했다. 이 것이 엑스퍼트아카데미의 시작이다. 첫 교육에는 27명이 참석했지만 오늘날에는 전 세계 수천 명이 이 교육을 받고 있다. 엑스퍼트아카데미는 작가, 강사, 코치, 컨설턴트, 세미나 리더, 온라인 마케터를 대상으로 한 종합 교육 프로그램이다.

놀랍게도 그리고 감사하게도 관련 시장과 메신저 커뮤니티는 엑스퍼트아카데미의 출범을 환영해주었다. 흩어져있던 정보를 모아 체계화시키고 동시에 서비스 산업 내의 직업다운 직업으로 메신저 산업에 접근한 사람은 내가 최초였다. 대학에서 내 이야기와 메시지를 다른 사람들과 나누고 싶어 불면의 밤을 지새웠던 내가, 이제는 메신저 커뮤니티에서 당당히 리더로 인정받게 된 것이다.

2009년 처음 이 일을 시작했을 때와는 정반대의 일이 일어났다. 나의 멘토로부터 자신의 멘토가 되어달라는 부탁을 받은 것이다. 영광스럽게도 나는 토니 로빈스가 주관한 행사 무대에 올라 2,000명이 넘는 관중들 앞에 섰다. 그리고 나서 나도 엑스퍼트아카데미의 강연에 토니를 초대했다. 제자와 스승이 함께 수천 명의 사람들을 도운 것이다.

지금 전 세계에서 활동 중인 자기계발, 인간관계, 비즈니스 메신저들 중 많은 이들이 나의 친구가 되었다. 어떤 사람들은 나의 고객이 되었다. 또 어떤 사람들은 엑스퍼트아카데미 강단에 서서 자신들이 어떻게 처음으로 자신의 메시지를 찾아 다른 사람들과 나누었는지, 어떻게 사업을 구축했는지에 대해 강의를 했다.

내가 하고자 한 일은 나의 메시지를 다른 사람들과 나누는 것이었다. 나는 '사람들이 메신저가 되도록 돕는 메신저'로 알려졌으며 메신저 산업의 실질적인 리더이자 대변인이 됐다.

내가 이 같은 과정과 배경을 자세히 밝히는 데는 이유가 있다. 앞서 말했듯 나도 이 책을 읽는 여러분과 마찬가지였음을 분명히 하기 위해서다. 나 역시 평범한 사람이었고, 그랬기 때문에 내가 품은 메시지를 전달하는 길을 찾기가 쉽지 않았다. 그러나 나는 결국 '메신저'가 됐을 뿐만 아니라 '메신저가 되도록 돕는 메신저'가 되었다. 나는 자신이 가진 조언, 경험, 지식을 사용해 변화를 이끌어내고 수입을 올리는 방법에 대해 당신과 같은 사람들을 수천 명 교육시켰다.

내 클라이언트와 아카데미의 졸업생들 중에는 유명해진 사람이 많이 있다. 그들은 닥터 필Dr. Phil, 오프라 윈프리Oprah

Winfrey, 레이첼 레이Rachael Ray가 이끄는 토크쇼는 물론, CNN, 폭스뉴스Fox News 등의 방송에서부터 유튜브 채널과 〈월스트리트저널Wall Street Journal〉, 〈뉴욕타임스New York Times〉, 〈USA투데이USA Today〉, 〈석세스Success〉 등에까지 등장하며 전 세계에 이름을 알렸다.

그러나 나는 이들보다 당신이 들어본 적 없을지도 모르는 사람들을 더 자랑스럽게 여긴다. 이들은 TV 방송이나 유명 매체에 등장한 적은 없지만 수백 개 분야에서 사람들에게 조언을 하고 그들이 각자의 인생에서 성공하도록 돕고 있다. 학생들이 학교폭력의 위험에서 자신을 지키도록, 아기 엄마들이 상황에 맞는 직업을 구하도록, 은퇴를 앞둔 베이비부머들이 인생의 다음 단계를 준비하도록, 신혼부부들이 편하게 집을 구하도록, 사랑하는 사람의 죽음을 겪은 이들이 그 슬픔을 극복하도록, 의사가 환자들을 더 잘 보살피도록, 살찐 사람들이 건강한 생활방식을 되찾도록, 중소기업 사장이 적은 비용으로 효과적인 마케팅을 하도록, 각종 자격증 시험에 한 번에 통과하도록, 연사들이 무대를 더 잘 장악하도록, 와인에 관심있는 이들이 더 좋은 와인을 고를 수 있도록 하는 등 인생의 다양한 국면을 헤쳐 나가는 자신만의 메시지를 통해 남들을 돕고 있다.

이처럼 당신도 당신의 메시지로 할 수 있는 일이 무궁무진하다. 왜냐하면 아직도 대부분의 사람은 기업가형 메신저의 세계를 이해하지 못하고 있기 때문이다. 그리고 이것이 새로운 형태의 직업이 될 것이고 직업에 대한 패러다임을 완전히 바꿀 것임을 소수만이 알고 있기 때문이다. 이 일을 하는 데 있어 기본이 될 당신의 메시지를 아직 찾지 못했다 해도 걱정하지 마라. 그것 역시 이 책에서 다룰 내용이다.

　다음 장에서부터 나는 1인 메신저들의 생활방식과 메신저가 되는 방법에 대해 설명하려 한다. 당신은 그저 이 일이 자신이 찾던 소명이자 기회인지 판단하기만 하면 된다. 한번 시작해보자.

CHAPTER 1

"브렌든, 누가 내 이야기를 들으려고 돈을 내겠어요?"

대부분의 사람들은 자신의 인생과 경험을 매우 과소평가한다.
자신의 경험은 평범하고, 인생에 대해 아는 것이 부족하니
아무도 자신의 이야기를 진지하게 들으려 하지 않을 것이라고 생각한다.
이것은 명백히 잘못된 생각이고 부적절한 태도이다.
당신은 당신이 보잘것없다고 생각하는
그 경험과 깨달음을 통해 메시지를 전하며
높은 수익도 올리는 메신저가 될 수 있다.

이제 메신저는 어떤 일을 하고
메신저가 되면 무엇이 좋은지 차분히 살펴보도록 하자.

시작할 때부터
유명하고
부자인
사람은 없다

나는 메신저가 다른 어떤 직업과 비교해도 손색없는 훌륭한 직업이라 생각한다. 왜냐하면 메신저는 늘 자신의 삶을 통해 세상을 배우고 경험의 의미를 되새기며 앞으로 나아가고자 노력하기 때문이다. 또한 다른 사람에게 도움을 주는 일이야말로 우리가 살아가는 목적의 하나라고 믿기 때문이다.

만약 당신이 숱한 어려움 끝에 어떤 일을 해낸 적이 있다면, 지금 그 일로 고생하는 사람들을 도와야 한다. 불가능하다고 여겨지던 일을 해냈을 때도 마찬가지이다. 혹은 어떤 것을 이해하느라 몇 년을 보낸 끝에 마침내 깨달음에 도달했다면 당신과 같은 도전을 하는 사람들의 학습 기간을 단축시켜줘야 한다. 즉 당신이 어떤 분야에서든 성공의 비밀을 알아냈다면 다른 사람들에게 그 비밀을 알려줄 필요가 있다.

이 모든 것은 다른 사람을 그저 돕는 것에 지나지 않아 보일지 모른다. 이런 주장을 줄기차게 해오는 동안 나는 종종 비난을 받았다. 메신저 커뮤니티에 속한 어떤 사람들은 나를 '동정심이 지나친 사람' 내지는 '감상적인 멍청이'라고 부른다. 왜냐하면 내가 돈보다 사명에 더 초점을 맞추는 것처럼 보였기 때문이다.

그러나 나는 '남을 돕는다'는 서비스 정신을 지니는 것이 메신저라는 직업에 다가서는 강력한 동기가 될 뿐 아니라 사업 측면에서도 좋은 방식이라 생각한다. 당신의 진심이 다른 사람들을 돕고자 하는 마음일 때 상대방은 당신을 더 믿게 된다. 그리고 이 믿음은 그들이 당신의 서비스에 기꺼이 돈을 지불하는 중요한 발판이 된다.

그들은 어떻게 세계적인 메신저가 되었나

사람들은 사생활에서 관해서든 직장생활에 관해서든 항상 도움과 조언을 필요로 한다. 즉 시대를 막론하고 연애, 인간관계, 결혼생활 및 자녀양육, 영적 생활 등의 사적 영역에 대한 조언에서부터 시작해 부동산, 재무, 경력 관리에 대한 조언, 사업, 마케팅, 기술에 대한 조언 등을 필요로 하는 사람은 언제나 있어왔다. 당신의 지식과 정보가 필요한 사람들은 지금도 무수히 많다. 그리고 이는 곧 메신저라는 산업 분야의 전망이라 할 수 있다. 그럼에도 여전히 자신이 깨달은 메시지를 전달하는 것이 주저되는가.

당신이 분명하게 경험을 통해 얻어낸 깨달음이라면 그 메시지를 신중하게, 열정적으로, 그리고 꾸준히 전달했을 때 세상 사람들은 이에 주목한다. 메신저 산업의 리더들과 많은 이들에게 '구루'로 여겨지는 다음과 같은 사람들의 경력을 보면 이 점을 확인할 수 있다.

토니 로빈스는 30년 이상 사람들이 자신에게 잠재된 힘을 찾도록 영감을 불어넣는 일을 하고 있다. 그는 전 세계 수백만 명의 사람들에게 영향을 미쳤고 자신의 브랜드로 5,000만 달러의 매출을 올리는 사업을 구축했다.

스티븐 코비는 효율적으로 살기 위한 일곱 가지 간단한 습관을 연구했고 이를 기반으로 현재 10억 달러의 가치를 지닌 교육기업을 구축했다. 그의 메시지를 담은 책 『성공하는 사람들의 일곱 가지 습관』은 출간한 지 25년이 지난 지금도 여전히 비즈니스 부문 베스트셀러 자리를 차지하고 있다.

지그 지글러Zig Ziglar는 거의 40년 동안 본질적으로 같은 성공 이야기를 해왔지만 여전히 인기를 누리고 있다.

릭 워렌Rick Warren은 영성에 대한 그의 조언을『목적이 이끄는 삶』이라는 책으로 펴냈고 이 책은 미국에서만 3,000만 부 이상 팔리며 베스트셀러가 됐다. 그는 캘리포니아에서 2만 명이 운집한 회합을 개최했고 2008년 대통령 선거 당시에는 후보였던 버락 오바마Barack Obama와 존 매케인John McCain을 초청하여 시민 포럼을 주최했다.

데이비드 바크는 금융계 회사를 그만둔 뒤 일반인들에게 자산관리에 대한 조언을 제공하기 시작했다. 그는 자신의 사업을 전 세계 자산관리 1위 브랜드로 성장시켰고, 자산관리와 관련한 열한 권의 베스트셀러를 출판했다. 그중『늦게 출발해 부자되는 법Start Late, Finish Rich』,『자동으로 부자되기』두 권은 연속으로 〈뉴욕타임스〉 베스트셀러 1위가 됐다. 그의 저서들은 15개 언어로 출판되었고, 전 세계적으로 700만 부 이상 판매됐다. 요즘 데이비드 바크는 미국을 부채에서 탈출시키고자 하는 사명을 갖고 있다. 이를 위해 그는 미국의 신용평가

회사 에쿼팩스^{Equifax}와 협력해 사람들에게 더 빨리 부채에서 벗어날 수 있는 방법을 전파하고 있다.

존 그레이는 남자와 여자가 각각 다른 행성에서 온 생물인 양 '다르다'는 단순한 생각에서 착안해 이에 대한 사색을 『화성에서 온 남자 금성에서 온 여자』라는 책으로 펴냈고, 이후 30년 동안 이와 관련한 메시지를 또 다른 책, 강연, 워크숍, 코칭, 온라인 비디오 등 다양한 통로로 제시하여 사업을 확장시켰다.

오프라 윈프리와 그녀의 친구들은 수십 년 동안 TV 방송과 출판계를 지배해왔다. 그들이 다루는 분야는 실로 다양하다. 레이첼 레이는 요리, 팀 건^{Tim Gunn}은 패션, 네이트 버커스^{Nate Berkus}은 인테리어 및 조경에 대한 유용한 조언들을 던져줬다. 뿐만 아니다. 닥터 필은 인생과 인간관계, 매리앤 윌리엄슨^{Marianne Williamson}은 영성에 대한 깨달음을 전해준 바 있고, 체력에 대해서는 밥 그린^{Bob Greene}, 건강에 대해서는 닥터 메멧 오즈^{Dr. Mehmet Oz}가 훌륭한 충고를 해주었다.

이제 이들의 이름은 누구에게나 익숙하다. 이들은 베스트셀러 저자이자 방송에 등장하는 유명인들로, 메신저 산업의 상징적 인물들이다. 이들이 다루는 주제는 확인했다시피 자기계발, 개인 재무관리, 인간관계, 영성, 라이프스타일 설계, 비즈니스에 이르기까지 매우 다양하다. 그리고 명백히 자신의 지혜로 남을 돕고 있다.

이들은 소소해 보이는 메시지에서 출발했다. 그리고 이들 중 시작할 때부터 유명하고 부자였던 사람은 아무도 없다. 이 점이 가장 중요하다. 이들도 시작할 때는 당신과 마찬가지로 평범했다. 일단 시작한 다음, 전문지식을 더욱 쌓고 자신의 메시지를 상품화하고 홍보하는 법을 배우고 가능한 한 많은 사람들에게 전하는 방법을 찾아 나갔던 것이다.

누구나
사람들이
조언을 구하는
자신만의
'콘텐츠'를
갖고 있다

메신저로 성공한다는 것이 유명인사가 되는 것과 동의어인 것은 아니다. 즉 메신저로 성공한다고 해서 누구나 유명해지는 것은 아니며, 그럴 필요도 없다. 개인적으로 나는 최근까지도 전형적인 미디어를 피해왔다. 메신저 산업에도 새로운 스타일과 새로운 리더십이 필요하다고 느꼈기 때문이다.

유명하지는 않지만 메신저로서 의미있고 풍요로운 삶을 살고 있는 이들을 많이 알고 있다. 이들은 이름이 널리 알려지지는 않았지만, 자신만의 정보를 바탕으로 자신의 분야에서 활약하고 있다. 이들에게는 메신저가 충분한 수입을 얻게 해주는 직업이다. 그리고 이들 중 상당수는 사람들이 미처 상상하지 못한 분야에서 일하고 있다.

주부 로리는 어떻게 베스트셀러 작가가 되었나

　　나는 로리 마레로Lorie Marrero의 사례를 좋아한다. 로리는 집 안 정리정돈을 즐겼다. 사람들은 로리의 집을 방문할 때면 으레 "로리, 대체 어떻게 하면 이렇게 모든 것을 잘 정리할 수 있죠?"라고 묻곤 했다. 이런 칭찬을 듣는 사람들 대부분은 자신의 깔끔한 집에 자부심을 느끼는 데에서 그친다. 그러나 로리는 이런 이야기들을 보다 더 귀담아들었다. 각기 다른 사람들이 그녀에게 모두 같은 것을 묻는다면 그 지점에 사업 기회가 있을지 모른다고 생각한 것이다. 그래서 그녀는 자신을 '정리정돈 전문가'로 포지셔닝하고 집과 직장에서 정리정돈하는 방법을 일반인들과 조직에 가르치기 시작했다.

　　그녀는 이 주제에 대한 온라인 교육 프로그램을 만드는 한편 『잡동사니 버리기The Clutter Diet』라는 책을 출간했고 이는 곧 베스트셀러가 됐다. 이제 로리는 굿윌인더스트리인터내셔널Goodwill Industries International의 전국 대변인이자 굿윌의 기부운동 홍보대사이다. 또한 스테이플스Staples와 마이크로소프트Microsoft 같은 회사들이 진행하는 프로젝트의 대변인으로 일했으며 〈굿하우스키핑Good Housekeeping〉, 〈우먼스데이Woman's Day〉, CNBC 같은 대중적 미디어에 자주 등장하는 인기 메신저이기도 하다. 컨테이너스토어Container Store를 비롯한 소매점들은 로리가 만든 제품들을 팔고 있다.

그런데 당신은 로리 마레로라는 이름을 들어본 적 있는가? 아마도 들어본 적 없는 사람들이 대부분일 것이다. 이 책을 읽는 독자들 중에서 '브렌든 버처드'라는 이름을 이 책을 고르기 전까지는 들어본 적 없는 사람들도 많을 것이다. 우리 같은 메신저들은 수만 명이 있다. 하지만 사람들은 해결해야 할 문제가 생기기 전까지는 우리를 알지 못한다. 그러다가 당신의 방이나 사무실을 어떻게 정리정돈할지 모를 때 로리를 찾게 될 것이다. 당신의 메시지를 전달할 방법을 알지 못할 때 나 브렌든을 찾게 될 것이다. 이것이 별로 유명하지 않은 메신저들의 세계가 작동하는 방식이다. 즉 배울 준비가 된 학생들이 스스로 선생을 찾아나서서 만나게 되는 것이다.

마시 시모프Marci Shimoff의 경우도 흥미롭다. 마시는 늘 행복해 보이는 사람이었고, 사람들은 항상 그녀에게 "마시, 당신은 왜 그렇게 행복한가요?"라고 물었다. 그녀는 그 질문에 "행복하지 않을 이유가 없으니까요."라고 대답하곤 했다. 너무 추상적인 질문과 답이라고 생각하는가? 그렇지 않다. 마시 역시 사람들이 반복해서 묻는 질문을 흘려듣지 않고 귀를 기울였다. 마침내 그녀는 행복이라는 주제에 대해 말하고 가르치고 글을 쓰기 시작했다. 그리고 그녀는 〈뉴욕타임스〉 선정 베스트셀러 저자가 됐다. 책의 제목은 『이유 없이 행복하라』였다.

로리와 마시의 이야기는 다음 두 가지 지점을 잘 보여준다. 첫째는 누구나 어떤 특정 주제에 대한 메신저가 될 수 있다는 교훈이다. 그리고 둘째는 메신저가 되고자 할 때 어떤 분야를 선택할지 결정하는 방법이다. 즉 자신의 주제를 선정하는 가장 간단하면서도 좋은 방법은 다음 두 가지를 묻는 것이다. "어떻게 하면 그렇게 할 수 있나요?" 하고 사람들이 내게 묻는 분야가 무엇인가? 사람들이 어떤 이슈를 다룰 때 항상 묻는 질문들이 무엇인가? 여기에 스스로 답을 해본 뒤, 다른 사람들에게 적절한 조언과 서비스를 제공할 수 있다면 당신은 바로 그 분야의 메신저가 될 수 있다.

사람들이 당신에게 자주 묻는 '그것'이 바로 콘텐츠다

혹시 로저 러브Roger Love라는 이름을 들어본 적 있는가? 나 역시 발성 관련 전문가가 필요해지기 전까지는 그를 몰랐다. 한번은 나흘 일정의 세미나를 진행하는 도중 목소리가 잘 나오지 않기 시작했다. 나는 이 때문에 지금까지의 경력을 망치게 될까봐 덜컥 겁이 났다.

그때 토니 로빈스가 내게 로저 러브를 소개해주었다. 덕분에 나는 한 번도 들어본 적 없는 분야의 메신저를 알게 됐다. 로저는 세계 최고의 발성 코치로 존 메이어John Mayer, 리즈 위더스푼Reese Witherspoon, 타이라 뱅크스Tyra Banks, 마룬5Maroon5, 에미넴Eminem 등 세계 일류 배우와 가수들에게 코칭과 훈련을 제공하는 전문가였다. 하지만 내가 발성에 문제를 겪지 않았다면 나는 그의 이름을 영영 모른 채 살았을지도 모른다.

릭 프리시먼Rick Frishman은 홍보 분야에서 일을 하다가 은퇴했다. 제2의 인생을 살고자 결심한 그는 은퇴하기 전까지 그의 경력을 돌이켜보고는 자신이 특히나 출판 관련 홍보 일을 즐겼다는 사실을 깨달았다. 그래서 그는 책 출판 및 홍보 분야 메신저로 새로운 인생을 시작했다. 초보 저자들의 성공을 위한 『저자 되기 입문Author 101』이라는 책을 집필하고 관련 워크숍 프로그램을 만든 것이다. 그는 수천 명의 저자들이 저술 활동을 통해 자신의 메시지를 전달할 수 있도록 도왔고, 그 과정에서 큰돈을 벌었다.

프랭크 컨Frank Kern은 조지아주 메이컨Macon 출신의 개 조련사였다. 그는 자신의 개 조련 방법을 온라인으로 판매하여 부수익을 얻었다. 그러자 곧 사람들은 "프랭크, 어떻게 하면 온라인 마케팅을 할 수 있어요?"라고 묻기 시작했다. 그리하여 그는 온라인 마케팅 메신저가 됐다. 오늘날 프랭크는 세계에서 가장 많은 소득을 올리는 온라인 마케팅 전략가이며, 온라인 프로모션 하나로 600만 달러의 매출을 올리곤 한다.

셰인Shane과 샹탈 발렌틴Chantal Valentine은 귀여운 아기 앨리너의 부모이다. 미식가였던 이 부부는 앨리너가 시중에 판매되는 이유식 대신 건강하고 신선한 음식을 먹으면서 자라기를 바랐다. 그래서 이들은 앨리너를 위해 신선한 유기농 이유식을 만들기 시작했고 이를 블로그에 올렸다. 그러자 "그렇게 좋은 이유식은 어떻게 만드나요?"라는 질문이 쇄도하기 시작했다. 이 질문에 일일이 답하던 발렌틴 부부는 '아기 음식 메신저'가 되었다. 이들은 현재 클리프 바Clif Bar, 픽사 스튜디오Pixar Studios, 홀푸드Whole Foods와 함께 건강음식 프로그램을 만들고 홍보를 진행한다. 이 평범한 부부가 아기 음식 메신저가 되리라고 누가 상상이나 했겠는가?

로리 마레로, 마시 시모프, 로저 러브, 릭 프리시먼, 프랭크 컨, 셰인과 샹탈 발렌틴만이 아니다. 나는 이들처럼 특정한 주제에 있어 영향력 있는 메신저가 된 보통 사람들의 사례를 수천 건 알고 있다. 하지만 예는 이 정도로 충분할 것으로 믿는다. 메신저가 누구나 할 수 있는 일이라는 것은 분명해졌다. 이제 중요한 것은 또 다른 성공사례가 아니라 메신저 사업이 당신에게 맞는 일인지일 것이다.

지금 당장, 메신저 산업에 뛰어들어야 하는 이유

　　　　나는 앞서 메신저 산업의 핵심 가치를 간략히 밝힌 바 있다. 그러나 한 번 더 짚고 넘어가기로 하자. 지금부터 전개할 내용은 메신저 산업이 세상에서 가장 좋은 산업이라고 생각하는 이유이자, 메신저들이 존재하는 방식이다. 이 내용을 하나씩 살펴보면서 당신에게 이 일이 맞는지 따져보기를 바란다.

　메신저 산업은 세상에서 가장 열정적이고 에너지 넘치는 산업 중 하나이다. 왜 그럴까? 그 이유는 이 산업이 자기만이 가지고 있는 내면의 목소리를 찾아 세상과 나누는 일을 본질로 삼고 있기 때문이다. 무언가를 알려주고 가르쳐주는 것은 인간의 영혼을 깊숙한 곳에서부터 일깨우는 진정한 예술이다. 수많은 사람들은 메신저들이 보여주는 에너지와 열정에 이끌려 영감을 얻는다. 그렇다고 해서 메신저 산업을 지탱하는 것이 열광적이고 활기찬 에너지뿐이라는 말은 아니다. 메신저의 열정은 지혜와 지식을 바탕으로 한다. 사실 조언을 구하는 사람들이 문제를 극복하고 앞으로 나아갈 수 있도록 도와주는 지식이 없으면 메신저로서 성공할 수 없다.

　나는 메신저 산업에 발을 디디려고 하는 사람에게 항상 다음의 두 가지 질문을 던진다.

- 당신은 인생이나 사업에서 사람들에게 도움이 될 만한 어떤 지식을 가지고 있습니까?
- 당신은 당신이 다루려는 주제에 그리고 다른 사람이 삶을 향상시키도록 돕는 일에 진실로 열정적입니까?

메신저가 하는 일을 거칠게 요약하면 다음 두 가지라 말할 수 있다.

- 고객의 신뢰를 얻고 그들의 꿈과 그들이 원하는 것을 이해하고 공감하는 일.
- 더 좋은 인생을 살거나 사업을 키우는 방법에 대한 유용한 정보를 담은 콘텐츠를 만들어 제공하는 일.

메신저로 성공하기 위해서는 고객들을 잘 아는 것이 최우선이다. 메신저는 어떤 문제 때문에 고생하는 사람들에게 동정심을 가지고, 그들이 상황을 개선하기 위해 따라야 할 단계적 가이드라인을 만들어줘야 한다. 이 점만 봐도 메신저 사업은 결국 인간관계를 토대로 한 사업이다. 고객이 어떤 사람인지, 그가 무엇을 필요로 하는지 잘 알면 알수록 고객을 돕기 위한 메시지와 방법을 더 잘 만들 수 있다.

일단 고객을 이해하고 나면 다음으로는 그에게 제공해야 할 유일무이하고 가치있는 방법론을 정보 전달에 가장 적합한 형태로 만들어내야 한다. 나는 이 단계를 '정보를 상품으로 만들기'라고 부른다. 즉 메시지를 전하는 글, 웹세미나, 비디오, 오디오, 워크숍, 코칭 프로그램 등을 만드는 것이다. 콘텐츠를 생산하는 이 단계는 이 사업에서 에너지와 예술가적 열정을 가장 크게 활성화시켜야 하는 부분이다. 이는 메신저에게 일의 기쁨을 더해준다. 메신저가 되는 법에 대한 나의 세미나에 참석한 사람들 중에는 이 부분을 실습하며 "내가 창작을 하다니!"라고 부르짖는 이들이 종종 있다. 이들의 기쁨은 이 일을 통해 그간 자신이 해온 업무에는 빠져있던 창조적인 작업을 할 수 있다는 사실에 기인한다.

이처럼 메신저의 일은 공감과 창조에 기반하고 있다. 그러니 메신저 산업이야말로 리처드 플로리다Richard Florida가 제시한 '창조적인 부류'가 선택하기에 좋은 일이라고 할만하다. 창조적인 사람들은 대부분 무언가를 더 많이 만들어내고 싶어한다. 특히 이 시대의 '창조적인 부류'들은 사람들이 더 나은 인생을 살 수 있도록 도와주는 아이디어나 개념을 창조하고 싶어한다. 이것이 바로 우리 메신저들이 하루 종일 하는 일이다. 메신저들은 변화하는 산업 환경 속에서 아이디어 중심의 사업을 벌이며 역동적인 콘텐츠를 생산한다. 메신저들은 정보화시대에 새로운 정보와 가치를 창조해내는 예술가들이다.

지금까지 메신저가 어떤 소명과 가치를 갖고 일하는지에 대해 이야기했다면, 이제는 그들이 어떤 방식으로 얼마나 많은 돈을 버는지에 대해 살펴볼 차례다. 메신저는 놀랄만큼 많은 소득을 올릴 수 있다. '돈'에 대해 강조하면 불편함을 느낄 수도 있겠지만 돈은 아주 중요한 부분이다. 다음 장으로 넘어가기 전에 두 가지에 대해 분명히 말해두고 싶다.

첫째, 사람들은 대부분 돈 이야기를 터부시한다. 힘들겠지만 돈에 대한 경직된 태도를 바꿔야 한다. 당신이 메신저가 된다는 것은 당신의 메시지를 세상과 나누는 사업을 한다는 뜻이다. 사업을 하려면 돈 이야기를 입에 올릴 수밖에 없다. 사람들은 당신에게 얼마를 지불해야 하는지 물을 것이고, 다른한편으로는 당신이 얼마를 버는지, 얼마를 저축하는지 등을 물을 것이다. 때로는 당신이 먼저 나서서 스스로의 생활에 대해 다른 사람들에게 상세히 밝혀야 할지도 모른다. 특히 당신이 돈 버는 방법이나 자산관리에 대해 가르친다면 사람들은 당연히 당신이 그런 분야에서 어떤 성과를 냈는지 궁금해할것이다. 그런 경우라면 더욱이 돈 이야기에 익숙해져야 한다.

둘째, 돈에 관한 자신의 관점이나 개인적 목표를 진지하게 재검토해봐야 한다. 더 많은 사람들을 돕고 그 결과 더 많은 돈을 벌고자 하는 원대한 비전을 갖고 있다면 당신이 이제까지 부모님, 지역사회, 언론매체로부터 돈에 대해 배운 것들은 더 이상 적절하지 않을 수 있기 때문이다.

엄청난 부자가 된다는 것은 당신에게 있어 어떤 의미인가? 당신이 유명한 메신저가 되면 가족과 친구들은 이를 어떻게 받아들일까? 현재 돈을 바라보는 마음가짐과 통제 능력을 고려했을 때 당신이 돈을 벌면 그 돈을 잘 유지할 수 있을까? 아니면 복권 당첨자처럼 탕진해버릴까?

메신저 사업으로 큰돈을 벌었지만, 나는 내가 이룬 부(富)가 어색하게 느껴졌고 아직도 가끔씩은 그렇다. 나는 이메일을 한 번 보내면 매우 짧은 시간 안에 10만 달러를 벌 수 있다. 1년간 상담받는 대가로 5만 달러를 지불하려는 고객을 가끔은 돌려보내기도 한다. 내가 컨퍼런스에서 1시간 동안 강연하면 과거 나의 부모님이 1년간 번 돈보다 더 많은 강연료를 받는다. 으스대려고 이런 이야기를 하는 게 아니다. 당신이 메신저 사업을 통해 돈을 벌게 되었을 때 느끼게 될 감정에 관해 말하려는 것이다. 즉 사람들을 돕는 일을 통해 돈을 벌면 우리는 당황하거나 죄책감을 느끼거나 때로 마음이 불편할 수 있다. 당황스러움, 죄책감, 불편함은 부를 내 것으로 한 것에 대한 일차적인 반응이다. 그리고 이는 내가 부와 관련한 경험을 별로 하지 못한 것과 관계가 깊다.

돈을 잘 버는 것은 죄가 아니다

　　나는 몬태나주에 있는 작은 마을 뷰트Butte에서 자랐다. 100년 전만 해도 뷰트는 빠르게 성장하는 도시였다. 뷰트는 전기가 도입된 세계 최초의 5대 도시 중 하나로 뷰트에는 구리가 대규모로 매장돼 있었다. 철강의 시대가 오기 전에는 구리가 최고였기 때문에 이주자와 광산노동자들이 전 세계 각지에서 뷰트로 몰려들었다.

　　중노동 산업이 늘 그렇듯이 호황기에 노동자들과 '부자들' 사이에 불신이 싹텄다. 그러나 구리가 땅을 오염시키는 문제가 불거지면서 철강과 알루미늄이 구리의 자리를 대신하게 됐고, 그로 인해 뷰트의 경제는 내리막길을 걷기 시작해 오랫동안 경기침체의 고통을 겪었다.

　　오늘날까지도 뷰트에는 유독한 채광(採鑛) 폐기물을 담은 깊이 1.6킬로미터, 폭 1.6킬로미터의 구덩이가 마을 위쪽에 죽음의 신처럼 버티고 있다. 어쩌다 새떼들이 그곳에 들어가면 다시 나오지 못하고 죽어버린다. 그렇게 위험함에도 그 폐기물은 아직도 분해할 방법이 없고, 이 구덩이는 세계에서 가장 심각한 환경 재앙의 표본이 됐다.

　　그런데 이 지경이 되었음에도 오늘날까지 부자들을 경멸하는 뷰트 사람들의 불신의 눈초리는 여전하다. '부자들이 원래다 그렇지.'라며 멸시하는 표정들이다. 나도 안다. 나도 부자들을 그런 식으로 바라보곤 했다.

내가 아주 어렸을 때 있었던 일이다. 어느 겨울날 우리 집의 히터가 고장이 난 적이 있다. 뷰트에서는 기온이 영하 10도 안팎으로 떨어지는 일이 흔했다. 그렇기 때문에 히터가 고장 난 것은 생존에 위협을 줄 수 있는 일이었다. 어머니와 아버지는 창고에서 캠핑 텐트를 꺼내 조그만 거실에 설치하고는 침낭이며 담요, 파카 같은 것을 모조리 그 안에 넣었다. 그 뒤 2주 동안 우리 가족은 모두 함께 텐트 안에서 생활했다. 폭풍에 전기 공급이 끊어지자 어머니가 버너로 저녁을 만들어주실 정도였다. 하지만 우리 형제들은 그때 그렇게까지 절박한 느낌을 받지 않았다. 오히려 우리들은 학교에 가서 집에서 캠핑을 한다고 으쓱거리며 자랑을 했다. 수십 년 뒤에 이 추억을 떠올리자 어머니는 내게 이렇게 말씀하셨다. "그때 고장 난 히터를 고칠 돈이 없어서 다음 월급을 받을 때까지 텐트 안에서 지냈는데, 그걸 몰랐단 말이니?"

나는 그렇게 컸다. 아무것도 없이, 물질적으로 아무것도 누리지 못하면서 자랐다. 하지만 재치있는 부모님 덕분에 풍요로움을 느낄 수 있었다. 지금 기준에서 보자면 가진 것 없는 부모님이 자식 네 명을 어쩌면 그렇게 잘 건사할 수 있었는지 놀라울 뿐이다.

그때 우리 가족은 아무도 대놓고 부를 바라지 않았다. 돈이 너무나 쪼들릴 때에나 돈 이야기가 나왔다. 나는 생각했다. '우리는 돈이 없어도 그럭저럭 살 수 있기 때문에 돈이 별로 필요없어. 게다가 아무도 부자를 좋아하지 않는다고.' 나는 이러한 성장환경 탓에 메신저 사업으로 많은 돈을 벌게 됐을 때 나에게 필요한 금액 이상의 돈을 버는 게 아닐까 하는 죄책감을 느꼈다. 동시에 중요한 메시지를 가지고 있지만 고전하고 있는 사람들, 즉 돈을 잘 벌지 못하는 사람들에 대해서도 죄책감을 느꼈다. 그래서 나는 이 죄책감을 다른 사람들이 자신의 메시지를 잘 전달하도록 돕는 일로 전환시켰다. 그렇게 하자 내가 돈을 잘 번다는 사실이 더 이상 마음을 불편하게 하지 않았다. 왜냐하면 돈을 버는 일이 세상을 변화시키는 일과 연결됐기 때문이다.

내가 이제까지 만난 대다수 메신저들은 돈을 버는 일(혹은 번 돈을 유지하는 일)을 불편해했다. 안정적이고 확실하게 재정을 관리해야 하는 이유에 관해서는 책을 몇 권이라도 쓸 수 있을 정도로 할 이야기가 많지만 여기서는 다음 한 가지만을 강조하고 싶다. 메신저 사업에서는 '어떻게 하면 변화를 가져올지'에 대한 고민과 '어떻게 하면 (안정적으로) 돈을 벌 수 있는지'에 대한 고민이 궤를 같이한다. 이 점을 분명하게 기억하길 바란다.

돈,
인지도,
부자 아빠가
없어도
메신저로
성공할 수 있다

팀 페리스^{Tim Ferriss}는 『나는 4시간만 일한다』를 쓰면서 자신의 책이 얼마나 큰 반향을 일으킬지, 일에 대한 자신의 접근방식이 다른 사람들에게 얼마나 신선하게 여겨질지에 대해 미처 알지 못했다. 이 책의 핵심 주장, 즉 일주일에 4시간만 일해도 충분히 돈을 벌 수 있다는 것은 그에게는 너무 당연한 일이었기 때문이다.

그는 메신저이다. 메신저들은 노트북 컴퓨터와 전화만 가지고 자신이 원하는 때, 원하는 곳에서 자유롭게 일하면서 수백만 달러를 번다.

컴퓨터와 전화만 있으면 누구나 시작할 수 있다

이는 몇몇 메신저들에게만 해당하는 이야기가 아니다. 내가 이 일을 시작할 때 나에게는 노트북 컴퓨터와 전화기밖에 없었다. 돈도 없었고 영향력도 없었으며 인지도도 부자 아빠도 없었다. 나에게는 오직 메시지와 꿈만 있었다.

그런데 컴퓨터와 전화기만으로도 일이 잘 풀리기 시작했다. 노트북 컴퓨터는 자동금전출납기처럼 내게 돈을 주기 시작했다. 나는 컴퓨터를 이용해 글을 쓰고 책을 펴내고 웹세미나, 비디오, 온라인 프로그램을 만들고 이를 알렸다. 그리고 사람들은 이 상품들을 구입했다. 또한 전화를 이용해 원격 세미나 혹은 그룹 컨퍼런스 콜Conference Call을 할 수 있었고 여기에 참가하는 사람들은 참가비를 지불했다. 나는 이 모든 일을 온전히 집에서 해냈다.

현재 내 사업은 연 500만 달러의 매출을 올리고 있지만, 나는 여전히 업무의 거의 대부분을 집이나 엑스퍼트스튜디오에서 하고 있다. 엑스퍼트스튜디오는 비디오를 찍기 위해 마련한 공간이다. 이 정도 멋진 촬영 스튜디오를 갖추는 데는 2,000달러도 채 들지 않았다.

필요한 투자자본과 자원이 이렇게 적은 창업 아이템은 거의 없다. 엑스퍼트아카데미에 참석한 사람들을 대상으로 조사한

바에 의하면 메신저 사업에 종사하는 사람들 중 92퍼센트는 집에서 일을 한다. "메시지는? 있습니다. 지식은? 있습니다. 내가 도움을 줄 만한 고객은? 있습니다. 컴퓨터와 전화기는? 사면 됩니다."

앞에서 나는 이 일에 필요한 투자자본과 자원이 매우 적다고 얘기했다. 이 점을 좀더 들여다보자. 오늘날 아웃소싱 덕분에 메신저 산업에 필요한 도구들은 큰 비용 없이 구할 수 있다. 쉽게 구할 수 있는 데다 저렴하며 종종 무료로 사용할 수 있는 온라인 도구와 소프트웨어 덕분에 이 산업의 진입장벽은 더욱 낮아지고 있다.

한때는 메신저 사업에 필요한 도구들이 너무 비쌌던 것이 사실이다. 우선은 세련된 웹사이트를 구축하거나 고객관리 소프트웨어를 구입하는 것만 해도 큰 비용이 필요했다. 뿐만 아니라 홍보회사는 소규모 사업체가 접근하기 힘든 가격을 제시했고, 동영상 제작업체는 통제하기 힘들었으며, 비디오와 오디오 프로그램을 녹화하기 위해서는 스튜디오에 수천 달러를 지불해야만 했다.

하지만 요즘은 사정이 얼마나 좋아졌는가! 우리는 마우스만 몇 번 클릭하면 전 세계 어디에 있든 웹사이트와 블로그, 소셜 커뮤니티를 운영할 수 있고, 온라인 홍보도 진행할 수 있을 뿐만 아니라(페이스북, 트위터 덕분이다) 전 세계에 비디오를 내보낼 수 있다(유튜브 덕분이다). 돈을 받는 것은 온라인 결제 시스템을 이용하면 된다(페이팔, 구글 체크아웃, 야후 스몰비즈니스 덕분이다). 내가 이 책을 쓸 때가 됐다고 판단한 이유 중 하나도 바로 이런 새로운 환경 때문이다. 메신저 사업의 진입장벽은 거의 무너졌다.

당신이 어디에 있든 마우스 클릭 몇 번으로

오디오나 비디오 상품을 제작해 배포하는 환경도 크게 바뀌었다. 10년 전만 해도 메신저들은 사운드 스튜디오나 촬영 스튜디오를 방문해 큰 비용을 들여 오디오나 비디오 교육 프로그램을 녹화해야 했다. 그리고 녹화한 내용을 수천 달러를 들여 편집한 후 제작업체에 보내 대량으로 제작을 했다. 대량으로 제작해야만 제작 단가를 낮출 수 있었기 때문이다. 이렇게 만들어진 상품들은 배급업자들에게 보내졌고, 우리는 상품이 가게에 깔릴 수 있도록 영업하고 그것을 고객에게 배송하는 것을 배급업자에게 기대어 해결했다.

오늘날 이 모든 과정은 적은 비용으로 간편하고 빠르게 해결된다. 나는 내 컴퓨터로 오디오 프로그램을 녹음할 수 있고 사용하기 쉬운 100달러짜리 카메라를 이용해 비디오 프로그램을 녹화할 수 있다. 그런 다음 녹화 파일을 제작업체에 이메일로 보내 디자인을 추가하게 하고 CD나 DVD로 제작해 배송하게 한다.

여기에서 과거와 달라진 또 한 가지 풍경은 제작업체와 배급업체는 본질적으로 동일한 업체이고, 더 이상 재고를 잔뜩 만들어 창고에 쌓아두지 않는다는 것이다. 제작업체들은 이제 주문제작 기술을 사용해 고객이 제품을 구매하는 시점에 상품을 제작한다. 당신의 웹사이트에서 고객이 구입 버튼을 클릭하기 전까지는 재고가 존재하지 않고, 고객이 구입 버튼을 클릭하면 당신이 손가락 하나 까딱하지 않아도 상품이 제작되어 같은 날 배송이 시작된다.

또 하나의 혁신은 고객관계관리CRM 소프트웨어이다. 고객의 이름과 이메일 주소(전문용어로 'lead'라고 부른다)를 확보하고 정해진 계획대로 이메일을 자동으로 보내('자동응답기능'이라고 부른다) 고객의 주문을 온라인으로 처리하는 것은 과거에는 대기업에서나 사용할 수 있는 기능이었다. 복잡한 기술과 일반 소프트웨어와의 통합 등이 필요했던 시대는 21세기가 시작되면서 끝이 났다. 오늘날 우리는 한 달에 100달러만 내면 1시간 안에 우리 웹사이트에 온라인 상점과 쇼핑카트 기능을 설치할 수 있다.

블로그와 온라인 콘텐츠 관리 프로그램의 진화도 산업 양상을 바꿔놓았고 덕분에 우리는 매출을 일으킬 수 있는 회원 기반 웹사이트를 쉽게 만들 수 있다. 회원 기반 웹사이트는 다음과 같이 작동한다.

사람들이 접근할 수 있도록 노하우 정보와 교육 콘텐츠를 웹사이트에 올린다. 그러면 사람들은 그 사이트의 정보를 이용하기 위해 회원가입을 하고 돈을 지불한다. 온라인 회원가입 사이트가 있으면 물리적인 상품을 더 이상 만들 필요도 없다. 현재 메신저 산업은 점점 더 온라인 전송 모델로 옮겨가고 있다. 나는 메신저 사업을 구축하는 데 필요한 노하우 정보가 있는 회원 전용 사이트를 운영하고 있는데, 최근 신규 회원이 1,000명 이상 가입했다. 메신저 산업에서는 이런 일을 흔하게 볼 수 있다.

직원 두세 명으로 큰돈을 벌 수 있다

메신저 산업에 대해 많은 사람들이 갖는 오해 중 하나는 성공하려면 큰 조직을 운영해야 한다는 것이다. 수백만 명의 사람들에게 메시지를 전달하려면 세일즈와 마케팅 전문가들로 구성된 특별한 팀이 필요하다고 추측하는 것도 당연하다. 저명한 메신저가 TV나 인터넷에 자주 등장하는 모습을 보면 특히나 이런 가정을 하기 쉽다.

그렇지만 내가 경험을 통해 확인한 현실은 전혀 달랐다. 나는 2007년에 『영혼을 위한 닭고기 수프』의 저자 마크 빅터 한센Mark Victor Hansen이 주최한 컨퍼런스에 참석했다. 당시 마크와 공저자 잭 캔필드는 세계적인 명성을 얻고 있었다. 그들의 책은 여러 언어로 번역·출간돼 1억 부 이상 팔렸고, 그들이 개최하는 행사는 여기저기에서 열리고 있었다. 내가 참가한 컨퍼런스는 작가들을 위해 개최한 행사였다. 나 역시 성공적으로 사업을 운영하고 싶었기에 그들의 스태프들을 만나 친분을 쌓았다.

나는 그 스태프 중 한 명인 리사와 처음 이야기하던 순간을 잊을 수가 없다. 그녀는 친절하고 느긋한 사람이었다. 그녀는 내게 마크 빅터 한센을 위해 일하는 직원이 총 다섯 명밖에 되지 않는다고 말했다. 고작 다섯 명이 1억 달러 이상의 가치를 지닌 사업체를 운영하고 있다고? 나는 도저히 믿을 수가 없었다.

그 후 몇 달이 지나는 동안 나는 자기계발과 마케팅 분야의 거의 모든 메신저들과 친구가 됐다. 그리고 직원을 다섯 명 두는 것이 흔한 일이 아님을 알게 됐다. 대부분의 메신저들은 이보다 적은 수의 직원을 고용하고 있었다. 심지어 직원을 한 명도 두지 않는 메신저도 많았다. 그들은 사업이 잘 풀려가기 시작하는 시점에 평균적으로 한 명에서 세 명의 상근 직원을 고용했고, 대부분은 프로젝트별로 필요한 인력을 아웃소싱하고 있었다.

앞에서도 잠깐 언급한 바 있지만 메신저 산업은 인력을 아웃소싱하는 방식이 잘 어울린다. 메신저들에게 필요한 도움은 단기적이기 때문이다. 웹사이트 구축, 인터뷰 스케줄 관리, 비디오 촬영, 고객 응대, 출판 관련 행사, 글 쓰고 게재하기 등. 팀 페리스가 책 『나는 4시간만 일한다』에서 묘사한 꿈같은 삶은 기업가형 메신저들이 누리는 혹은 누릴 수 있는 삶과 정확히 일치한다. 이는 온라인 도구들과 아웃소싱 인력들 덕분에 가능하다.

세상이 바뀌었다, 모든 것은 아웃소싱으로

최근에 『백만장자 시크릿』의 저자 하브 에커를 만났을 때의 일이다. 그는 사업 초기에 직원을 너무 많이 고용하는 끔찍한 잘못을 저질렀었다고 고백했다. 처음에 그는 메신저 산업에 대해 아무것도 모르는 전형적인 기업가들의 조언을 따랐다. 결국 자신의 사업에 많은 직원이 필요하지 않음을 깨달은 하브가 직원들을 해고해야 했을 때 얼마나 괴로웠을

지 짐작할 수 있다.

메신저 산업에서는 일하기 시작하는 단계에서는 불필요하게 직원을 고용하지 말아야 한다. 대신 필요한 기술을 스스로 배워 자신의 운명을 개척해 나가는 것이 필요하다.

논란의 여지는 있겠지만 메신저 사업을 꾸려가면서 열 명 이상의 직원을 두는 사람은 다음 다섯 가지 중 하나에 해당한다.

하나, 직원을 현명하게 채용하지 않았다. 둘, 업무에 필요한 인프라를 제대로 구축하지 않았다. 셋, 올바른 리더십을 발휘하지 않았으며 권한을 적절하게 위임하지도 않았다. 넷, 업무 제휴 관계를 효율적으로 구축하지 않았다. 마지막 다섯, 아웃소싱이라는 방식을 효과적으로 활용하지 않았다.

이처럼 과감하게 말하는 것은 현재의 산업 환경이 10년 전과 명백히 다르기 때문이다. 토머스 프리드먼Thomas Friedman은 우리가 평평한 세상에 살고 있다는 것을, 대니얼 핑크Daniel Pink는 우리가 프리 에이전트free agent 세상에 살고 있음을 밝혔다. 팀 페리스는 가상의 공간을 활용하고 권한을 현명하게 위임하면 어떤 일들이 가능한지를 보여주었다. 그러니 더 이상 이에 관한 논쟁을 할 이유가 없다.

프리랜서 디자이너들과 쉽게 계약을 맺을 수 있고 주문제작 방식 및 새로운 배송 모델이 등장했으며 모든 일이 디지털화된 현재, 새로운 메신저 사업 모델에는 상근 직원이 거의 필요

없다. 그러니 소규모 사업체를 운영하지 않을 이유가 없다. 나는 직원 한 명 없이 수백만 달러 매출을 올리는 메신저 사업을 구축했으며 매출이 200만 달러가 될 때까지 상근 직원은 단 한 명도 고용하지 않았다.

직원 문제를 미리 염려하지 마라. 메신저가 되려던 수천 명의 사람들이 이 걱정 때문에 시작하기도 전에 그만뒀다. 나중에 당신은 단 몇 명의 직원만 고용해도 메신저 산업에서 대가가 될 수 있다.

내 마음에 드는 사람과 일하는 기쁨

메신저들은 자신에게 잘 맞는 이들만을 고용할 수 있다. 또 무례한 고객들은 어렵지 않게 거부할 수 있다. 더 이상 끔찍한 상사, 나와 맞지 않는 동료, 아부 떠는 무리 혹은 사내 정치에 능숙한 출세지향적인 사람들에게 휘둘릴 필요가 없다. 이 산업은 개개인의 열정, 지식과 능력을 기반으로 하기 때문에 운명을 우리 스스로 개척해갈 수 있다.

이 외에 메신저 집단에 속함으로써 누릴 수 있는 장점은 여러 가지가 있다. 메신저로 일하면 협력, 조인트 벤처^{Joint Venture}(2인 이상의 업자가 하나의 일을 하는 공동 계약), 콘텐츠 공유, 홍보 파트너십을 적극적으로 이용할 수 있다. 메신저의 최우선의 임무는 메시지를 사람들에게 전달하는 일이다. 그러므로 우리는 메시지를 더 넓게 나눌 수 있는 모든 기회를 적극 이용한다. 메신저들끼리 서로 상대방을 인터뷰하거나 다른 사람의 책이나 상품에 등장하는 것이다.

나와 각별한 사이인 토니 로빈스는 '자산관리의 달인'이라는 신규 프로그램을 만들고 있었다. 그는 온라인 마케팅에 능한 사람을 인터뷰하고 싶어했다. 혼자서도 그 프로그램을 만들 수 있었지만 그는 다른 메신저를 이용하는 쪽을 택했다. 토니는 내게 인터뷰에 응해주겠냐고 물었고 나는 기꺼이 수락했다. 바로 다음 날 나는 그의 비디오 스튜디오로 날아가 인터뷰 영상을 찍었다. 나는 이 일에 대가를 받지 않았고 대가를 달라고 말하지도 않았다. 왜냐하면 내 메시지를 알리는 것이야말로 나의 최우선 가치인 데다, 이런 정신을 공유하는 메신저 커뮤니티에서는 협력이 너무나도 당연하기 때문이었다.

토니는 온라인 마케팅 분야에서 최고 중의 최고인 메신저 열두 명을 인터뷰했다. 그 명단에는 프랭크 컨Frank Kern, 에븐 페이건Eben Pagan, 존 리스John Reese, 딘 잭슨Dean Jackson, 제프 워커Jeff Walker, 마이크 쾨닉스Mike Koenigs 등이 포함돼 있었다. 이 교육 프로그램은 대성공을 거두어 토니는 수백만 달러를 벌어들였다. 이후 나는 토니의 다른 상품 두 곳에 더 출연했고, 토니는 나의 엑스퍼트아카데미에서 강연을 해주고 내 세미나를 홍보해주는 것으로 보답했다.

이 사례를 통해 몇 가지 중요한 사항을 확인할 수 있다. 첫째, 메신저들은 항상 자신의 메시지를 전달하기 위해 자신만의 전문지식을 다른 사람들과 기꺼이 나누려 한다. 당신이 멘토였던 사람, 동경하는 메신저로 여겼던 사람과 손잡고 같이 일하는 모습을 상상해보라. 대단히 신나는 일일 것이다. 둘째, 이 산업은 상호 협력적이기 때문에 자신이 모든 주제에서 권위자일 필요가 없다. 다른 메신저들의 지식을 적극 활용하면 된다.

나는 토니 로빈스가 가르치는 주제는 가르치지 않는다. 그 주제에 대해 가르치고 싶은 경우에는 토니 로빈스를 초대한다. 그 역시 나와 마찬가지로 한다. 만약 내가 주관하는 행사에 어떤 주제에 대한 메신저를 초대하고 싶다면, 또는 웹사이트나 웹세미나에 그들의 조언을 올리고 싶다면 이메일 한 통만 보내면 된다. 메신저들은 열려있으며 접근하기 쉬운 사람들이다. 이제 막 메신저가 된 사람들은 이런 사실에 놀라곤 한다. 또한 여러분이 진정으로 세상을 바꾸고 싶어한다면, 다른 메신저들은 기꺼이 여러분을 지원하고 도울 것이다. 나는 메신저 커뮤니티의 이런 정신을 가장 좋아한다.

나는 지난달 내가 같이 일하기를 꿈꿔온 모든 메신저들과

함께하는 행운을 누렸다. 이 책의 뒷부분에서 나는 전문지식
이라는 콘텐츠 측면에서뿐만 아니라 사업을 운영하는 측면에
서 어떻게 하면 메신저들끼리 서로 더 잘 협력할 수 있을지에
대해 솔직한 의견을 밝힐 것이다.

하루 4시간만 일해도 놀라운 가치를 창출한다

대부분의 사람들은 끔찍한 시급 노동의 세계에서 일하고 있다. 그러나 메신저의 경우는 다르다. 우리는 노동시간이 아니라 전달하는 가치에 따라 소득을 올린다(한 시간 안에 누군가의 인생을 180도 바꾸어놓았다면 도대체 얼마를 요구해야 할까?). 회사에서 일하거나 전통적인 직업에 종사해온 사람들은 이 점을 이해하기까지 오랜 시간이 걸린다. 나도 이 점을 이해하는 데에 오랜 시간이 걸렸다.

내가 처음 이 일을 시작하던 무렵의 일이다. 죽음 앞에서 던진 '세 가지 질문'에 대한 나의 메시지에 깊은 인상을 받은 한 남자가 전화를 걸어왔다. 그는 자신이 인생을 돌이켜보고 더 큰 일을 계획하도록 내가 인생 상담을 해줄 수 있는지 물었다. 그는 53세였고 당시 내 나이는 그 절반이었던 걸로 기억한다. 우리는 한참을 대화를 나눴다. 내가 보기에 그는 자신이 어떤 사람인지, 무엇을 하고 싶어하는지를 잘 모르고 있었다.

나는 그에게 몇 가지 질문을 던졌다. 그는 내 질문들이 매우 심오하고 도움이 된다고 느끼는 것 같았다. 통화가 끝날 즈음 그는 내게 얼마를 지불해야 하는지를 물었다. 나는 기업들을 대상으로 컨설팅을 하고 있었고 몇 권의 책을 썼을 뿐, 심리상담사로 일하거나 어떤 사람과 일대일로 상담한 적은 없었기에 상담 요금을 얼마로 정해야 좋을지 몰랐다. 쑥스러워하며 그에게 물었다.

"글쎄요. 오늘 우리가 나눈 얘기를 고려했을 때 제가 얼마 정도 받아야 한다고 생각하나요?"

그는 재빨리 대답했다.

"제가 듣기로 심리상담사들은 시간당 200달러를 받는다고 하더군요. 그 정도가 어떨까요?"

대답을 듣고 나는 의자에서 넘어질 뻔했다. 세상에, 시간당 200달러라니! 당시 나는 그 정도 금액은 유능한 변호사나 받는 보수라고 생각했다. 나는 애써 태연하게 "좋습니다."라고 대답했다.

노동 시간이 아닌, 메시지의 가치에 따라 돈을 번다

그 뒤 다른 사람들도 내게 개인적인 상담을 부탁하기 시작했다. 나는 심리상담사들이나 사업 코치들이 시간당 300달러에서 1,000달러를 받는다는 사실을 알게 됐다. 그래서 나는 상담료를 시간당 600달러로 올렸다. 그런데도 매달 상담을 받으려는 사람들이 줄을 섰고, 상담 시간은 꽉 차게 됐다. 나는 상담료를 더 올렸다. 그 이후 고객은 더 많아졌다. 전화 상담이 너무 많아지다 보니 나는 항상 통화를 해야 하는 이런 생활이 싫어졌다. 상담을 좋아하긴 했지만 더 다양하고 융통성 있는 삶이 그리웠다. 그래서 나는 상담료를 한 번 더 인상했다. 그렇게 해서 어느 시점이 되자 나는 시간당 5,000달러의 상담료를 받고 있었다.

도대체 누가 시간당 그렇게 많은 돈을 지불한단 말인가? 대답은 간단하다. 돈보다는 인생의 변화가 중요한 사람이다. 만약 누군가가 당신의 인생이나 사업을 개선할 수 있는 아이디어나 정보, 전략을 제공한다면 지갑 사정은 크게 중요하지 않을지도 모른다.

가령 누군가가 당신에게 삶의 질을 현저히 향상시켜줄 이야기를 해주겠다고 하면 당신은 그에게 시간당 얼마를 지불하겠는가? 당신이 운영하는 사업과 동일한 분야에서 당신보다

100만 달러나 더 번 사람이 당신에게 사업을 성공시키는 방법을 가르쳐주겠다고 한다면? 그가 한 시간에 걸쳐 모든 것을 가르쳐줬든 한 달에 걸친 세미나 끝에 답을 제시했든 그에게 얻은 가치는 동일하지 않겠는가?

메신저 산업에서는 시간과 가치가 비례하지 않는다. 하루 정도 투자해 훌륭한 연설문을 작성해두면 전문 강사로서 강연할 때마다 1만 달러에서 5만 달러를 받을 수 있다. 일 년에 다섯 번만 연설한다고 하면, 투자한 시간 대비 소득이 괜찮지 않은가. 주말에 진행할 세미나를 준비하는 데에 2주를 투자했는데 이 세미나에서 1인당 참가비 1,000달러를 받고 500명의 참가자를 모집하는 데 성공했다면 당신은 2주 만에 50만 달러를 벌게 되는 것이다. 또는 한 달 동안 기획하고 촬영한 온라인 교육 동영상을 1,000명이 100달러를 내고 구입할 수도 있다. 그러면 한 달을 투자해서 10만 달러를 벌게 된다. 즉 메신저 세계는 일반적인 시급 노동과는 거리가 멀다.

이것은 성공한 몇몇 메신저의 이야기가 아니다. 이 일의 기본적인 성격이다. 관련해서 나는 이 책의 5장에서 자신의 노하우를 상품으로 만드는 법, 기본적인 마케팅만으로 100만 달러를 벌 수 있는 방법을 설명할 것이다.

홍보를 많이 할수록 더 많은 돈을 번다

　　바로 앞에서 설명했듯 메신저가 수입을 얻는 과정은 조직생활에서의 과정과는 다르다. 조직생활은 일한 것과 상관없이 돈을 받는다. 그러나 메신저들의 소득은 기본적으로 노동시간이 아닌 전달하는 가치가 결정하며 여기에 더해 당신의 메시지와 상품을 얼마나 많이 홍보하느냐에 따라 그 액수가 달라진다. 일반적으로 홍보를 더 많이 할수록 고객이 늘어나고 따라서 매출도 올라간다(물론 홍보 활동을 효과적으로 잘 진행한다는 가정하에 그렇다). 더 자세하게 말하자면, 당신이 고객에게 좋은 가치를 제공하고 그들과 실질적이고 깊은 관계를 형성하면서 효과적인 홍보를 통해 전략적이고 재치있게 상품을 판매하면 잠재고객은 늘어나고 매출은 커진다.

　홍보와 마케팅에 미리 겁먹을 필요는 없다. 먼저 사람들이 살아가는 데에 도움이 되는 정보를 담아 무료로 보낸다. 그렇게 하다가 적절한 시점이 되면 더 상세한 정보는 유료로 제공된다고 알려준다. 최근 나는 새로운 교육 프로그램을 시작했는데, 정확히 이런 과정을 통해 단 열흘 만에 200만 달러 이상의 매출을 올렸다. 더 많은 소득을 올리고 싶다면 관련 가치를 더 많이 제공하고 홍보 활동을 하면 된다.

　많은 초보자들은 소득이 전적으로 회원 규모에 달려있다고 생각하고는 걱정을 한다. 그러나 이 역시 때 이른 우려다. 우리 모두 처음에는 회원이나 팬이 한 명도 없었다. 우리의 메시지를 전달할 통로도 없었다. 그러나 가치를 꾸준히 제공하면서 추종자들을 조금씩 늘려 나갔다.

회원 규모가 얼마 되지 않는 현실에서 오는 갑갑함은 몇 가지 방법으로 해소할 수 있다. 앞서 말했듯 당신은 잠재고객을 많이 가지고 있는 다른 메신저들과 함께 일할 수 있다. 다른 메신저들은 잠재고객들을 많이 갖고 있다. 그리고 이들은 당신의 메시지가 전달되도록 도와줄 수 있다. 예를 들어, 당신과 같은 주제를 다루는 다른 메신저가 당신을 인터뷰하고 당신의 상품을 홍보해준 다음, 거기에서 수익이 발생하면 그 메신저와 수익을 나누면 된다. 뒤에서 설명할 제휴 마케팅affiliate marketing이 바로 이것이다.

요즘 나는 이메일 홍보를 한다. 이메일을 한 번 보내고 나면 보통 20만 달러 정도의 매출이 발생한다. 이메일을 더 많이 보낼수록 더 많은 매출을 올릴 수 있지만, 무작정 보내지는 않는다. 고객에게 내 메일이 스팸으로 여겨지지 않도록 적정한 수준을 유지해야 한다. 길게 설명했지만 내가 말하려는 요지는 간단하다. 홍보가 훌륭할수록, 그리고 다른 많은 메신저들을 홍보 활동에 개입시킬수록 더 많은 사람들에게 내 메시지를 전달할 수 있고 더 많은 소득을 올릴 수 있다.

CHAPTER 2

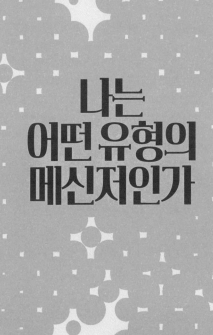

나는
어떤 유형의
메신저인가

"브렌든, 나는 어떤 메신저가 될 수 있을까요?"

당신은 이제까지 살아온 경험을 통해
이미 남다른 성과를 이루어냈다.
그 과정에서 자신만의 교훈도 얻었다.
전문적인 지식이 아니라고 걱정하고 있다면
더 이상 고민하지 마라.
성공한 메신저들도 처음에는 배우는 입장이었다.
당신도 지금부터 어떤 주제에 관한 연구를 시작하면
메신저가 될 수 있다.

자, 이제부터는 자신이 어떤 메시지를 가진 메신저가
될 수 있는지에 대해 알아볼 것이다.

이제까지
살면서
특별하게
'성취'한 것은
무엇인가
[성과 기반 메신저]

누구든 인생을 살아오면서 다른 사람들보다 뭔가를 먼저, 혹은 뛰어나게 성취한 경험이 있다. 그 과정에서 배운 교훈은 다른 사람들에게 도움이 된다는 점을 항상 기억하라.

지금 어른인 당신은 신발끈 묶는 법을 잘 알지만 어린아이들은 그렇지 않다. 당신은 운전을 할 줄 알지만 못하는 사람들도 있다. 이미 사회생활을 해본 당신은 일자리 구하는 법과 승진하는 요령을 알지만 취업해본 적 없는 청년들은 모른다. 뿐만 아니라 당신은 시험을 잘 치는 법, 담요 만드는 법, 아픈 가족을 돌보는 법, 가족에게 알맞은 집을 사는 법, 자동차를 싸게 사는 법, 노래 만드는 법, 영화를 제작하는 법, 블로그를 만

드는 법, 빚을 줄이는 법, 체중을 관리하는 법, 결혼생활을 개
선하는 법, 자연분만을 하는 법, 다른 사람들을 이끄는 법, 회
사에 대한 악의적 소문에 대응하는 법, 직원들을 관리하는 법,
회계 담당자를 찾는 법, 두려움을 극복하는 법, 연설을 잘하는
법, 자기에게 맞는 패션스타일을 찾는 법, 중병을 앓고 난 후
일상생활을 시작하는 법 등 혹자가 간절하게 궁금해하는 것
들에 대한 답을 이미 알고 있다.

우연히 습득한 것도 나만의 전문지식이다

차분하게 앉아서 이제까지 살아오면서 배우고 경험
한 모든 것의 목록을 작성해보라. 당신은 자신이 매우 많은 것
을 알고 있다는 사실을 깨달을 것이다. 어쩌면 그 목록의 길이
를 보고 놀랄지도 모른다. 당신은 이미 '성과 기반 메신저'이
다. 성과 기반 메신저란 어떤 것을 '경험해보고 성취해본' 사
람이며 이제 그것을 다른 사람들에게 가르칠 수 있는 사람을
말한다.

인생의 중요한 어떤 시기를 헤쳐 나갔거나 다소 사소해 보
이는 어떤 일을 해낸 것만으로도 당신은 내가 '우연히 습득한
전문지식'이라고 부르는 지식을 쌓았다. 당신은 스스로가 메

신저와는 거리가 멀다고 생각할지 모르지만, 당신이 아는 너무나 기본적인 정보와 지식을 구하기 위해 적지 않은 돈을 지불할 의사가 있는 사람이 수백만 명이나 있다. 마치 아이들이 신발끈 묶는 어른의 모습을 신기해하며 바라보듯이, 그들은 당신이 이미 아는 그 내용을 배우고 싶어하며 대가를 지불할 준비를 갖추고 있다.

지나치게 일반화하는 것으로 보일지 모르겠다. 하지만 한번 생각해보라. 이력서 잘 쓰는 법을 배우려고 돈을 지불한 적이 있는가? 분명히 이력서 쓰는 법에 대한 책을 한 권쯤 산 적이 있을 것이다. 자기계발 도서를 구입한 적은? 나는 적지 않게 구입했다. 또는 인터넷 강의를 듣거나 온라인으로 정보를 입수하기 위해 결제를 한 적은 있는가? 누구나 그런 적이 있을 것이다.

당시에는 이런 경험이 별일 아니라고 생각했을지 모르지만, 이것이야말로 메신저 산업의 사례이다. 누군가 어떤 일을 하는 방법을 알고 있고 당신은 그것을 배우기 위해 돈을 지불했다. 그들은 이미 당신이 원하는 성과를 이룬 적이 있고 그래서 당신은 자신의 학습 기간을 단축하기 위해 돈을 지불하고 그들의 노하우를 샀다. 즉 당신은 다음 단계로 나아가는 데에 도움이 되는 정보를 얻는 대가로 돈을 지불한 것이고, 이는 곧 성과에 값을 치른 것이다.

성취는 대단한 업적이 아니어도 된다

당신은 이제까지 살아온 경험을 통해 이미 성과 기반 메신저가 될 자질을 갖추었다. 자신이 어떤 메시지를 전달할 수 있을지 생각해보려면 가장 먼저 살면서 혹은 일하면서 어떤 결과를 성취했는지 스스로에게 물어보아야 한다. 당신은 이렇게 묻고 싶을 것이다.

"그렇지만 브렌든, 나는 내가 어떤 결과를 성취했는지 모르겠어요. 내가 스스로 알아채지도 못하는 전문지식을 가지고 있다고요?"

이 의문을 해소하는 방법은 간단하다. 내가 다음에 제시한 미완의 문장 몇 개를 완성해보는 것이다. 실제로 나는 이 같은 질문을 하는 사람들이 자신의 능력을 직접 확인해보도록 문장을 완성하게 했다.

"내가 알고 있는 행복한 결혼생활을 유지하는 비결은….''이라는 구절을 제시했을 때 그들은 "더 많이 듣는 것이다.", "감사하는 마음을 더 많이 표현하는 것이다.", "서로 존경하는 것이다.", "밤에 종종 데이트하러 외출하는 것이다." 등의 비결을 어렵지 않게 써넣었다. 대부분의 사람들은 자신이 문장을 매우 빨리 완성했다는 사실에 놀란다. 그리고 자기 안에 이런 답이 있다는 사실을 깨닫는 순간 자신감을 갖게 된다.

여기에서 당신도 이와 같은 '메신저 가이드' 활동을 직접 해보도록 하자. 간단하지만 심오한 이 문장들을 완성하고 나면 당신은 메신저 사업의 바탕이 될 주제와 아이디어를 발견할 것이다. 잠시 책읽기를 중지하고 펜을 꺼내 다음의 문장을 가능한 한 정직하고 철저하게 완성해보길 바란다.

Messenger Guide
내 안의 가능성을 발견하기 위한 질문

1 꿈을 이루는 법에 대해 내가 알고 있는 다섯 가지는 무엇인가?

2 팀의 일원으로 협력하는 법에 대해 내가 알고 있는 다섯 가지는 무엇인가?

3 자산관리에 대해 내가 알고 있는 다섯 가지는 무엇인가?

4 성공적인 창업에 대해 내가 알고 있는 다섯 가지는 무엇인가?

5 상품이나 브랜드 마케팅 방법에 대해 내가 알고 있는
   다섯 가지는 무엇인가?

6 친밀한 인간관계를 유지하는 방법에 대해 내가 알고 있는
   다섯 가지는 무엇인가?

7 영성에 대해 내가 알고 있는 다섯 가지는 무엇인가?

8 인테리어, 패션, 정리정돈에 대해 내가 알고 있는
   다섯 가지는 무엇인가?

9 효율적인 삶을 사는 방법에 대해 내가 알고 있는
   다섯 가지는 무엇인가?

물론 어떤 문장은 완성하기 힘들 수 있다. 상관없다. 이 질문들이 중요한 이유는 이를 통해 당신이 메신저 산업에서 가장 유망한 다음 아홉 가지 주제 중 무엇을 가르칠 수 있는지 살필 수 있기 때문이다.

- 동기 부여
- 리더십
- 자산관리
- 비즈니스
- 마케팅
- 인간관계
- 영성/종교
- 라이프스타일
- 생산성

이런 주제들이 어려워 보이거나 당신과 무관해 보이더라도 염려할 것 없다. 나는 단지 몇 가지 아이디어를 제시했을 뿐이다. 이 책의 뒷부분에서 나는 여러분 스스로 이 점을 더 명확하게 파악할 수 있도록 도울 것이다. 지금 중요한 것은, 당신도 무언가를 배우고 경험했다는 사실을 깨닫는 것이다. 큰 교훈을 얻은 적도 있고 성과를 낸 적도 있다. 그렇지 않은가?

만약 아직 아무런 성과를 내지 못한 분야에서 메신저가 되고 싶다 하더라도 걱정할 필요가 없다. 물론 궁극적으로는 가능한 한 많은 성과를 내고 싶어지겠지만, 시작하는 시점에서 성과가 반드시 필요조건인 것은 아니다.

무엇에
관심을
갖고
'공부'해왔는가

[연구 기반 메신저]

내가 대학에 다닐 때의 일이다. 내가 꽤나 귀여워하는 여동생 헬렌이 남자친구와의 관계 때문에 힘들어한 적이 있다. 그 둘은 결혼을 전제로 사귀고 있었는데, 어느 날부터 관계가 악화되기 시작했다. 여동생은 내게 조언을 구했다. 나는 당시 여자친구가 없었고, 고등학교 시절 만나던 여자친구 외에는 결혼을 생각할 정도로 누군가를 깊게 사귀어본 적도 없었기 때문에 어찌 보면 이상한 상황이었다(이 상황에는 중요한 메시지가 하나 숨어있다. 바로 사람들은 자신이 신뢰하는 이에게 조언을 구한다는 사실이다). 분명히 나는 '인간관계 전문가'가 아니었다. 하지만 여동생을 돕고 싶은 마음은 누구보다 간절했다. 그래서 내가 어떻게 했겠는가?

내게 도움을 청해오는 바로 '그것'을 연구하라

　　　나는 누군가가 내게 도움을 구할 때 항상 하던 것처럼, 그 주제를 연구하기 시작했다. 나는 헬렌이 도움을 요청해온 그날을 아직도 생생하게 기억한다. 그리고 충고를 해주면서 내가 얼마나 더듬거렸는지도 기억한다. 그날 밤 연애에 너무 무지한 스스로에 좌절한 나는 반스앤노블 서점에 가서 네 시간 동안 인간관계에 대한 책이란 책은 다 훑어봤다. 그리고 열 권이 넘는 책을 사고 노트 가득 메모를 적어서 돌아왔다. 그 다음 주 내내 나는 책을 읽고 알게 된 내용들을 종합했다. 그 결과 다음번에 여동생이 내게 조언을 구했을 때 나는 그녀에게 한바탕 잔소리를 할 수 있었다!

　동시에 더 재미있는 일이 일어났다. 빨간색 차를 사면 거리를 다닐 때 빨간색 차만 눈에 띄듯이 그때부터 인간관계로 고민하는 사람들의 이야기가 내 귀에 들어오기 시작한 것이다. 나는 그들에게 내가 알고 있는 내용들을 이야기해줬다. 그러자 갑자기 나는 대학 캠퍼스에서 '인간관계 메신저'로 불리기 시작했다. 하루는 여학생회에서 일하고 있는 한 여학생에게 인간관계에 대한 조언을 해줬다. 그러자 일주일 뒤 그녀는 내게 여학생회에 와서 강연을 해달라고 부탁했다. 그리고 강연료로 무려 300달러를 줬다! 나는 강연을 하러 여학생회로 가는 길에 너무 긴장한 나머지 그날 먹은 점심을 거의 토할 뻔했다.

이 두 가지 경험을 통해 나는 성과 기반 메신저와는 다른 종류의 메신저도 있다는 사실을 알게 됐다. 바로 '연구 기반 메신저'이다.

어떤 분야의 메신저가 되기 위해서 반드시 성과를 이룬 상태여야 하는 것은 아니다. 또한 모두가 성과 기반 메신저가 될 필요도 없다. 텔레비전에 나와서 사업 운영에 관해 설명하는 학자를 본 적 없는가? 그들은 기업체에 몸담은 사람이 아니고 과거에 사업을 해본 적도 없다. 그러나 그들은 사업 운영을 깊이 연구했고 훌륭한 사업 관행들을 알고 있기 때문에 메신저로 인정받는다. 즉 결혼도 해보지 않은 내가 남녀관계 메신저가 됐듯이 당신도 어떤 분야에서 반드시 성과를 거두지 않았더라도 그 분야의 메신저가 될 수 있다. 아직도 그 가능성이 의심스럽다면 다음 질문을 생각해보길 바란다.

• 만약 당신이 부동산에 투자하려고 한다면, 주택이나 상가를 한 번도 사본 적 없는 사람의 조언을 듣겠는가?

대부분의 사람들이 "절대 그럴 리 없지요."라고 대답할 것이다. 그렇다면 다시 묻겠다.

• 만약 한 번도 부동산에 투자한 적 없는 사람이 세계 최고의 부동산 재벌 20명을 인터뷰하여 그들의 가르침을 10단계 시스템으로 요약했다면? 그렇다면 그 사람의 조언을 듣겠는가?

이제는 아마 누구나 태도를 바꾸고 노하우를 배우려 할 것이다. 어떤 사람이 특정한 주제를 연구해 분석한 결과를 제시하면 우리는 거기에 귀를 기울인다. 그리고 그들의 조언을 듣기 위해 돈을 지불하는 것을 당연하게 생각한다.

세상 어떤 주제에서든 메신저가 될 수 있다

가장 유명한 연구 기반 메신저는 나폴레온 힐Napoleon Hill이다. 그의 저서 『놓치고 싶지 않은 나의 꿈 나의 인생』은 부자가 되는 방법을 다룬 책으로, 부와 성취에 대한 자기계발 도서 중 가장 영향력 있는 책으로 인정받고 있다. 이 책은 수십 년간 전 세계에서 수백만 권이 팔렸고, 많은 사람들의 삶의 중추를 움직이는 역할을 했다.

그런데 나폴레온 힐 자신은 (분명 이 책을 쓰기 전에는) 재정적으로 부유하지도 않았고 크게 성공하지도 못한 상태였다. 그렇다면 그는 어떻게 역사상 가장 영향력 있는 메신저이자 작가가 될 수 있었을까? 답은 간단하다. 그는 주제를 선택해 심도 깊게 연구한 다음 그 결과를 전달했기 때문이다.

나폴레온 힐은 그 책을 쓸 당시 앤드류 카네기Andrew Carnegie 와 그의 부유한 친구들을 비롯한 여러 부자들을 인터뷰했다. 나폴레온 힐은 이 인터뷰를 통해 부자들에게서 들은 내용을 종합하고, 이들에게서 공통적으로 엿볼 수 있는 좋은 관행들과 교훈을 유용한 정보로 추출했다.

'보통 사람들'이 그 주제를 쉽게 이해할 수 있도록 말이다. 그 결과 이 책은 부와 성취에 대한 사람들의 학습 기간을 몇 년이나 단축시켰고, 그로써 사람들이 더 나은 인생을 살 수 있도록 도와주었다.

이것이 연구 기반 메신저가 되는 과정이다. 즉 사람들이 가치를 느끼는 주제를 찾아 연구하고, 성공한 사람을 인터뷰하여 알게 된 내용을 종합한 다음 그 내용을 다른 사람들이 배워서 삶을 개선할 수 있도록 판매하는 것이다.

이 점을 이해하면 누구나 어떤 주제든지 충분히 다룰 수 있다는 말이 과장이 아님을 알게 될 것이다. 당신이 열심히 연구만 한다면, 문자 그대로 세상 어떤 주제에 대해서도 메신저가 될 수 있다. 이런 방법은 우리를 자유롭게 한다. 왜냐하면 다른 사람들을 돕고 싶은 주제가 있다면 연구를 통해 그 주제에 통달하면 되기 때문이다.

그러나 이는 구글에서 하루 정도 가볍게 검색해본 다음에 메신저 행세를 하라고 말하는 게 아니다. 이 책에서 내가 주장하고 권하는 모든 것은, 당신이 성실하게 행동하고 진정으로 사람들을 돕고자 하며 탁월함을 추구하는 동시에 가짜 메신저 행세를 하지 않는다는 가정을 바탕으로 한다. 나는 메신저라면 선택한 주제에 통달해야 하고 다른 사람들을 솔직한 마음으로 신의성실의 원칙하에 도와야 한다고 생각한다.

다음의 '메신저 가이드'의 질문들은 연구 기반 메신저로서 주제를 찾는 데 도움이 될 것이다. 다음 질문에 답을 찾아가는 과정을 통해 이후에 설명할 개념과 전략을 먼저 맛볼 수 있다.

무엇을 연구해야 할지 결정하는 데 도움이 되는 질문

1 항상 열정을 가지고 있는 주제는 무엇인가?

2 다른 사람들이 잘하도록 돕고 싶은 주제가 있다면 무엇인가?

3 지속적으로 연구해서 사람들이 그것을 숙달하도록 돕고 싶은
   주제가 있다면 무엇인가?

4 그 분야에 대해 사람들에게 도움이 필요하다고
　생각하는 이유는 무엇인가?

5 그 분야에 대해 더 연구하기 위해 내가 할 수 있는 것은 무엇인가?

6 그 주제에 대해 내가 인터뷰할 수 있는 사람들은 누구인가?

'존경'
받을만한
삶을
살고 있는가
[롤모델형 메신저]

어떻게 누구나 (그리고 당신이) 메신저가 될 수 있단 말인가? 과연 누가 내 말에 귀를 기울일 것인가? 이 질문에 대한 답으로 지금까지 다음 두 가지를 제시했다. 첫째, 인생을 살면서 어떤 사람들보다는 당신이 더 많은 것을 이뤘고 더 많은 것을 경험했다. 당신이 이미 얻은 교훈은 다른 사람을 도울 수 있는 가치있는 것이다. 둘째, 성공한 메신저들도 처음에는 배우는 입장이었다. 당신이 선택한 주제 분야에서 활동했거나 성과를 이룬 바가 없다고 해도 충분히 연구하면 그 분야의 메신저가 될 수 있다.

다시 말해 첫 번째는 어떤 일을 '경험해봤고 성공한 적 있는' 이들이 그 분야의 메신저가 될 수 있음을 의미한다. 두 번째는 어떤 분야를 깊이 알고 있는 사람이 메신저로서 자격이 있음을 뜻한다.

그리고 '누가 메신저가 될 수 있는가?'에 대한 세 번째 답은 이것이다. 셋째, 사람들은 자신이 신뢰하고 존경하고 따르는 사람, 즉 롤모델의 말에 귀를 기울인다.

사람들이 조언을 구하는 대상이 반드시 전문가인 것은 아니다

전문가가 아닌 사람에게 조언을 구한 적이 있는가? 당연히 그런 적이 있을 것이다. 팔에 상처가 났을 때 의사가 아닌 어머니에게 달려가 어떻게 해야 할지 묻지 않았는가. 친한 친구가 차 엔진 소리가 이상하다고 말하면 주말에 당장 자동차를 정비소에 몰고 가게 된다. 또한 돈이 많지 않은 친구에게서 돈 벌 기회에 관해 듣고는 그 기회를 살릴 방법을 고민해본 적이 있을 것이고, 이웃 사람과 식사하다가 야채를 더 먹어야 한다는 말을 들었을 때는 '그래야겠네.'라고 생각했을 것이다.

사람들이 조언을 구하고자 하는 대상이 반드시 그 분야의 전문가인 것은 아니다. 이런 개념이 내 삶에 적용되는 것을 보면 항상 놀랍다. 수백만 명의 사람들이 온라인으로, TV 방송으로, 인쇄물로 그리고 직접 나를 만났다. 그중 많은 사람들은 내가 전혀 모르는 분야에 대한 조언을 얻으려고 연락해온다. 그리고 내 '전문지식'에 수만 달러를 지불할 뜻이 있음을 밝힌다.

예를 들어 내가 한 번도 만난 적 없는 한 남자는 자신이 경영하는 회사의 구조조정을 도와달라며 상담료 50만 달러를 제시했다. 그렇지만 나는 기업 구조조정 전문가가 아니다. 어떤 여자는 매달 2,000달러를 줄 테니 이혼 과정을 도와달라는 제안을 했다. 내가 이혼이나 이혼 관련 법률, 혹은 이혼 과정에서 어떤 정서적인 어려움을 겪는지 전혀 아는 바가 없음에도 불구하고 말이다. 다문화사회 관련 컨퍼런스에서 나는 다문화사회의 예시들을 넣은 리더십 강연을 하는 대가로 1만 5,000달러를 받았다. 비록 다문화사회 문제는 내 전문 분야가 아니고, 내가 인종의 용광로인 대도시와는 거리가 먼 몬태나 주 시골 출신의 백인 청년임에도 불구하고 말이다.

사람들은 자신이 신뢰하는 사람의 조언을 따른다

이는 평판이 좋고 대중에게 널리 알려진 사람들에

게 자주 일어나는 일이다. 사람들은 항상 기업체 CEO, 강사, 작가, 연예인, 파워블로거, 유튜브로 유명해진 사람들, 그리고 모든 분야 리더들에게 조언을 구하고 그들이 아는 지식, 기술, 경험, 능력과는 완전히 무관한 전문지식, 컨설팅, 코칭 혹은 정보에 대가를 지불한다.

왜 그럴까? 그 이유는 사람들은 자신이 믿고 존경하고 따르는 사람들의 조언을 신뢰하기 때문이다. 더 간단하게 말하면, 사람들은 훌륭해 보이는 사람들로부터 정보를 구하고자 하는 것이다.

개인적으로 나는 달라이 라마로부터 사업에 대한 조언을 얻을 수 있다면 큰돈을 지불할 뜻이 있다. 그가 기업 연구는 하지 않는다는 사실을 알지만 말이다. 또한 토니 로빈스의 말이라면 어떤 주제에 대한 것이든 한마디도 놓치지 않고 귀담아듣겠다. 만약 버락 오바마 전 대통령이 나에게 중국에 가서 사는 것이 좋겠다고 한다면 아마 나는 그렇게 할 것이다. 다른 사람들처럼 나는 내가 존경하는 사람들의 말을 따르기 때문이다.

다른 사람들이 당신을 롤모델로 생각하는 것은 당신이 메신저로 자리매김하기에 매우 유리한 조건이다. 메신저가 되는 좋은 길은 바로 좋은 사람이 되는 것이다.

나는 우리 사회 전반에 롤모델이 돼줄 사람들이 더 있어야 한다고 생각한다. 성실하고 다른 사람들을 배려하고 도와주면서 사는 사람들 말이다. 그리고 미래는 이런 사람들의 편이라고 생각한다. 본받을만한 삶을 살면서 다른 이들을 도와주는 사람들은 사업의 번창과 풍요를 누리게 될 것이다.

자신이 어떤 롤모델이 될 수 있는지 알기 위한 질문

1 사람들이 나를 존경할 만한 이유가 있다면 그것은 무엇인가?

2 좋은 인생을 살기 위해 당신이 지켜온 원칙은 무엇인가?

3 내 인생의 여정에서 사람들이 발견해줄 만한 '좋은 일'은 무엇인가?

4 나를 좋은 사람으로 만들어주는 나의 장점은 무엇인가?

최고의
메신저가
되기 위해
갖춰야 할
3가지 자질

지금까지 메신저가 되는 세 가지 길(성과 기반, 연구 기반, 롤모델)을 소개했다. 그런데 이 세 가지 길은 각각 다른 길이 아니라 메신저가 되는 과정에서 순환적으로 걷게 되는 길이다. 이 모든 자질을 제대로 갖춘 메신저야말로 신뢰를 얻고 존경을 받으며 많은 사람을 팬으로 두게 된다. 그러므로 자신이 선택한 주제가 있다면 앞으로는 의식적으로, 전략적으로, 적극적으로 이 세 가지 자질을 구축하기 바란다.

나는 내가 다루는 주제를 항상 더 깊이 연구하고, 내가 가르치는 분야에서 더 많은 결과들을 성취하려고 애쓰며, 내가 도와주는 사람들에게 좋은 롤모델이 되기 위해 노력한다. 그리고 그렇게 하는 것이 내가 성공한 이유라고 생각한다. 그런데 성공한 메신저와 구루들 중에는 배움과 실험을 멈춰버리는 사람들이 많다. 그 결과 그들은 더 이상 최고의 조언을 제공할 수 없게 됐고, 결국 그들의 사업은 기울고 말았다.

나는 메신저 지망생들에게 항상 이런 질문을 던진다. 여러분이 선택한 주제를 깊이 연구하고 숙달했습니까? 지난해에 그 주제에 관한 책을 적어도 여섯 권 이상 읽었습니까? 그 주제 분야의 전문가를 적어도 열 명 이상 인터뷰했습니까? 여러분이 알게 된 내용을 적용해 좋은 성과를 냈습니까? 여러분은 사람들의 존경을 받을만한 훌륭한 삶을 살고 있습니까?

성실히 연구하고 성과를 내고 좋은 롤모델이 되면 '메신저'라는 단어를 능가하는 마법을 경험하게 될 것이다. 당신은 신뢰받는 조언자로 격상되고, 사람들은 당신을 그 주제에 대한 '권위자'라고 생각할 것이다(여기서 권위자는 긍정적인 의미로 '빛과 지혜를 널리 전하는 사람'이라는 뜻이다). 이렇게 되면 사람들은 당신에게 당신이 잘 아는 주제에 대한 보다 깊은 조언을 바라게 된다. 이제 당신은 자신의 정보와 전문지식을 이용해 다른 사람을 돕는 사업을 본격적으로 운영할 준비가 된 것이다.

여기서 다음 단계는 실질적으로 메신저 사업을 운영한다는 것이 어떤 것인지, 정보를 제공하고 대가를 받는 방법은 무엇인지에 대해 알아보는 일이다.

CHAPTER 3

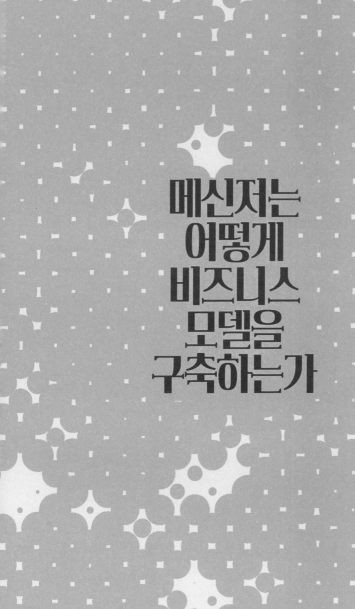

메신저는
어떻게
비즈니스
모델을
구축하는가

"브렌든, 메신저들은 어떻게 사업을 시작하나요?"

자신이 어떤 유형의 메신저가 될 수 있는지 파악했다면
지금부터는 메신저가 어떻게 메시지를 전달하며
실제로 어떤 단계를 거쳐 비즈니스 모델을 구축하는지 알아보자.
놀랍게도 수백만 명의 사람들에게 메시지를 전하고
수백만 달러를 벌어들이는 메신저들은
거의 모두 비슷한 과정을 밟았다.
그 과정은 10단계로 나뉜다.

자, 이제 백만장자 메신저들의 비즈니스 구축 방법을 통해
당신이 해야 할 일을 정리하고
사업 진행의 기본적인 지침을 세워보자.

즐겁게 배우고 열중할 수 있는 나만의 주제는 무엇인가

[1단계_ 메신저가 되기 위한 주제 정하기]

사람들은 내게 끊임없이 묻는다. "브렌든, 내가 메신저가 되기 위해서 어떤 주제를 선택하면 좋을까요?" 이런 질문을 들을 때마다 1달러씩 받았다면 나는 아마 대단한 부자가 됐을 것이다. 이 질문이 시사하는 바는 단순하다. 일반적으로 사람들은 빠른 시간 안에 전문지식을 배우고 익힐 수 있다고 생각한다. "어떤 분야가 좋을지 얘기만 해주세요. 그럼 그 분야의 메신저가 될게요."

이런 사고방식은 학력이 높은 사람일수록 두드러진다. 왜냐하면 고등교육은 스스로의 직업을 선택할 수 있다고 가르치기 때문이다. 특히 창조적인 사람들은 여러 가지 분야에 발을 담그고 다양한 주제에 대해 열정을 가지고 있다. 내가 아는 창조적인 전문가 대부분은 많은 분야에 대해 흥미를 갖고 있기 때문에 여러 가지 분야의 메신저로 일하고 있다. 호기심은 창조성을 더 활발하게 만든다.

한 가지 주제로 비즈니스 모델을 만들어라

당신이 메신저가 될 수 있는 분야는 여러 개일 수 있다. 나 역시 '메신저 산업에서 성공하는 방법'에 대한 메신저일 뿐만 아니라 리더십, 동기 부여, 성과 향상, 갈등 해결, 중재, 제휴, 기업 후원, 비영리 모금 활동, 전문 강연, 조직 개발, 온라인 마케팅 분야의 메신저가 됐다. 그리고 이 중 몇 개 분야에서는 수백만 달러 이상의 가치가 있는 사업을 운영하고 있다. 어떤 사람들은 이렇게 다양한 분야를 다루는 일이 무리이거나 소모적이라고 생각한다. 하지만 창조적인 사람들에게는 자연스러운 일이다. 호기심, 배움과 평생학습에 대한 열정, 세상을 더 알고 싶어하는 욕구가 있다면 다양한 주제에 대한 전문지식을 갖출 수 있다.

그러나 처음부터 '만물박사'가 되려는 것은 좋은 전략이 아니다. 사업다운 사업을 구축하고 싶다면 한 가지 주제를 선택해 그것을 배우고 완전히 익힌 다음, 알게 된 내용을 나누고 메신저로 자리매김하고 사람들을 가르치면서 돈을 벌어야 한다. 그렇게 돈을 벌기 시작하고 나서야 여러분은 사업을 확장할 수 있는 실질적인 토대를 갖출 수 있다. 다른 분야로 범위를 넓히는 것은 그 이후이다.

다시 말하면, 한 가지 주제를 정하고 그에 관한 실질적인 사업을 개발하라. 그러고 나서 주제를 넓혀도 늦지 않다. 수천 명의 엑스퍼트아카데미 수강생들, 그리고 가장 성공한 수십 명의 메신저 사례를 바탕으로 단언하건대 이것이 초보 메신저들에게는 가장 좋은 전략이다. 당장은 한 가지 주제에 집중하라.

열중할 수 있는 하나의 주제 정하는 법

그럼 다시 처음의 질문으로 돌아가자. 어떤 메시지를 전달하면 좋을까? 앞에서 다룬 내용을 떠올려본다면, 어떤 분야에서 성과를 얻거나 깊이 연구하거나 롤모델이 되면 빠른 시간 안에 메신저가 될 수 있다. 그렇다면 당신에게 맞는 주제는 무엇일까?

다른 사람들을 가르쳐줄 주제를 선택하는 것은 삶의 열정을 쏟는 것과 비슷하다. 때로는 우리가 주제를 선택하기보다는 주제가 우리를 선택하기도 한다. 그러므로 주제를 택하기 위해서는 창조적인 사람들이 내키지 않아 하는 개념 하나를 염두에 둬야 한다. 바로 '집중'이다. 한 가지 주제를 정하기가 힘들다면 다음 조언을 참조하길 바란다. 이미 주제를 정했더라도 다음 지침을 토대로 한번 검증해보라.

첫째, 현재 내가 흥미롭게 배우고 있는 주제를 선택하라. 항상 리더십 관련 도서를 사서 읽는다면 리더십이 주제가 될 수 있다. 당신이 어머니들에게 자녀양육에 관해 묻고 다닌다면 이것이 실마리가 될 수 있다. 영업 마케팅 강연을 자주 들으러 다닌다면 이미 영업 마케팅을 좋아하고 있다는 뜻이다. 그러니 당신이 흥미를 가지고 이미 알아가고 있는 것으로 다른 사람들을 돕는 것을 생각해보라.

둘째, 현재 즐겨 하는 것과 관련된 주제를 선택하라. 지금 당신이 하고 싶어하는 일은 무엇인가? 이것이 주제를 선택하기 위한 좋은 출발점이 될 수 있다. 로리 마레로처럼 정리정돈을 즐긴다면 당신은 '정리정돈 메신저'가 될 수 있다. 로저 러브처럼 노래 부르기를 즐기고 다른 사람들이 노래를 잘 부르도록 도울 수 있다면 '발성 코치'가 될 수 있다. 지난 몇 년간 주택 경매에 참여하는 일을 즐겼다면 바로 그것이 당신의 주제이다.

셋째, 항상 배우고 싶어했던 것을 생각해보라. 어떤 분야에서든 메신저들은 배우는 것부터 시작한다. 세계 최고의 의사도 처음에는 전문의가 아니었다. 이들도 처음에는 의과대학생이었고 인턴, 레지던트 과정을 거쳐 전문의가 됐다. 배우기만 하면 여러분은 어떤 주제에 대해서든 메신저가 될 수 있다. 원하면 언제든지 자신을 재탄생시킬 수 있다는 뜻이다. 당신은 어떤 주제를 배워서 다른 사람들을 돕고 싶은가?

넷째, 당신의 경험을 생각해보라. '다른 사람들은 나 같은 고생을 하지 않도록 내 경험을 얘기해주고 싶어.'라는 생각이 드는 인생의 전환점이 있었는가? 혹은 그런 성취나 비극적인 일을 겪은 적이 있는가? 생활하면서 혹은 직장에서 다른 사람들에게 이야기해주고 싶은 독특한 이야기, 기술, 관점을 얻은 적이 있는가? 과거를 돌아보면 현재와 미래의 이정표를 쉽게 찾을 수 있다. 나는 자동차 사고와 이로 인한 인생의 전환을 메신저 사업의 토대로 삼기로 결정했었다.

마지막으로, 당신이 앞으로 5년 동안 즐겁게 열중할 수 있는 주제를 선택하라. 이것은 매우 중요하다. 한번은 내 세미나에서 어떤 여성이 일어나더니 "메신저로 살기 위해 선택한 주제가 있는데 솔직히 말해 저는 이 주제가 싫어요."라고 말했다. 그녀의 가족 중 한 명이 자살을 했는데, 어떤 자기계발 강사가 그녀에게 자살을 예방하는 일이 그녀의 소명이라고 말했다고 한다. 그 뒤 이 가엾은 여성은 수년간 전국을 돌아다니면서 젊은이들에게 관련 강연을 했다. 그리고 그때마다 가족의 자살을 떠올려야 했다. 몇 년이 지나자 그녀는 인정받는 메신저가 됐고 사람들의 삶을 변화시켰지만, 스스로는 자신이 선택한 주제에 부담을 느끼고 있었다.

이 사례에서 볼 수 있듯이 주제는 현명하게 선택해야 한다. 당신은 앞으로 수년 동안 선택한 주제를 조사하고 책을 읽고 다른 메신저들을 인터뷰하고 글을 쓰고 블로그에 자료를 올리고 비디오 촬영을 하고 메시지를 전할 것이다. 그러니 자신이 정말 좋아하는 주제를 선택해야 한다.

나만의 특화된 주제 찾는 법

1   내가 항상 공부하고 흥미를 느끼는 주제는 무엇인가?

2   살면서 즐겨 하는 일은 무엇인가?

3   내가 항상 더 배우고 싶어하는 분야는 무엇인가?

4　다른 사람에게 영감이나 교훈을 줄 만한 경험을 한 적이 있다면 무엇인가?

5　전문적으로 배우고 싶은 지식 또는 남을 도우면서 일하고 싶은 주제가 있다면 무엇인가?

6　내가 선택할 최초의 주제이자 사업 확장의 중심에 두고 싶은 주제는 무엇인가?

나의 메시지가 필요한 고객과 조직은 누구인가

[2단계_목표 고객 선택하기]

1단계 내용을 보고는 내 생각이 틀렸다고 지적하는 마케터들이 있을지 모른다. "주제가 아니라 먼저 잠재고객을 정해야 합니다. 무엇을 가르칠지 또는 무엇을 줄지가 아니라, 판매 기반을 찾는 게 먼저입니다. 그런 다음 잠재고객이 원하는 것을 제공하는 거죠."

나도 이 말에 어느 정도는 동의한다. 그러나 초보 메신저들에게 이것은 닭이 먼저냐 달걀이 먼저냐의 문제일 뿐이다. 정해진 답은 없다. 즉 1단계와 2단계 중 어느 단계를 먼저 실행하는지는 별로 중요하지 않다.

어떤 사람들을 가장 돕고 싶은지를 결정해야 하는 순간이 결국은 온다. 어떤 사람들을 돕고 싶은가? 젊은이, 부모, 여성, 남성, 은퇴자, 사업가, 비영리재단, 기업가 등 정확히 누가 목표 고객인가? 인구통계학적으로 대상을 결정하고 나면 한 단계 더 나아가 이들이 인생에서 어떤 일을 겪어왔는지, 성격은 대체로 어떤 유형인지, 어떤 일을 하는지 등도 고려해야 한다. 쉽게 구별할 수 있을 정도로 전형적인 사람들로 고객을 좁히는 것이 가장 좋다.

어떤 사람들을 가장 돕고 싶은가

이제 다음과 같은 질문을 받을 차례다. "브렌든, 내게는 나누고 싶은 중요한 메시지가 있는데 누구에게나 도움이 될 수 있어요. 정말 목표 고객을 선택하고 제한해야 합니까?" 그렇다. 그래도 선택해야 한다.

당신의 메시지가 그토록 많은 사람들을 도울 수 있다는 것은 감탄할 만한 일이다. 수많은 사람들이 당신의 메시지로 도움을 받을 수 있다는 점도 믿는다. 문제는 온 세상 사람들이 당신의 메시지를 필요로 한다 해도, 당신에게는 그 모든 사람들을 도울 시간과 자원이 없다는 것이다. 온 세계를 향해 광고를 하거나 마케팅을 할 수는 없다. 홍보 자료는 효율적이고 현실적이어야 한다. 그러니 일단 특정 그룹이나 특정 유형의 사람들을 선택하라.

고객을 선택하는 일은 주제를 선택하는 일과 비슷하다. 자신과 비슷한 유형의 사람들을 찾는 일이기 때문이다. 당신이 흥미로워하는 주제에 흥미를 가진 사람은 누구인가? 당신이 배우고 싶어한 주제를 마찬가지로 배우고 싶어하는 사람은 누구인가? 당신과 비슷한 인생의 굴곡을 겪은 이들은 누구인가? 다음 '메신저 가이드'의 문장을 완성하면서 스스로 답을 찾길 바란다.

나의 메시지를 필요로 하는 고객 찾는 법

1 나의 연구 주제를 통해 가장 혜택을 받을 고객은 누구인가?

2 나의 연구 주제를 배우기 위해 기꺼이 돈을 지불할 고객은 누구인가?

3 나의 연구 주제와 관련해서 배움이 더 필요한 고객은 누구인가?

4 나의 연구 주제와 관련해서 배움이 더 필요한 사람은
   어떤 조직에 속해 있는가?

나의
고객이
지금 가장
원하는 것은
무엇인가

[3단계_목표 고객의 문제 찾기]

고객에게 필요한 부분을 발견하고 그의 문제를 해결해주고 인생을 개선시켜주기 위한 조언과 노하우를 제공하기 위해서는 고객을 연구해야만 한다. 내가 '고객 파악 공식'이라고 이름붙인 방법이 있다. 이 공식은 네 가지 간단한 질문으로 구성돼 있으며, 잠재고객들을 만나거나 조사를 진행할 때 내가 우선적으로 묻는 것들이다.

- 당신이 올해 성취하고자 노력하는 일은 무엇입니까?
- 올해 당신의 소득을 (또는 행복을) 두 배로 높이려면 무엇이 필요하다고 생각합니까?

- 당신의 사업이나 일상생활에서 지금 가장 힘든 점은 무엇입니까?
- 당신의 상황을 개선하기 위해 이미 시도해본 것은 무엇입니까? 그중 효과가 있었던 것과 효과가 없었던 것은 각각 무엇입니까?

이 질문에 대한 고객들의 답을 보면 그들이 어떤 야망을 품고 있는지, 그들에게 무엇이 필요한지, 무엇 때문에 좌절을 느끼는지, 선호하는 학습 방법은 무엇인지를 알 수 있다. 고객이 가장 힘들어하는 문제와 가장 이루고 싶어하는 야망을 제대로 이해할수록 고객이 돈을 지불할 만한 문제 해결책 또한 더 잘 고안해낼 수 있다. 즉 고객에게 무엇이 필요한지 더 잘 이해할수록 그들의 삶을 개선시키는 정보를 더 잘 제공할 수 있다는 뜻이다.

다음은 당신이 고객의 삶을 도울 방법을 고민할 때 필요한 질문들이다.

고객의 성향과 욕구를 파악하는 법

1 나의 고객이 성취하고자 하는 바는 무엇인가?

2 나의 고객이 더 알고자 하는 것은 무엇인가?

3 나의 고객이 종종 검색하는 단어는 무엇인가?

4   나의 고객이 관심을 갖고 있는 사람들과 조직의 유형은 무엇인가?

5   나의 고객이 하기 싫어하는 일은 무엇인가?

6   나의 고객이 비싸더라도 종종 구입하는 것은 무엇인가?

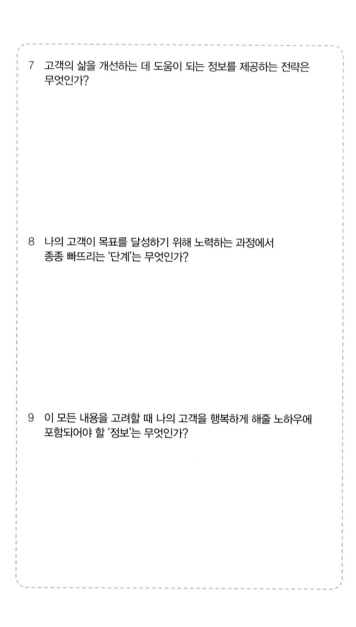

7 고객의 삶을 개선하는 데 도움이 되는 정보를 제공하는 전략은
무엇인가?

8 나의 고객이 목표를 달성하기 위해 노력하는 과정에서
종종 빠뜨리는 '단계'는 무엇인가?

9 이 모든 내용을 고려할 때 나의 고객을 행복하게 해줄 노하우에
포함되어야 할 '정보'는 무엇인가?

고객들이
가장
공감할 만한
나만의
스토리는
무엇인가
[4단계 _ 나만의 스토리 선택하기]

나는 메신저가 되고 싶어하는 사람들에게 다음과 같은 질문을 종종 던진다. "당신의 고객들이 지금 겪는 문제와 비슷한 문제를 과거에 당신도 겪은 적이 있습니까?"

이상하게도 우리는 성공담보다는 다른 사람이 고생한 이야기에 더 크게 공감하는 경향이 있다. 그래서 비슷한 문제를 헤쳐온 경험은 깊은 유대감을 일으킨다. 다시 말해, 당신의 고객은 자신이 겪는 일들을 당신도 겪은 적이 있기를 바란다. 메신저가 자신과 같은 경험을 가졌다는 걸 알면 고객은 그를 신뢰하게 된다. 명문대 졸업장이나 성공적이기만 한 인생담보다 이러한 고생담이 더 유용하다.

초보 메신저들은 이 때문에 종종 당황한다. 기존의 일반적인 미국 문화에서는 신뢰를 얻으려면 자신이 성취한 것들을 자랑하는 게 옳다고 여기기 때문이다. 그런 분위기에서는 학위, 자격증, 실적, 멤버십, 우리를 돋보이게 하는 성취 혹은 인간관계를 모두 나열하는 게 당연했다. 이 때문에 많은 초보 메신저들은 자기소개문에 자신이 얼마나 재능 있고 영향력 있는지에 대해서만 얘기한다.

한 가지만 물어보자. 혹시 자기가 얼마나 대단한 사람인지 뻐기기만 하는 사람과 데이트해본 적 있는가? 그런 사람과 공감할 수 있었는가? 그런 사람과 다음에도 만나 대화를 나누고 싶었는가? 아마도 아닐 것이다.

고객은 처음에는 우리 메신저들이 겪었던 문제와 고생한 이야기를 통해 우리와 공감한다. 그리고 우리가 어떤 사람들이며 어떤 일을 경험했는지 알게 된 후에야, 우리가 알고 있는 지식과 성취한 것들에 관심을 보인다.

나의 스토리를 듣기 전에 고객이 알고 싶어하는 것들

당신을, 그리고 당신의 메신저 경력을 접하는 사람들은 모두 다음과 같은 궁금증을 가진다. "이 사람은 누구인가? 이 사람은 어떤 일을 경험하고, 극복하고, 이해하고, 성공했는가? 이 모든 것을 고려할 때 이 사람은 내 삶을 개선할 수 있도록 무엇을 가르쳐줄 수 있을까?"

이 질문의 '순서'에 주목하기 바란다. 고객의 머릿속에 떠오른 이 질문들은 내용적인 면과 함께 순서 면에서도 의미심장하다. 고객들은 다음과 같은 순서로 알고 싶어한다.

1. 이 사람은 누구인가? 그가 겪은 경험은 무엇인가? 그것은 내가 공감할 만한 것인가?
2. 어려움을 극복한 적이 있는가? 어떻게 극복했는가?
3. 그 과정에서 이 사람이 알게 된 것은 무엇인가?
4. 이 사람은 어떤 일에 성공한 적이 있는가? 어떤 결과를 얻었는가?
5. 이 사람은 내가 더 나은 인생을 살기 위해 지금 적용할만한 것을 가르쳐줄 수 있는가?

고객들은 어떤 메신저를 만나든 이런 내용을 궁금해하기 때문에 위의 질문에 대한 자신만의 답을 준비해야 한다. 그런 다음에는 잠재고객이나 기존고객들에게 홍보할 때마다 이 질문들을 다뤄야 한다. 대답의 길이보다는 진정성이 더 중요하다.

'나만의 스토리'에 들어가야 할 필수 요소 찾는 법

1   내가 겪었던 문제 중 고객이 공감할만한 것은 무엇인가?

2   내가 극복했던 문제 중 고객이 공감하거나 용기를 얻을만한 것은
    무엇인가?

3 내 경험으로부터 배울 수 있는 주요 교훈은 무엇인가?

4 내가 성취한 것 중 신뢰도를 높이는 데 도움이 될만한 것은
   무엇인가?

5 내가 선택한 분야에서 고객에게 도움이 될만한 교훈은 무엇인가?

나의
메시지가 담긴
프로그램은
어떻게
만들어야 할까
[5단계_ 나만의 해결법 만들기]

메신저로서 다룰 주제, 고객, 자신의 이야기에 대해 생각하기 시작했다면 이제 고객들이 사용할 (그리고 구입할) 상품 혹은 프로그램을 만들어야 한다. 바로 '해결법'이다.

많은 메신저 지망생들이 이 단계에서 주저앉는다. 누구나 메신저로서 변화를 일으키고 이를 통해 수입을 올리고 싶어 한다. 하지만 고객에게 제공하거나 판매할 프로그램이나 솔루션을 만드는 실질적인 작업을 하는 사람은 거의 없다. 이들은 책을 쓰지도 않고 연설문을 다듬지도 않으며 세미나를 주최하지도, 코칭 프로그램을 만들지도, 온라인 교육에 사용할 비디오를 촬영하지도 않는다.

아마도 어떻게 만들어야 좋을지 몰라서일 것이다. 또는 누군가로부터 잘못된 조언을 듣고는 너무 겁을 먹은 나머지 이런 프로그램을 만들 엄두도 못 내는 것일 수도 있다. 이 단계를 어려워하지 말고 헤쳐 나가보자. 그러기 위해 가장 먼저 할 일은 고객에게 정보를 어떻게 전달할 지 결정하는 것이다.

사람들이 정보를 얻는 5가지 방법

보통 사람들이 정보를 얻는 방식에는 다섯 가지가 있다. 그러므로 메신저로서 정보를 전달하는 방식도 이에 따라 다섯 가지로 분류할 수 있다.

사람들이 정보를 입수하는 첫 번째 방식은 읽기이다. 이 방식을 염두에 둔다면 당신은 책, 전자책, 워크북, 기사, 뉴스레터, 블로그 글, 강사 지침서, 대본 등의 형태로 해결책을 제작할 수 있다.

둘째, 고객들은 정보를 듣고 싶어할 수도 있다. 오디오 CD, MP3, 컨퍼런스 콜, 일대일 전화 상담 등이 여기에 해당된다.

셋째, 사람들은 텔레비전, 컴퓨터 또는 모바일기기를 사용하여 정보를 보고 싶어할 수도 있다. DVD 홈스터디 프로그램, 온라인 비디오, 웹세미나, 모바일 어플리케이션 등이 여기에 해당한다.

넷째, 고객들은 직접 경험하고 싶어할지도 모른다. 그렇다면 세미나, 워크숍, 수행, 탐방, 박람회 등을 개최하면 된다.

마지막으로 다섯째, 어떤 고객들은 정보를 완전히 익히고 싶어한다. 더 깊이 있는 정보를 얻고 직접 훈련을 받고 싶어하는 것이다. 이런 고객들을 위해서는 소수의 한정된 사람들을 위한 마스터마인드 프로그램, 코칭 서비스, 상담 프로그램 등을 운영할 수 있다.

읽기 → 듣기 → 보기 → 경험하기 → 익히기

정리하자면 사람들은 위의 다섯 가지 방식으로 정보를 소화한다. 때로는 이 모든 방식을 다 원하는 사람들도 있다. 그러니 어떤 방식을 사용하여 가르칠지, 어떤 방식을 조합하여 상품을 만들지 결정하면 된다.

일반적으로 '익히기' 쪽으로 갈수록 사람들은 더 높은 가치를 부여하고 더 높은 비용을 지불할 의사를 보인다. 간단히 말해 사람들은 사흘간의 세미나가 책보다 가치가 크다고 보고 책을 살 때보다 세미나에 참석할 때 (당연히) 더 많은 대가를 지불하는 것이다.

지금 당신의 머릿속에 있는 정보와 조언을 사고 싶어하는 사람들은 수천 명 있다. 그러나 당신이란 사람은 단 한 명뿐이다. 그러므로 사람들이 당신의 정보를 이용할 수 있도록 해결 방안을 프로그램화하는 일이야말로 메신저로서 성공을 거두고 메시지를 계속 전달하는 데 있어 결정적인 요소이다.

고객을 위해 어떤 형태의 해결 프로그램을 만들고 싶은가? 책? 오디오 프로그램? 비디오 훈련 프로그램? 교육 이벤트? 코칭 프로그램? 정답은 없지만 일단은 한 가지 방식을 선택하고 뭔가를 만들어보는 것이 무엇보다 중요하다. 우선 한 가지를 만들고 나면 그 프로그램은 나머지 다른 방식으로 이어질 수 있다.

만약 위의 방식들이 모두 다 어려워 보여도 걱정하지 말기 바란다. 다음 장에서는 이런 방식들을 효과적으로 조합하여 백만 달러를 벌 수 있는 계획을 설명하겠다. 주제와 고객에 적절한 상품을 제대로 만들어낼 수만 있다면, 상품을 수만 개 이상 판매하지 않아도 꽤 많은 소득을 올릴 수 있다.

해결 프로그램을 표현할 매체를 선택했다면 이제 그 안의 내용을 채운다. 콘텐츠를 작성하는 것이다. 방법론 정보와 교

육 콘텐츠를 훌륭하게 만드는 방법은 엑스퍼트아카데미에서
도 가장 인기있는 강의 주제 중 하나이다.

콘텐츠를 만들기 위해서는 기본적으로 고객이 자신의 삶에
서 한걸음 더 나아가기 위해 필요한 내용을 알아내야 한다. 고
객들이 목표를 달성하려면 어떤 과정 또는 어떤 단계적 접근
방식을 취해야 할까? 이 점을 생각해보면 실질적인 콘텐츠와
그것을 구성하는 방법을 정리할 수 있다. 그리고 각 단계를 더
깊이 있게 파고들어 실제 사례와 공통적인 장애물, 성공비결
등을 덧붙이면 된다.

자, 이제 다음의 '메신저 가이드'를 점검하면서 나만의 새
상품 혹은 프로그램의 개요를 작성해보자.

나만의 메시지를 상품화하기 전에 고려해야 할 것들

1   고객이 나에게서 정보를 얻을 때 가장 선호하는 방식은 무엇일까?
    (읽기, 듣기, 보기, 경험하기, 익히기 중에서 선택)

2   메시지를 전달할 때 내가 가장 선호하는 방식은 무엇인가?
    (글쓰기, 말하기, 동영상으로 설명하기, 현장 행사에서 교육하기,
    장기간 상담 중에서 선택)

3   위의 내용을 고려할 때 내가 처음으로 만들 상품 혹은
    프로그램은 무엇인가?

4 목표를 향해 나아가는 과정에서 고객들이 거쳐야 할 단계는
  무엇인가?

5 고객들이 이 단계를 거치는 동안 염두에 둬야 하는 것은 무엇인가?

6 이 단계를 거치는 동안 흔히 저지르는 실수는 무엇인가?

7 나의 고객들을 위한 새로운 해결 프로그램의 개요는 무엇인가?

콘텐츠를
판매하는
가장 효율적인
방법은
무엇인가

[6단계_웹사이트를 통한 판매법]

이제 당신은 메시지, 고객, 이야기, 해결 방안을 갖고 있다. 다음 순서는 온라인으로 눈을 돌려 추종자들을 모으고 메시지를 알리는 일을 시작하는 것이다.

현대 과학기술 덕분에 컴퓨터가 있는 사람이면 누구나 멋진 웹사이트를 만들 수 있다. 그렇다고 반드시 직접 만들 필요는 없다. 복잡하게 생각하지 말고 무료 웹사이트 구축 도구들을 활용하면 된다. 중요한 것은 웹사이트를 어떻게 만드느냐가 아니라 메신저 사업을 위해 웹사이트에 반드시 있어야 하는 다음의 세 가지 기능을 갖추는 것이다.

첫째, 웹사이트는 가치를 제공해야 한다

당연한 얘기다. 그러나 실제로 방문했을 때 얻을 것이 별로 없는 웹사이트들이 많다. 만약 잡다한 일상사, 개 산책에 대한 트윗, 또는 제공하는 서비스 목록과 가격 정보 외에 아무런 내용을 볼 수 없는 사이트에서는 고객들이 어떤 가치도 얻을 수 없다고 느낀다. 결국 그 사이트의 운영자는 곧 재정적 어려움에 빠지게 될 것이다.

지난 5년간 고객들이 메신저와 그들이 운영하는 웹사이트에 기대하는 점은 매우 많이 달라졌다. 오늘날 당신의 웹사이트를 방문하는 사람들은 자신의 삶에 도움이 되는 글, 기사, 비디오 등을 보고 싶어한다. 당신이 고객과 유대관계를 맺고 가치를 전하려면 웹사이트에서 기본적인 콘텐츠와 교육을 무료로 제공해야 한다. 가치 제공이 모든 사업의 첫 번째 규칙이다.

둘째, 웹사이트는 고객 정보를 입수해야 한다

당신의 웹사이트가 사람들에게 가치를 제공한다는 소문이 퍼지기 시작하면 곧 방문객이 늘어날 것이다. 그때 해야 할 일이 한 가지 있다. 바로 방문객들의 이름과 이메일 주소를 확보하는 것이다. 고객이 이름과 이메일 주소를 입력하도록 하는 데는 무료 교육이나 콘텐츠를 제공하는 방법이 효과적이다. '뉴스레터에 가입하시면 이러저러한 정보를 받으실 수 있습니다.' 와 같은 메시지를 본 적 있을 것이다.

고객 정보 확보는 매우 중요하다. 뉴스레터 수신자 목록의 길이는 당신의 소득 및 영향력과 거의 항상 비례 관계에 있다. 일단 고객의 연락처 정보를 입수하면 계속 무료 정보를 보내어 더 밀접한 관계를 구축한 다음, 유료 상품과 프로그램을 제안할 수 있다. 추종자, 방문객, 회원 가입자 수가 많을수록 더 많은 돈을 벌 수 있다.

셋째, 웹사이트는 판매 촉진에 도움이 되어야 한다

나는 프로그램을 효과적으로 알리고 판매하는 메신저 웹사이트가 얼마 안 된다는 사실을 알고 충격을 받았다. 웹사이트에서는 최신 상품을 보여주고, 고객이 더 자세한 내용을 알기 위해 링크를 클릭했을 때 상품 구매로 연결될 수 있도록 효과적인 마케팅 전략을 숨겨놓아야 한다. 너무나 당연한 이야기라고 생각하는가? 그렇다면 당신의 웹사이트는 지금 실제 매출을 올리고 판매를 촉진하는 관점에서 얼마나 잘 운영되고 있는가?

사람들은 대부분 자신의 웹사이트가 이런 세 가지 기능을 제대로 수행하지 못한다고 말한다. 그래서 나는 웹디자이너에게 웹사이트 구축을 맡길 때 참고로 보여줄 수 있는 '홈페이지 ATM'이라는 틀을 만들었다. ExpertAcademy.com에 가입하면 무료로 보내주는 여러 편의 비디오 중에는 잠자는 동안에도 돈을 벌어주는 효과적인 웹사이트를 만드는 법을 다룬 것도 있다(당장 웹사이트를 개선하고 싶다면 그 자료를 참조하기 바란다).

웹사이트에 반드시 담아야 할 요소

1 웹사이트를 만든다면 방문객들에게 제공하고 싶은
   가치와 정보는 무엇인가?

2 나의 사이트를 방문하는 사람들이 주로 배우고 싶어하는 것은
   무엇인가?

3 고객들이 무료로 제공받을 수 있는 것은 무엇인가?

4 사이트를 통해 고객들에게 알리고 판매하고 싶은
   상품과 프로그램은 무엇인가?

CHAPTER 3

고객의
마음을 훔치는
가장 전략적인
마케팅은
무엇인가
[7단계 캠페인 진행법]

웹사이트에서는 가치를 제공해야 한다. 그리고 무료로 정보를 제공하여 사람들을 끌어들이고 궁극적으로는 유료 상품을 판매해야 한다.

이제부터 필요한 것은 '캠페인'이다. 가치를 제공하는 캠페인은 판촉과는 근본적으로 다르다. 판촉은 어떤 고객에게 계속 접촉해 벌이는 단순한 마케팅 활동을 뜻한다. 판촉용 엽서나 브로슈어, 이메일 등은 본질적으로 "안녕하세요, 제 물건을 사세요!"라고 말하고 있다. 그리고 이 메시지는 같은 내용을 계속 반복하기 때문에 결국은 고객의 짜증을 불러일으킨다.

반면에 캠페인은 가치를 제공한다. 사전적 정의에 의하면 캠페인이란 고객으로 하여금 당신이 원하는 행동을 하도록 만드는 일련의 전략적 행위이다.

메신저 산업의 전형적인 캠페인에서는 진짜 콘텐츠를 고객에게 무료로 보낸다. 일종의 전략적인 홍보 메시지다. 그러다가 맨 마지막에 "안녕하세요? 제가 보내준 무료 교육 콘텐츠가 마음에 드신다면 ㅇㅇㅇ라는 새 프로그램도 살펴보세요."라고 말한다.

메신저 산업에서 이런 마케팅 방법은 오랜 세월에 걸쳐 유효성이 입증됐다. 구매를 권하기 전에 고객들에게 실질적인 가치를 제공함으로써 고객과 상호 신뢰관계를 형성하면, 고객이 상품과 프로그램을 편안한 마음으로 구입하는 데에 긍정적 영향을 줄 수 있다.

나는 최근의 대규모 온라인 마케팅에서 단 열흘 만에 200만 달러 이상의 매출을 올렸다. 이때 나는 고객에게 유용한 교육 비디오 세 편을 보냈다. 그리고 네 번째 비디오에서 "제가 보낸 비디오들이 도움이 됐다면 여러분에게 더 도움이 될만한 새 프로그램의 자세한 내용도 살펴보세요."라고 말했다. 내 웹사이트를 방문해서 회원가입을 하면 이 모든 것이 어떻게 진행되는지 볼 수 있다. 대부분의 사람들이 생각하는 것보다 훨씬 더 간단하다.

간단하다고 말했지만 초보 메신저들이 실행하기에는 쉽지 않아 보일 수도 있고 그래서 당황스러울지도 모른다. 하지만 기운을 내기 바란다. 요즘 마케팅은 정말로 매우 쉽다. 다시 말하지만 사람들이 더 좋은 삶을 사는 데에 도움이 되는 정보를 보내고 난 다음 "안녕하세요, 이 정보가 도움이 됐다면 이것도 한번 살펴보세요."라고 말하면 된다.

캠페인을 성공시키는 결정적인 방법

마케팅의 핵심 성공 요소는, 무료 정보가 정말 유용하고 실천 가능한 것이어야 한다는 점이다. 만약 무료 정보가 시시하면 고객들은 유료 정보를 구매하지 않는다.

물론 왜 당신을 믿고 상품을 구입해야 하는지, 그에 대한 이유가 분명해야 고객들을 효과적으로 설득할 수 있다. 고객과 유대관계를 형성하고 고객의 문제를 자세히 분석한 후에 당신의 해결법이 그런 문제들을 어떻게 극복할 수 있는지를 증명해야 한다. 또한 당신이 신뢰할만한 사람임을 드러내고 당신의 해결법이 어떤 장점을 가지고 있는지 설명하며 조언과 함께 성공한 사람들의 증언을 보여줘야 한다. 그리고 적절한 가격의 고객서비스를 제공해야 한다.

여기에서 마케팅의 기본 요소를 모두 설명할 수는 없지만 당신이 일단 시작할 수 있도록 다음의 '메신저 가이드'는 캠페인을 개발하고 상품과 프로그램의 가치를 설명하는 법을 찾도록 하는 데에 초점을 맞췄다.

마지막으로 이 단계에서 잊어서는 안 될 중요한 점은 절대 캠페인을 중단하면 안 된다는 것이다. 사명을 띤 메신저로서 당신의 목표는 가능한 한 많은 사람들에게 메시지를 전달하는 것이 돼야 한다. 그렇다면 당신은 캠페인이 웹사이트에서 자동으로 그리고 항상 운영되도록 해야 한다. 메시지를 전달하기 위해서는 전략적이어야 하고, 동시에 성실하며 일관성이 있어야 한다.

콘텐츠를 유료화하기 전에 고려해야 할 것들

1 유료 콘텐츠를 팔기 전에 무료로 제공할 수 있는 콘텐츠는 무엇인가?

2 고객들에게 처음으로 마케팅하고 싶은 상품은 무엇인가?

3 고객들이 그 상품을 사야 하는 이유는 무엇인가?

4 고객들이 그 상품을 통해 얻을 수 있는 효과는 무엇인가?

5 기존의 유사 상품들과 차별되는 점은 무엇인가?

6 상품의 가격이 적절한 근거는 무엇인가?

7 고객들이 해당 상품을 구입할 때 가격에 대해
   어떤 생각을 할 것인가?

8 이 프로그램을 사람들이 '지금' 구입해야 하는 결정적인 이유는
   무엇인가?

고객들에게 나의 가치를 보여줄 '결정적 기회'는 무엇인가

[8단계_ 무료 콘텐츠 활용법]

지금처럼 인터넷으로 연결된 세상에서는 당신의 웹 사이트에 방문자와 관심을 끌어다 줄 수 있는 것이 두 가지 있다. 바로 포털 검색과 소셜미디어다. 그리고 포털의 검색엔진과 소셜미디어는 온라인에 올려진 콘텐츠만을 수집 대상으로 한다. 오프라인 콘텐츠가 아무리 인기가 많아도 포털과 소셜미디어에는 반영이 되지 않는다.

따라서 당신은 당신의 정보와 지식을 온라인에 무료로 올려야 한다. 고품질의 블로그 글, 기사, 팟캐스트, 교육 동영상 등이 그 예가 될 것이다. 당신의 브랜드, 주제, 시장과 관련된 주제어와 함께 이런 콘텐츠를 올리면 검색엔진은 이런 콘텐츠가 있다는 것을 인식하고 검색결과 페이지에 당신의 웹사이트와 콘텐츠를 앞선 순위로 보여줄 것이다.

한 가지 예를 들면 이런 식이다. 만약 당신이 유튜브에 당신의 주제에 대한 동영상을 15개 올리면, 검색엔진은 그 주제에 대한 자료가 많다고 인식한다. 이것을 트래픽(특정 전송로상에서 일정 시간 내에 흐르는 데이터의 양)이 발생한다고 하는데, 그러면 이 동영상은 구글 등의 검색결과 페이지에서 점점 더 상위에 랭크된다.

최고의 조언과 아이디어가 무료로 제공되어야 하는 이유

이 책이 발간되기 전에 구글에서 '백만장자 메신저 Millionaire Messenger'라는 단어를 검색하면 이 책과 관련된 검색결과는 하나도 나오지 않았다. 그래서 나는 이 책에서 다루고 있는 메신저 사업 구축 10단계에 대한 12분짜리 동영상을 촬영하여 유튜브에 올렸다. 그런 다음 유튜브 동영상의 링크를 내 트위터와 페이스북 페이지에 올리고 내 회원들에게도 이메일로 보냈다. 같은 정보가 여러 곳에 노출된 것이다. 그러자 단 24시간 뒤, '백만장자 메신저'를 구글에서 검색하면 내 동영상이 검색결과 맨 위에 나타나게 됐다.

초보 메신저들은 무료 콘텐츠를 온라인에 올리는 것을 두려워하는 경향이 있다. 그들은 '고급 내용을 너무 많이 무료로 줘버리는 게 아닌지' 또는 '이런 정보를 무료로 제공했을 때 가르칠 내용이 바닥나는 것은 아닌지' 걱정한다. 이런 염려를 하는 것은 사업과 창조력이 실제로 어떻게 작동하는지에 대한 이해가 부족하기 때문이다.

당신은 최고의 조언과 아이디어를 무료로 제공해야 한다. 그렇다. 공짜로 말이다. 당신의 모든 콘텐츠를 무료로 주라는 게 아니다. 가장 좋은 부분을 무료로 주라는 뜻이다. 나는 종종 사람들에게 '여러분이 가진 가장 좋은 콘텐츠'를 이용해 사람들을 모으라고 말한다. 왜냐하면 이것이야말로 당신의 가치를 보여줄 결정적인 기회이기 때문이다.

사람들은 다른 산업에서는 이런 점을 이해하면서도 우리 메신저 산업에서도 그렇게 해야 한다는 사실은 잘 이해하지 못한다. 가령 기업시장에서 높은 연봉을 받는 메신저들 중에서 자신에게 배정된 프로젝트를 받고 이렇게 말하는 사람은 없을 것이다. "이번 프로젝트에서는 내 평균치 능력만 보여줘야겠다. 최고 실력은 내년에 보여줘야지." 만약 이렇게 한다면 이들은 매우 빠른 시간 내에 일자리를 잃을 것이다.

무료 콘텐츠는 어떻게 매출을 끌어올리는가

당신의 콘텐츠 중 최상, 최고 수준의 콘텐츠를 '사용자 접점의 유인물'로 올려야 하는 이유는 명확하다. 사람들이 당신에게서 공짜로 얻은 내용이 매우 훌륭하다고 생각되면 이들은 당신의 다른 제품들도 기꺼이 돈을 주고 구입할 가능성이 높아지기 때문이다. 이들은 이렇게 말한다. "우와, 이 사람이 공짜로 주는 내용이 이 정도면 유료 콘텐츠들은 엄청나게 훌륭하겠구나!"

가르칠 콘텐츠가 '바닥나는 것'에 대한 염려를 해결하려면 우선 자신감을 가져야 된다. 메신저로서 당신은 당신의 메시지에서 항상 더 많은 것을 배우고 있고 고객들로부터 피드백을 받고 있다. 당신의 아이디어와 지혜는 시간이 흐르면서 점점 풍부해질 것이고, 시각도 점점 깊어질 것이다.

우선 당신의 블로그에 짧은 글들을 올리고, 유튜브와 페이스북에 콘텐츠 동영상을 올려보기 바란다. 그러면 당신의 메시지가 확산되면서 관심이 일기 시작할 것이다. 당신의 콘텐츠는 다루는 주제에 대한 조언일 수도 있고 방법론이나 전략일 수도 있다. 마이크 쾨닉스는 고객들에게 가장 자주 받는 질문 열 개를 추려서 각 질문에 답해주는 동영상 열 개를 만들어 유튜브에 올려보라고 말한다.

글이든 동영상이든 온라인에 올리는 무료 콘텐츠가 훌륭할수록 검색엔진들은 당신을 더 잘 찾아내준다. 그리고 당신의 팔로어^{follower}들은 자신의 소셜미디어 채널을 통해 당신의 메시지를 공유하며 홍보를 돕는다. 온라인에 콘텐츠를 많이 올릴수록 트래픽이 많이 발생하고 그럴수록 더욱 유명해지며 수입이 많아진다.

콘텐츠를 만들기 전에 고려해야 할 요소

1 블로그에 열 개의 글을 올린다면 그 주제는 무엇인가?

2 유튜브에 동영상을 열 개 만들어 올린다면 그 주제는 무엇인가?

3 글과 동영상 형태로 고객들과 공유하고 싶은
  '가장 중요한 아이디어'는 무엇인가?

4 온라인 검색결과 노출을 높이기 위해 글과 동영상에 강조하고 싶은 핵심어는 무엇인가?

5 온라인상의 무료 콘텐츠를 접한 고객들이 어떤 반응을 보이길 원하는가?

나의
정보와 가치를
가장 효율적으로
홍보하는 법은
무엇인가

[9단계 _ 마케팅 파트너 구하는 법]

지금까지는 혼자 힘으로 메시지를 전달했을지도 모른다. 이제부터는 당신이 다루는 주제에 관심이 있을만한 고객층을 거느리고 있는 다른 메신저들을 찾기 시작해야 한다. 그런 메신저들로 하여금 당신의 메시지를 그들의 고객들에게 홍보하도록 만들면 수입을 금방 늘릴 수 있다.

다른 메신저들과 다양한 모임을 가지면서 종종 느끼는 것이 하나 있는데 그것은 의외로 커뮤니티 활동에 뚜렷한 목적을 가진 사람이 별로 없다는 사실이다. 소중한 메시지, 이야기, 노하우를 갖고 있지만 다른 메신저로 하여금 자신을 홍보하도록 만드는 일은 한 번도 고려해본 적이 없는 사람들을 이제까지 수천 명 만났다. 모두 언젠가 오프라 윈프리가 요술 지팡이로 자신에게 마법을 걸어주기만을 바라는 것 같았다.

최고의 홍보 파트너 찾는 법

나는 항상 다양한 컨퍼런스에 참석하고, 메시지를 더 많은 사람들에게 전달하는 일을 도와줄 수 있는 새로운 파트너들과 관계를 맺고, 새로운 메신저들을 조사하고 발굴한다. 나는 다양한 산업에 종사하는 '권위자'들에게 불쑥 전화하거나 이메일을 보내, 내 고객들을 위해 인터뷰에 응해줄 수 있는지 묻거나 그들의 온라인 마케팅을 도와주겠다고 제안하거나 혹은 내가 도울 일이 있는지 묻는다. 나는 먼저 베풀면 돌려받는다는 신조로 일한다. 만약 메신저 산업에 종사하는 다른 사람들에게 가치를 제공하면 그들도 언젠가 어떤 방식으로든 나를 위해 같은 일을 해줄 것이라 생각한다.

더 많은 사람들에게 메시지를 전달하려면 다른 사람들이 당신의 메시지를 전달하게 만드는 것이 가장 좋다. 그러니 홍보 파트너를 찾아라. 대부분의 경우 당신이 다른 사람들의 메시지에 가치를 더하고 이들의 메시지를 홍보해주면, 다른 사람들도 당신을 위해 같은 일을 해줄 것이다.

이 일은 기본적인 온라인 조사로부터 시작한다. 당신이 다루는 분야의 메신저는 누구인가? 이 정보를 빨리 찾는 방법 한 가지는 당신의 주제와 관련된 특정 키워드를 이용하여 인터넷 검색을 해보는 것이다. 또 다른 좋은 방법은 메신저 데이터베이스 사이트를 방문하는 것이다. 그러나 무엇보다 다른 메신저들을 만나는 최고의 방법은 글쓰기 컨퍼런스, 강연 세미나 등 행사에 참석하는 것이다. 당신과 같은 주제에 대해 가르치는 사람들을 파악하고 난 뒤엔 이들이 고객에게 어떤 정보를 제공하는지, 고객이 얼마나 많은지, 어떤 상품을 판매하고 있는지, 이들의 가치와 우선순위는 무엇인지 등을 깊이 이해해야 한다. 이런 정보는 대부분 해당 메신저의 웹사이트에 가면 쉽게 확인할 수 있다. 그 다음에 해야 할 일은 이들과 접촉하는 것이다.

파트너들과 협력할 때는 당신이 가진 정보를 파트너들의 고객과 나눌 기회를 만드는 것을 목표로 삼아야 한다. 다른 메신저들이 원격 세미나에서 당신을 인터뷰하거나, 당신과 함께 웹 세미나를 진행하거나, 당신이 만든 온라인 보고서나 비디오를 알리거나, 그들의 고객들에게 여러분의 블로그에 가보게 만들어야 한다. 다시 말해 다른 메신저들을 통해 당신이 노출돼야 한다. 두 번째 목표는 노출 기회를 통해 고객들에게 판매할 상품을 제안하여 소득으로 전환시키는 것이다. 이것을 제휴 마케팅이라고 한다(이 부분은 뒤에서 보다 자세히 설명하겠다).

그럼에도 홍보에만 매달려서는 안 되는 이유

메신저 사업을 구축하는 10단계 중에서 이 단계가 아홉 번째인 이유가 있다. 이전의 여덟 개의 단계를 성공적으로 마치지 않았다면 메시지를 전달할 파트너를 구하면 안 된다. 자신이 다룰 주제, 잠재고객, 이야기도 없으면서 혹은 상품, 웹사이트, 캠페인 계획도 아직 없고 테스트도 해보지 않은 상태에서 누군가에게 홍보해달라고 부탁하는 것은 바보 같은 짓이다. 만약 다른 사람들이 홍보해주겠다고 제안해도 위의 것들이 준비되지 않았다면 그렇게 해달라고 부탁해선 안 된다.

실제로 내 고객 중 몇 명은 〈오프라 윈프리 쇼〉에까지 출연했지만 거의 파산했다. 이들은 세상에서 가장 강력한 홍보 파트너를 통해 15분 동안 명성을 얻었지만 이를 수입으로 연결시킬 인프라를 구축해놓지 않은 상태였다. 이런 일은 자주 일어난다. 당신은 이렇게 되지 않도록 주의하기 바란다. 실질적인 어떤 것을 먼저 만들고 난 후에, 다른 사람들에게 이를 키워달라고 부탁해야 한다.

홍보 파트너를 선정하기 전에 조사해야 할 것들

1 나와 같은 주제를 다루는 또 다른 메신저들은 누구인가?
  (이 정보들을 반드시 문서로 정리하기 바란다.)

2 트위터와 페이스북에 등록된 이 메신저들의 고객 규모는
  어느 정도인가?

3 이 메신저들이 웹사이트에서 판매하고 있는 상품은 무엇인가?

4 이 메신저들이 판매하는 상품의 대략적인 가격대는
   어느 정도인가?

5 이 메신저들의 사업 밑천이라고 할 수 있는 핵심 가치는 무엇인가?

6 이 메신저들이 자주 사용하는 표현은 무엇인가?

7 이 메신저들의 우선순위는 무엇인가?

8 이 메신저들의 고객이 가치를 두는 정보는 무엇인가?

메신저는 어떻게 비즈니스 모델을 구축하는가   • 181

최고의
메신저들은
어떻게
초심을
잃지 않는가

[10단계 _ 차별화, 탁월함, 서비스]

앞에서 언급한 메신저 사업모델 구축 1~9단계는 한 번에 그치는 일회성 과정이 아니다. 메신저 사업을 제대로 하고자 한다면 다루는 주제와 고객에 관해 더 깊이 이해하고, 새로운 상품을 만들고, 웹사이트를 업데이트하고, 캠페인 전략을 수립하며, 새 파트너를 찾는 일련의 작업을 끊임없이 계속해야 한다. 백만장자 메신저들은 그렇게 한다. 그리고 이 모든 일을 진행하는 데 있어 다음 세 가지 가치를 항상 염두에 두기 바란다.

첫째, 차별화된 가치를 유지하라

첫 번째 가치는 차별화이다. 항상 자신만의 특성을 인식하고 차별화된 가치와 콘텐츠를 제공하면 꿈꾸던 성공을 거둘 수 있다. 다른 사업도 그렇지만 메신저 산업에서 판에 박은 듯한 내용이나 다른 사람을 모방한 콘텐츠는 성공하지 못한다. 다른 누구도 아닌 당신 자신이 되어 당신만의 뭔가를 보여줄 때 더 영향력 있는 메신저가 될 수 있다.

콘텐츠 측면에서, 나는 차별화가 나의 가장 큰 자산이라고 생각한다. 아버지는 거의 모든 일에 있어 "너 자신이 돼라."고 조언하셨다. 나는 사업에 아버지의 충고를 최대한 충실히 따랐고, 매우 의도적이며 전략적인 차별화 작업을 구사하고 있다. 나는 다른 메신저들에 대해 그리고 내 고객들이 접할 수 있는 모든 정보와 프로그램들에 대해 조사하기 때문에 나라는 사람과 내 콘텐츠가 정확히 어떤 점에서 다른지 알고 있다. 덕분에 내 마케팅은 매우 설득력 있다. "제 프로그램을 선택해보십시오. 이런 부분을 중요하게 다루고 저런 부분을 덜 다룹니다. 그리고 구체적으로 이러저러한 일을 하는 데에 도움이 됩니다."라고 자신있게 말하기 때문이다.

메신저로서 오랜 기간 꾸준히 성공하려면 자신이 속한 산업의 현황과 좋은 관행을 항상 주시하고 자신의 콘텐츠와 정보가 다른 것들과 어떻게 다른지 반드시 알고 있어야 한다.

둘째, 고객에게도 탁월함을 요구하라

두 번째 가치는 탁월함이다. 당신이 경쟁자들보다 더 탁월하고자 노력하면 어떤 역할이든, 어떤 직업이든, 어떤 산업에서든 두드러질 수 있다. 내게 있어 탁월함이란 일과 고객들에게 최대의 노력을 기울이고 충분히 신경써서 다른 무엇보다 더 좋은 가치를 제공하는 것이다. 또한 자신이 하는 일에서 대가이자 지도자가 되려고 노력하는 것이다.

나는 수강생들에게 탁월함은 모든 사람에게 적용돼야 한다고 가르친다. 즉 자기 자신, 직원들은 물론 심지어 고객들에게도 탁월함을 요구해야 한다는 것이다.

우리는 일을 하면서 항상 자기 자신의 발전을 위해서 끊임없이 노력해야 한다. 물론 쉬운 일은 아니다. 왜냐하면 충성스러운 팬과 추종자들이 우리를 둘러싸고 있기 때문이다. 이들에게 둘러싸이게 되면 현재에 안주하고 한계 안에 머무르며 더 높은 수준의 탁월함을 추구하는 일을 멈춰버리기 쉽다.

그러나 메신저 집단의 훌륭한 대가들은 더 훌륭한 작가, 강사, 진행자, 코치, 마케터, 사업가, 리더, 봉사자가 되기 위해 항상 스스로를 채찍질한다. 이들은 스스로 성장하고 관련 분야에 기여하며 자신이 하는 일에서도 최고가 되고자 한다. 그리고 이들은 이것이 자신의 브랜드와 사업에 도움이 된다는 점을 알고 있다. 폴라 압둘이 말했던 것처럼 "해야 하는 것 이상을 하면 성공하기 쉽다."

사내 직원과 외부 스태프에게도 탁월함을 전파해야 한다. 그들도 우리처럼 자신이 하는 일에서 최고가 되기 위해 노력하도록 이끌어야 한다. 적지 않은 메신저들은 자신의 일이 진짜 사업이라고 생각하지 않기 때문에 이런 면을 놓치곤 한다.

또한 고객들이 우리에게 배우는 모든 것에 최선을 다하도록 격려해야 한다. 불행하게도 대부분의 사람들에게는 인간으로서 더 성장하고 어떤 일을 더 잘 하도록 독려해주는 사람이 없다. 그러니 당신이 고객들을 위해 그런 역할을 해주기 바란다. 고객들이 자신의 최고 모습을 찾고 탁월하게 살 수 있도록 격려하라.

이렇게 하다 보면 사람들은 당신을 자신의 스승으로 보기 시작하고 당신의 팬이자 평생고객이 된다. 이들은 '와, 이 사람은 내가 최고를 추구하도록 격려해주고, 내가 성장하고 탁월한 삶을 살 수 있도록 방법을 알려주는구나. 이 사람의 팬이 돼야겠다.'라고 생각한다. 고객들을 위해 탁월함의 기준을 설정해주고 노력한 결과를 확인하게 해주면 사람들은 당신과 당신이 제공하는 가치에 애착을 가지게 된다. 왜냐하면 다른 누구도 그들을 위해 그렇게 해주지 않기 때문이다.

셋째, 공감과 연민의 서비스 정신을 잃지 마라

메신저로서 우리 일의 핵심은 다른 사람들에게 서비스를 제공하는 것이다. 나는 우리 일이 고객들의 삶이 향상되도록 유용한 정보를 제공하여 그들을 돕는 일에 기반을 둔다는 점이 마음에 든다. 다시 말해 우리는 일단 서비스 관점으로 이 일에 접근해야 한다. 수많은 사람들을 대상으로 수백만 달러를 버는 기업가형 메신저들은 올바른 목적을 가지고 이 사업을 시작하고 운영한다. 이들은 다른 사람들을 돕는 일에 마음을 쏟는다. 자신에게 서비스를 받는 사람들과 깊은 관계를 유지한다. 사람들이 문제를 해결하고 잠재력을 발휘하도록 진정으로 돕고 싶어한다. 돈을 벌기 위해서가 아니라 수많은 사람들의 삶을 개선하기 위해 뛰어난 상품과 정보를 만든다.

내가 만난 백만장자 메신저들은 모두 공감, 동정심, 이타심을 가지고 일한다. 친구와 가족들은 이들을 사랑이 넘치는 사람들이라고 말하며 지역사회 주민들은 '좋은 일을 하는 사람'이라고 생각한다. 이들은 다른 사람들을 도우려는 생각이 매우 강해서 그런 일을 하지 못하게 되면 어쩔 줄 모를 것이다. 사람들이 자원봉사를 보는 관점과 비슷하게, 이들은 자신의 일이 마음에서 우러나와 봉사하는 기회라고 본다. 이들은 섬기는 리더들이다.

그 다음으로는 고객서비스 측면에서 제대로 일해야 한다. 메신저 산업 종사자들은 포춘 선정 500대 기업들보다 고객을 더 잘 보살피고 더 진지하게 고객서비스에 접근해야 한다. 약속한 것들을 반드시 제공하고 고객들의 이메일과 전화에 그때그때 응대할 직원을 두고 보증 조건을 지키며 고객들에게 지속적으로 훌륭한 가치를 제공하려고 노력해야 한다.

메신저 산업에서는 당신 자체가 곧 기업이다('토니 로빈스'를 생각해보라). 고객을 제대로 대하지 않으면 곧 입소문이 퍼진다. 당신의 이름, 당신의 브랜드, 당신의 사업 전체가 곧 무너질 수 있다. 그리고 어떤 이유에서든 메신저가 고객을 홀대하면 그 고객은 인터넷에 자신의 환멸을 표현하는데, 다른 산업보다 메신저 산업의 고객들은 이런 문제에 더 민감하다. '메신저 때리기'는 흔한 일이며 이런 표현만으로도 사람들이 메신저의 뒤를 캐는 일을 즐긴다는 사실을 알 수 있다. 당신이 고객에게 성실하게 대해야 하는 또 하나의 이유이다.

최고의 메신저들이 초심을 잃지 않기 위해 스스로에게 던지는 질문

1   이 산업에서 내가 다른 메신저들과 차별되는 점은 무엇인가?

2   내가 하는 모든 일에서 탁월함을 추구하는 이유는 무엇인가?

3 내가 이 일을 하는 첫 번째 이유는 무엇인가?

CHAPTER 4

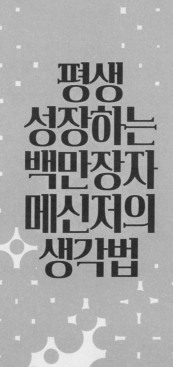

평생
성장하는
백만장자
메신저의
생각법

"브렌든, 백만장자 메신저들은 어떤 사고방식을 갖고 있나요?"

수년 동안 전설로 여겨지는 메신저들을 인터뷰하면서
알게 된 내용들을 실행해본 결과 깨닫게 된 것이 있다.
성공은 오로지 '자기 자신'에게 달려 있다는 것이다.
백만장자 메신저의 성공 여부는
학벌, 인맥, 경제력, 회원 수, 웹사이트 유무 등의 '자원'이 아니라
'사고방식'과 '태도'에 달려 있었다.

지금부터는 그들이 어떤 생각을 하고
무엇을 느끼고 행동하는지
즉 사고방식과 태도에 대해 살펴볼 차례다.

성공이든
실패든
나의 경험은
모두 소중하다
[생각법1_자존감]

오래전에 심리학자들은 사람의 행복, 능률, 강인함, 감정지능과 사회지능은 모두 자신의 가치를 어떻게 평가하는지에 달려있다는 사실을 밝혀냈다. 자아존중감은 우리의 생각, 느낌, 행동을 형성하는 근간이다. 나다니엘 브랜든^{Nathaniel} Branden을 비롯한 자아존중감 운동의 선구자들은 자존감이야말로 인생의 성공을 이루고 이해하는 열쇠라고 말한다. 이는 심리학에서도 이미 입증된 명제로 스스로를 가치있다고 느낄수록 자신감도 높으며 본인이 능력있다고 생각한다는 것이다.

이는 메신저 산업에서도 마찬가지이다. 스스로가 자신의 가치를 높이 평가하지 않으면 그리고 자신의 이야기(인생 경험,

메시지, 의견)를 소중하게 생각하지 않으면 메신저로서 자신감을 가지고 성공하지 못할 것이다. 스스로도 자신의 이야기를 높이 평가하지 않는데 누가 높이 평가해주겠는가?

자신감이 부족해도 할 수 있다

　　많은 사람들이 자신의 경험에서 온 깨달음을 별것 아닌 것으로 치부한다. 이들은 "내 생각에 누가 관심이나 갖겠어?" 혹은 "내가 뭐 대단한 사람이라고 내 생각을 다른 사람들과 나누겠어?"라고 말한다. 자존감이 낮다는 사실을 나타내는 표현으로 '내가 뭔데'라는 말보다 더한 것은 없을 것이다.

그렇다고 백만장자 메신저들 모두가 대단히 자존감이 높거나 매우 긍정적인 자아상을 가진 것은 아니다. 사람들은 메신저들이 모두 자아가 강하고 스스로를 대단한 사람으로 여긴다고 오해한다. 또는 메신저들이 부자가 되고 보상을 받고 유명해지기 위해 메시지를 나눈다고 생각한다(어떤 산업에서든 성공하지 못하거나 질투가 많은 사람들이 성공한 사람들을 어떤 식으로 보는지 살펴보는 것은 흥미롭다).

하지만 실제는 다르다. 나는 자신감이 부족한 메신저들을 많이 만나보았다. 다만 이들에게는 다른 사람들과 다른 점이 있다. 이들은 자신의 생각을 나누고 다른 사람들을 도우려는 강한 열망을 갖고 있다. 자신의 메시지와 의견이 소중하다고 믿게 만드는 것은 바로 마음속 깊은 곳에 있는 이 같은 열망이다.

그렇다면 이런 열망은 어디에서 오는 것일까? 메신저들이 자신의 메시지를 나누고 싶어하는 열망은 강한 자아가 아니라 의무감에서 비롯된다. 대부분의 사람들이 '의무'라는 단어에서 부정적인 느낌을 받지만 메신저들은 이를 긍정적인 관점으로 받아들인다. 이들은 "나는 이렇게 엄청나게 고생한 적이 있고 이렇게 끔찍한 일을 겪은 적이 있습니다. 이런 일을 통해 내가 배운 것이 너무 소중하기 때문에 이런 교훈을 다른 사람들과 나누는 것이 나의 의무라고 생각합니다."라고 말한다. 이는 '도덕적 의무감' 또는 '소명'이라고 부를만한 것이다.

나 역시 이렇게 이야기하는 메신저 중 한 명이다. 나는 참혹한 자동차 사고에서 살아난 경험을 통해 제2의 인생을 살 '인생의 황금 티켓'을 받았다. 만약 신과 우주가 그런 경험들을 내게 선물로 줬다면 나도 그런 경험들을 소중하게 생각하고 다른 사람들과 나눠야만 하지 않겠는가. 그렇기 때문에 나는 내가 배운 것을 다른 사람들에게 전달하는 일이 의무이자 소명, 책임이라고 생각한다. 내가 나의 인생 경험, 메시지, 의견을 소중하게 생각하는 것은 내가 이것을 선물이라고 생각하기 때문이다.

내 삶에서 깨달은 교훈으로도 다른 사람의 삶을 바꿀 수 있다

메신저가 되려는 내 고객들도 같은 식으로 생각한다. 내가 아는 어떤 슬픔 코치grief coach는 사랑하는 사람을 잃은 상실감으로 힘들어하는 사람들을 많이 만났고 이들에게 조언을 해줘야 한다는 도덕적 의무감을 느꼈기 때문에 그 일을 선택했다고 말했다.

한 베스트셀러 작가는 자신은 첫 책을 출판할 때까지 10년 동안이나 에이전트와 출판사에 매달리다시피 애원해야 했는데 다른 사람들은 그런 일을 겪지 않도록 도와주기 위해 초보 작가들을 위한 워크숍을 시작했다고 말했다. 한 개인자산관리 메신저는 젊을 때 파산해서 10년 동안 부채를 갚아나간 적이 있으며, 다른 사람들도 '미수금 회수대행업체에서 일하는 나쁜 놈'들에게서 독촉 전화를 받을 생각을 하자 견딜 수 없었다고 말했다.

어떤 어머니는 자폐증이 있는 자식 때문에 가족 전체가 흘린 눈물이 양동이 몇 개는 될 거라며 같은 처지에 있는 가족들을 위한 교육이 필요하다고 말했다. 그녀는 "나는 다른 어머니들에게 자폐증에 걸린 아이와 자기 자신을 더 이상 미워할 필요가 없다는 것을 말해줘야만 해요. 왜냐하면 자폐증 아이들을 키우는 더 좋은 방법이 있으니까요."라는 말로 자신의 소명을 밝혔다.

당신 또한 살아가면서 겪은 일을 통해 많은 것을 배웠을 것이다. 좋았던 시절도, 힘들었던 시절도 모두 중요하며 이 모든 경험에서 배운 교훈들은 더욱 소중하다. 삶이 항상 평온하지는 않았을 것이다. 왜 이런 어려운 일을 감내해야 하는지 또는 왜 성공하려고 그토록 노력해야 하는지 납득할 수 없을 때도 있었을 것이다. 바로 그러하기에 당신이 힘든 시기를 헤쳐 나와 소중한 교훈을 얻었다면 그것을 다른 사람들에게 알려 그들이 나만큼 힘든 일을 겪지 않도록 돕는 것이 의무라고 생각하지 않는가. 만약 그렇게 생각한다면 내가 지금까지 말한 단계들을 밟으면 된다. 당신은 다른 사람들의 인생을 바꿔놓게 될 것이다.

나의 경험을 다른 사람과 나누지 않는 이유 찾기

1 내가 인생의 교훈을 다른 사람들과 나누지 않은 이유는 무엇인가?

2 만약 내 친구가 같은 이유로 자신의 인생 교훈을 나누지 않는다면 나는 무엇이라 말할 것인가?

3   의견이 있지만 굳이 말하고 싶지 않았던 경우는
    어떤 상황이었는가?

4   내가 의견을 적극적으로 제시하고 다른 사람들을 도왔던 때는
    언제인가?

배우고
익히면
무엇이든
할수있다
[생각법2_자기혁신]

소명 의식 또는 도덕적 의무감을 가진 사람은 무슨 수를 써서라도 자신이 말하고 싶은 메시지를 전달할 방법을 찾아낸다. 내가 아는 모든 백만장자 메신저들은 이런 헌신적인 자세가 몸에 배어 있다. 자신이 잘 모르거나 자신에게 없는 것이 무엇이든 이들은 메시지를 나눌 방법을 찾는다.

나는 고객들이 나의 상품과 서비스의 구매를 꺼리게 만드는 우려의 목소리와 반대 의견에 항상 귀를 기울인다. 내가 듣게 된 반대 의견, 즉 사람들이 메신저 사업을 시작하지 못하는 이유는 다음과 같았다.

이런 사람은 결코 메신저로 성공할 수 없다

- 그런데 나는 책 쓰는 법을 모른다.
- 그런데 나는 에이전트가 없다.
- 그런데 나는 어떻게 하면 강사로 섭외되는지 모른다.
- 그런데 나는 내가 강연하는 데모 DVD가 없다.
- 그런데 나는 세미나 진행하는 법을 모른다.
- 그런데 나는 나를 도와주는 행사 기획자가 없다.
- 그런데 나는 코치로서 고객을 어떻게 확보해야 할지 모른다.
- 그런데 나는 코칭 자료가 없다.
- 그런데 나는 내 자료를 온라인으로 마케팅하는 법을 모른다.
- 그런데 나는 웹사이트가 없다.

이런 유형의 이야기들을 이메일이나 블로그 댓글에서 읽을 때마다 나는 새삼 충격을 받는다. "이 사람들이 도대체 왜 이러는 거지? 내가 엑스퍼트아카데미에서 가르치는 게 바로 이런 거잖아. '처음부터 이런 걸 알고 혹은 가지고 시작하는 사람이 어디 있어?' 하면서 배워가는 거지. 그러니 해봐야 하는 거 아니겠어!"

최정상급 기업가형 메신저들에게는 성공을 이루도록 만드는 강한 신념이 있다. 현재 알고 있거나 가지고 있는 것이 무엇이든 일단 시작해서 고생도 하고 이런저런 시도도 해보고 열심히 일하면서 메시지를 전달하기 위해 필요한 건 무엇이든 배우고 만들어낼 것이라는 신념 말이다.

만약 "글쎄요, 저는 이것도 모르고 저것도 없어요."라고 우는 소리만 하는 사람은 메신저로서 실패할 것이다. 단지 뭔가를 모른다거나 없다고 이야기하기 때문이 아니다. 중요한 것은 바로 그 이야기하는 방식이다. 말투만 봐도 그 사람의 인생에 대해 많은 것을 느낄 수 있다. 나약하고 절망적이고 무기력한 태도를 지닌 사람이 이 사업에서 성공할 가망성은 없다.

당신 역시 성공적인 사람을 보고 "저 사람들은 가능하지만 나는 안 돼."라고 말한다면 이미 실패의 길을 가고 있는 것이다. 성공한 사람들도 다른 사람들과 똑같이 시작했다. 만약 성공한 사람들은 더 운이 좋았다거나 더 큰 혜택을 누렸을 거라고 생각한다면 당신의 미래는 어둡다. 대신 이렇게 생각하라. "저 사람도 이런 것을 성취했으니 나도 할 수 있어. 성공한 사람들이 한 것을 모델로 삼아 그렇게 해봐야지."

성공하는 메신저가 되기 위해 배우고 익혀야 할 것들

1   메신저 사업에서 성공하기 위해 내가 배워야 할 것은 무엇인가?

2   메신저 사업을 시작하기 위해 내가 만들어야 할 것은 무엇인가?

3 학습 시간을 단축하기 위해 내가 모델로 삼고 따라야 할 사람들은 누구인가?

4 일하면서 내가 피해야 할 변명거리가 있다면 무엇인가?

나의
잠재력을
믿고
원대한 미래를
추구하라

[생각법 3_ 두려움 극복]

메신저 사업이든 다른 어떤 사업이든 새 사업을 시작하면 힘들기 마련이다. 첫 2년은 누구나 두렵고 불안하고 기진맥진하며 좌절한다는 것을 기억하라. 사업을 시작한 뒤 첫 2년은 인생에서 가장 끔찍한 한편 가장 신나고 뿌듯한 시간이 될 수 있다. 빨리 사업을 키우고 싶지만 성과는 항상 기대보다 늦게 찾아온다. 그래도 당신은 이 기간을 통해 도전과 자유, 주인정신, 고객과의 관계가 매우 의미있다고 여기게 될 것이다.

메신저 산업에서 초보자들은 첫 2년을 견디지 못하고 그만두는 경우가 대다수다. 이들은 자신의 메시지를 전달하고 싶은 열망과 흥분으로 일을 시작하지만 결과가 빨리 나타나지 않으면 자신의 비전을 포기하고 만다. 비전만큼 수입을 올리지 못해도 쉽게 그만둔다. 또한 바라는 속도로 바라는 수준만큼 돈을 벌지 못하면 그 일을 그만두거나 목표를 낮추곤 한다.

그러나 현재 사업 규모가 작더라도 꿈까지 그에 맞춰 줄이지는 마라. 이제 시작 단계이지 않은가. 섣불리 비전을 포기하거나 목표를 낮추어선 안 된다.

컴퓨터, 전화기 한 대가 전부였던 백만장자 메신저의 사무실

내가 막 이 사업을 시작했을 때 샌프란시스코의 작은 아파트에 앉아있던 모습이 아직도 생생하다. 당시 나는 먹고사는 데에 돈을 다 써버려 빈털터리였다. 나는 어머니가 재봉실에서 사용하곤 했던 다리가 세 개 달린 접이식 작은 탁자에서 글을 쓰고 있었다. 고장난 라디에이터에서 증기가 새는 탓에 구식 노트북 컴퓨터 화면에 물방울이 맺히던 그때, 나는 성공의 심리학에 관한 뉴스레터를 쓰고 있었는데 문득 이런 생각이 들었다. '내가 지금 뭘 하고 있지? 가난한 얼간이 자식이 성공에 대해 떠든들 누가 거들떠보기나 할까?'

하지만 곧이어 이렇게 생각했다. '브렌든, 맞아. 너는 작게 시작하고 있어. 누구나 그렇게 해. 그렇지만 너에게는 강력한 메시지가 있고 그걸 다른 사람들에게 전달해야 해. 넌 꾸준히 연구를 했어. 살면서 배운 것도 많아. 그리고 다른 사람들에게 영감을 불어넣을 줄 알잖아. 언젠가 너는 수백만 명의 사람들을 도울 거야. 오늘이 바로 그날이라고 생각해. 계속 노력해. 너는 이 보잘것없는 아파트보다 훨씬 더 큰 사람이야. 왜냐하면 네 꿈은 원대하니까.'

이 일화가 너무 진부하고 감상적이라고 생각하는 사람들도 있을 것이다. 하지만 현재 처한 상황이 어떻든 자기 자신과 자신의 메시지에 큰 비전을 품어야 한다는 것은 중요한 지점이다. 원대한 비전이 있어야 행동하고 성취할 수 있다.

상황에 매몰되지 말고 큰 비전과 꿈을 가져라

모든 좋은 결과는 천천히 나타난다는 점을 절대로 잊지 말기 바란다. 큰 기회가 오기를 인내하고 기다리면서, 자신의 일이 매우 중요하고 언젠가 수많은 사람들을 돕게 될 것이라는 점을 항상 마음에 새겨라.

당장의 현실이 발목을 잡는 것처럼 느껴지더라도 커다란 꿈을 소중히 간직하라. 자신의 잠재력과 원대한 미래를 믿어라.

그러면 시작 단계에서 어려움을 겪더라도 자신감이 생기고 일을 계속할 수 있게 될 것이다. 매리앤 윌리엄슨은 『사랑으로의 귀환A Return to Love』에서 다음과 같이 말했다.

우리는 스스로에게 '나는 똑똑하고 멋있고 재능이 많고 굉장한 사람도 아니잖아?' 라고 말합니다. 왜 그렇게 생각합니까? 여러분은 신의 자식입니다. 여러분이 큰 비전을 품지 않는 것은 세상에 도움이 되지 않습니다. 스스로 움츠러들어봤자 좋을 게 없습니다. 어린이들처럼 우리 모두는 빛나는 존재입니다. 우리는 우리 안에 있는 신의 영광을 드러내기 위해 태어났습니다. 일부 사람들만이 아니라 우리 모두가 그렇습니다. 스스로를 빛나게 할 때 우리는 다른 사람들도 빛날 수 있도록 무의식적으로 허용합니다. 스스로의 두려움에서 자유로워지면 우리는 자동적으로 다른 사람들도 자유롭게 할 것입니다.

성공하는 메신저로서의 비전과 전략 수립하기

1   메신저 산업에서 내가 품고 있는 원대한 비전은 무엇인가?

2   상황이 어려울 때마다 내가 떠올리는 것은 무엇인가?

3 소극적인 삶을 살지 않기 위해 나는 어떻게 해야 할까?

4 더 큰 목표를 추구하기 위해 벗어나야 할 것은 무엇인가?

모든 관계에서 교훈을 찾고 끊임없이 메모하라

[생각법 4 _ 평생 배움]

그동안 내가 만난 메신저들은 모두 자신이 학생이자 연구자라고 생각했다. 이들은 책을 많이 읽고 계속해서 연구하고 세미나에 참석하며 강연 CD를 듣고 사람들을 인터뷰한다. 이들은 학습능력과 좋은 아이디어들을 종합하는 능력을 중요하게 여긴다.

먼저 배우고, 그다음 가르치며, 항상 봉사한다

세간에서 '메신저'라는 단어가 부정적으로 인식되

는 경향이 있는 이유는 '나야말로 세상에 없던 최고의 전문가야.'라고 생각하는 사람들이 많기 때문이다. 메신저라고 부르고 싶지도 않은 이런 사람들은 소명이 아니라 자기교만에 따라 일하며 자신이 모든 것을 깨달았다고 생각한다. 이들은 스스로를 어떤 주제에 대한 '대가'로 포지셔닝하며, 개인적인 명예와 부를 다른 사람들을 섬기는 것보다 중요하게 여긴다. 이들은 더 이상 학습하지 않으며 다른 메신저 집단과 협력하지도 않는다. 그 결과는? 좋은 최신 관행들에 뒤지게 되고 현실감각도 잃어버리는 것이다.

이렇게 되지 않으려면 항상 메신저들이란 먼저 배우고 그다음 가르치며 항상 봉사한다는 것을 유념해야 한다(이것이 바로 엑스퍼트아카데미의 신조이기도 하다). 지난 6개월 동안 적어도 관련 도서를 여섯 권 이상 읽지 않았다면 여러분은 위의 신조를 지키지 않은 것이다. 1년 동안 적어도 열 명을 인터뷰하지 않았다면 그 역시 신조에서 벗어난 것이다. 적극적으로 인터넷 자료를 조사하고, 저널, 잡지, 책들을 읽지 않았다면 역시 마찬가지이다. 이는 무엇보다 학생으로서의 본분을 다하지 않은 것이다. 지금부터는 더 계획적으로 더 꾸준히 공부하여 해당 주제를 완전히 익혀야 한다.

누구를 만나든 교훈을 발견하고 메모하라

　　이제 당신의 인생을 개인적인 학습의 장으로 만들 때다. 커다란 발견뿐만 아니라 소소한 배움도 기록해야 한다. 매 순간 그리고 모든 관계에서 교훈을 찾고 기록하라. 나는 고등학교에 다닐 때 저널리즘 선생님으로부터 이런 습관의 가치를 배웠다. 수십 년이 지난 후 나는 토니 로빈스와 잭 캔필드도 같은 습관을 갖고 있다는 사실을 알게 됐다. 이 두 사람은 내가 만난 사람 중에서 가장 부지런히 그리고 생산적으로 메모하는 사람들이다.

　백만장자 메신저들은 스스로를 학생이자 선생이라고 생각하는 마음가짐을 갖고 있다. 이들은 스스로를 세계 일류 강사라고 생각한다. 훌륭한 교육자들이 그러하듯 이들은 학생들의 성공을 도울 수 있는 강력하고 효과적인 강의, 메시지를 잘 전달하기 위한 비유와 개념틀, 학습활동 및 강의계획을 만들려고 끊임없이 노력한다. 이들은 메모장을 들고 다니면서 보고 들은 것 중 사람들에게 도움이 될 만한 것들을 메모한다. 새로운 교훈을 메모하고 아주 오래된 지혜를 새롭게 강의하는 방법을 연습하는 것은 이들에게 일이자 놀이이다.

　개인적으로 나는 고객들에게 제시할 새로운 강의를 메모하는 일에 집착하는 편이다. 나는 책을 읽을 때마다 여백에 무수한 메모를 남기는데, 나중에 가르칠 개념이나 내가 이해한 중요한 개념들을 되새기기 위해서이다. 세미나에 참석할 때는 항상 자세하게 메모하고 독특한 강의 관점이 있는지 살펴본다. 메신저가 되는 일은 일회적으로 가능한 것이 아니라 평생 동안 연습하고 실력을 갈고닦아야만 되는 일이다.

이렇게 배우고 가르치는 일들은 모두 결국 봉사하는 일로 귀결된다. 배우고 가르칠 이유가 없다면 평생을 배우고 가르치는 일에 헌신하기란 거의 불가능하다. 대부분의 사람에게 그 이유란 다른 사람들이 자신의 문제를 해결하고 잠재력을 펼치도록 돕는 데에 있다. 일을 하는 동안 이 이유를 계속 품고 가는 것은 매우 중요하다. 스트레스를 받거나 좌절할 때면 이 일을 하는 궁극적인 이유만이 일을 계속할 힘을 준다.

끊임없이 배우고 익히는 메신저가 되는 법

1 학생과 같은 마음가짐을 가지려면 어떻게 해야 하는가?

2 내가 다루는 주제에 대해 더 많이 배우기 위해
   내가 계획하고 있는 일은 무엇인가?

3   타인에게 도움이 되는 일상의 교훈을 놓치지 않으려면
    어떻게 해야 하는가?

4   이 모든 것을 배우고, 내가 아는 것을 가르치려는 이유는
    무엇인가?

한 번에
한 가지
기회를 잡아
집중하라

[생각법 5_ 전문화]

　세상 사람들을 두 가지 유형으로 나눌 수 있다고 해
보자. 이 두 유형의 사람이 각각 막대한 보물이 묻힌 광활한
기회의 땅에 들어섰다.

　첫 번째 유형의 사람은 땅을 둘러보고는 아무 삽이나 집어
들고 금을 찾아 땅을 파기 시작한다. 몇 삽 파다 보면 생각했
던 것만큼 빨리 금을 발견하지 못하거나 생각했던 것보다 금
이 많지 않다는 것을 알게 된다. 그러면 이 사람은 땅 파기를
그만두고 다른 지점으로 이동한다. 그러고는 새로운 삽이나
멋진 연장을 집어 들고 금을 찾아서 다시 땅을 파기 시작한다.
또다시 실망한 이들은 계속 다른 곳으로 옮겨 다니면서 땅을

판다. 이 유형의 사람들이 인생을 마칠 때에는 기회의 땅에 반쯤 파다가 만 구멍들만 여기저기 즐비할 것이다.

어떤 주제를 선택하든 끝까지 파고들어라

두 번째 유형의 사람들은 어떨까. 그들은 기회의 땅에 다르게 접근한다. 이들은 지평선을 살펴보고는 어느 곳을 자기 것으로 만들지 결정한다. 그러고는 그들도 금을 찾아 땅을 파기 시작한다. 이들도 곧 생각했던 것만큼 빨리 금이 나오지 않거나 생각했던 것만큼 금이 많지 않다는 것을 알게 될 것이다.

그러나 여기에서 이들은 첫 번째 유형과 다르게 행동한다. 이들은 계속 땅을 판다. 이들은 "여기엔 금이 조금 묻혀있어. 아마 내가 생각했던 것만큼 많지는 않을지도 몰라."라고 생각한다. 그럼에도 이들은 계속 그 지점에 집중하여 열심히 일하면서 계속 땅을 판다. 그리고 곧 상상했던 것보다 훨씬 더 풍부한 금맥을 찾는다. 이들은 거기에 울타리 기둥을 친다. 즉 부의 토대를 마련하는 것이다. 그러고는 다른 지점으로 이동해 이전에 성공했을 때처럼 다시 땅을 깊이 판 다음 울타리를 치고 토대를 만든다. 이 유형의 사람들이 인생을 마칠 때에는 기회의 땅에 여러 개의 튼튼한 토대들이 만들어져 있을 것이다.

대부분의 메신저 지망생들은 첫 번째 유형의 사람들이다. 즉 모든 것을 알고 있고 모든 것을 하는 사람이 되려고 하기가 쉽다. 이것이 그토록 많은 메신저 지망생들이 실패하는 이유다. 이들은 산만하게 대충 생각한 뒤 일을 시작하고는 너무 빨리 포기하고 다시 새로운 일과 기회로 옮겨간다.

반면에 성공하는 사람들은 자신의 주제를 깊이 탐구하고 숙달하는 쪽을 선택한다. 이들은 한 번에 한 가지 기회에 집중하여 깊이 파고 들어가며 튼튼한 토대를 마련하기 위해 수년간 일한다. 이들은 열심히 일하는 것의 가치를 알고 있으며 피와 땀, 눈물을 흘리는 것을 두려워하지 않는다. 이들은 이것저것 시도하는 삶은 산만한 삶이며 숙달하는 삶이야말로 의미있다고 생각한다.

이렇듯 완전히 익히는 것을 중요시한다면 당신은 집중력을 잃지 않고 어려움을 극복하며 자신의 분야에서 진정한 메신저가 되어 사업다운 사업을 운영하게 될 것이다. 수십 개 주제나 사업을 시도하다 보면 결국은 실패로 끝날 때가 많지만 한 가지를 숙달하면 성공할 수 있다.

특정 분야의 전문가가 되기 위한 로드맵

1 앞으로 18개월 동안 내가 집중하고자 하는 주제는 무엇인가?

2 내가 지금 집중하고 있는 것 중 그만두려는 것은 무엇인가?

3   내가 집중을 잃고 곁눈질하게 되는 때는 언제인가?

4   한 해를 되돌아보며 특정 주제를 완전히 익히려고
    노력한 때는 언제인가?

CHAPTER 5

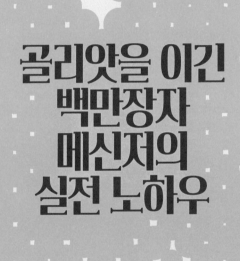

골리앗을 이긴
백만장자
메신저의
실전 노하우

"브렌든, 메신저로 성공하려면 뭘 잘해야 하나요?"

이제부터는 메신저들이
구체적으로 어떻게 돈을 벌고
어떤 실전 노하우를 갖고 있는지 살펴볼 것이다.
이는 곧 '백만장자 메신저의 일하는 방식'이다.

그들이 가진 노하우와 행동수칙은 무엇이며
그들이 부단히 연습하는 기술은 무엇일까?
이것을 구체적으로 알고 제대로 익힌다면
당신도 성공한 메신저의 삶에 성큼 다가설 수 있을 것이다.

백만장자
메신저는
어떻게
그 많은 돈을
벌었나

[실전 노하우 I_ 수익 창출 로드맵]

메신저가 되는 법에 관한 강연이나 교육을 하다보면 많은 이들이 "그래서 돈은 어떻게 벌 수 있는 겁니까?"라고 묻는다. 당연한 질문이다. 자신의 경험과 조언으로 돈을 벌 수 있다니 의아스럽기도 할 것이다. 그래서 백만장자 메신저가 어떤 실전 노하우와 기술을 갖고 있는지 배우기 전에 그들이 어떻게 수익을 창출하는지부터 알 필요가 있다.

기업가형 메신저들은 어떤 활동으로 돈을 벌까. 그들의 주요 수입원은 글쓰기와 강연, 세미나와 상담, 경영컨설팅, 온라인 마케팅 등이다. 지금부터 이 방법으로 어떻게 경제적 가치를 만들어낼 수 있는지 살펴보자.

하나, 글쓰기와 강연

　　작가로서 메신저들은 조언과 노하우, 정보를 글로 쓰고 돈을 받는다. 일반적인 책을 쓰는 것이 가장 흔한 방식이지만 다른 방식도 있다. 내 고객들과 나는 소책자(길이가 20~50페이지 정도 되는 짧은 분량의 책), 전자책, 강사 가이드(강사들을 교육시키는 매뉴얼), 회원 기반 사이트의 블로그(글을 읽기 위해 아이디와 패스워드를 사용해서 로그인하고 가입비를 내야 한다), 기사 연재물(다른 메신저들이 사용료를 내고 사용할 수 있다), 월간 뉴스레터(인쇄물이 고객의 집으로 매월 발송된다) 등을 팔아서 돈을 번다.

　강사로서 메신저들은 다음 세 가지 중 한 가지의 강연 방식을 취한다. 첫째, 이들은 기조 연설자로 연설할 수 있다. 이때는 30분에서 90분 정도 강연하고 주관단체로부터 강연료를 받는다. 둘째, 반나절에서 이틀 등 더 긴 시간 강연하는 경우다. 강연자는 교육자 역할을 하게 되며 훨씬 더 자세하게 자신의 정보를 설명하게 된다. 마지막으로 강사들은 '플랫폼 판매'를 한다. 이 방식은 지난 10년 동안 엄청나게 인기가 있었고 수익성이 좋았다. 플랫폼 판매란 다른 메신저의 행사 무대에서 자신이 제공하는 고가의 상품과 프로그램을 청중들에게 제안하는 것을 말한다. 기본적으로 이들은 80분 정도 강연을 한다. 그리고 마지막 10~15분 동안 고객들에게 자신이 판매하는 상품을 설명한다. 이 방식에서 '플랫폼 강연자'는 강연료를 받지 않는다. 청중들이 프로그램을 구입해야만 돈을 번다. 즉 청중들이 프로그램을 구입해 수익이 발생하면 그것을 초청자와 50:50으로 나눠 갖는 것이다.

오늘날 많은 강연자들은 영상 교육 프로그램을 온라인으로 배포해 돈을 벌고 있는데, 여기에 대해서는 '실전 노하우 3'에서 자세히 다루겠다.

둘, 세미나, 상담, 경영컨설팅

한편 세미나의 경우, 메신저들은 현장 행사를 주최한다. 나는 이 모든 현장 교육 행사를 '세미나'라는 이름 아래 묶었지만 이는 워크숍, 컨퍼런스, 집중 교육, 주말 변환 프로그램 등으로 불리기도 한다. 나중에 설명하겠지만 세미나는 가장 수익성이 좋은 분야다. 그리고 메신저들이 자신을 자리매김하는 가장 좋은 기회이기도 하다. 현장 세미나를 열면 사람들은 흔히 주최자가 그 주제에서 일류 권위자라고 생각한다(그리고 당신과 같은 주제를 다루는 다른 메신저들은 당신의 행사에서 강연하고 싶어한다).

인생 상담 혹은 사업 코칭으로 수입을 올리는 메신저들은 상담의 가장 흔한 형식인 치유 모델을 취한다. 고객들은 한 시간 동안 조언을 듣는 대가로 돈을 지불한다. 메신저는 일주일 혹은 한 달에 한 번씩 만나서 혹은 전화로 고객들과 이야기를 나눈다. 확장성과 수익성이 더 좋은 그룹 상담 모델에서는 코치가 여러 명의 고객들과 매주 혹은 매달 컨퍼런스 콜을 연다. 매회 일정 시간 동안 가르치고 난 다음에는 질의응답 시간을 가진다.

기업으로부터 시간당 혹은 프로젝트당 돈을 받는 컨설팅 역할을 할 수도 있다. 이 방식은 메신저로 돈을 버는 여러 가지 방법 중 가장 노동집약적인 형태이다. 기업고객을 발굴하여 서비스를 프레젠테이션한 다음 개별적으로 혹은 팀과 함께 일해야 한다. 나는 개인적으로 이 모델은 거의 권장하지 않는다. 시간이 많이 들어가고 확장성이 별로 없기 때문이다. 이것은 직원을 많이 채용하지 않고는 사업을 확장하기가 매우 어렵다. 그러나 성공적으로 해내는 메신저들도 많이 있기 때문에 이 책에 포함시켰다.

메신저의 목표에 따라 경영 컨설팅은 좋은 방식이 될 수 있다. 특히 대규모 조직의 문제 해결을 즐기는 경우에는 더욱 그렇다. 나는 세계 최대의 컨설팅회사에서 6년 동안 높은 연봉을 받으며 경영자문 업무를 했던 경험이 있다. 그 당시의 나는 과도한 업무 시간, 스트레스, 사내 정치에 지쳤었다. 이 경험 때문에 내가 경영자문 활동을 탐탁지 않게 보는 것일지도 모른다.

셋, 온라인 마케팅

마지막으로 얘기할 것은 온라인 마케팅이다. 메신저들은 온라인 마케터로서 조언과 지식을 정보 상품과 프로그램으로 온라인 상품화하여 돈을 번다. 이것은 메신저와 모든 기업가들에게 새로운 '약속의 땅'이다.

인터넷 덕분에 낡은 배송 관행은 사라지고 직접 고객을 확보하고 홍보하고 상품을 팔 수 있게 됐다. 이제 메신저들은 웹 세미나, 소프트웨어, 회원 기반 사이트, 다운로드 가능한 오디오 및 비디오 프로그램, 월간 콘텐츠 발송, 컴퓨터 교육 프로그램 등을 통해 자신의 콘텐츠와 교육을 제공하고 있다.

오늘날 메신저들은 실질적으로는 온라인 정보 소매업자라고 볼 수 있다. 그리고 오프라인 사업과는 달리 온라인 사업은 성장하고 있다. 고객들에게 가치를 제공하고 고객 정보를 입수하며 유료로 콘텐츠를 제공하는 웹사이트를 구축하는 일은 과거 어느 때보다 쉽고 간단하다.

나에게 가장 잘 맞는 사업 방식을 택하라

메신저 사업의 좋은 점은 이 다양한 사업 형태들(작가, 강사, 세미나 리더, 코치, 컨설턴트, 온라인 마케터) 중 자신의 스타일과 선호하는 생활양식에 가장 잘 맞는 형태를 선택하면 된다는 점이다.

여기저기 돌아다니는 것은 싫어하지만 글을 잘 쓰는가? 그렇다면 작가나 온라인 마케터가 되는 편이 좋다. 무대나 조명을 좋아하는가? 새로운 도시에 방문하는 것을 좋아하는가? 그렇다면 강사나 세미나 리더가 되는 편을 선택하라. 아니면 고객들과 일대일로 일하거나 코치 혹은 컨설턴트로 일하는 쪽이 좋은가? 반드시 하나만 선택해야 할 필요는 없다. 대부분의 메신저들, 특히 적어도 수백만 달러 규모의 사업을 하는 메신저들은 사업 전략의 일환으로 다양한 역할을 수행한다. 사실 한 가지 역할만 하려고 하면 수입도 제한되고 실질적인 사업을 구축하지 못할 위험이 있다.

현재 엑스퍼트아카데미의 세미나에 참석하는 사람들 중에는 한때 〈뉴욕타임스〉가 선정한 베스트셀러 저자였던 사람들이 많다. 당신은 아마 이들이 매우 부유하고 유명하리라 생각할 것이다. 그러나 그중 많은 사람들은 잊히고 파산한 상태다. 어쩌다 그렇게 되어버렸을까?

가장 직접적인 이유는 이들이 베스트셀러 책을 출간했지만 그 책을 쓴 것 외에는 아무것도 하지 않았기 때문이다. 이들은 좋은 웹사이트도 만들지 않았고 판매할 다른 상품이나 서비스도 제공하지 않았다. 유명세가 끝나고 났을 때 팬들이 구입할 상품이 하나도 없었던 것이다. 이런 경우는 놀랄 만큼 흔하다. 메신저 산업, 특히 출판 산업에서 존재하는 일회성 반짝스타의 수는 음악 산업에서만큼이나 많을 것이다.

메신저로 진정 발전하고 확장하려면 위의 여섯 개 분야를 모두 개발하여 수입원을 여러 개 갖춘 사업 모델을 만드는 편이 좋다. 반드시 그래야 하는 것은 아니지만, 이 모든 분야를 혼합했을 때 당신이 미칠 수 있는 영향력과 확보할 수 있는 수입을 본다면 아마도 그렇게 하고 싶어질 것이다.

개인적으로 나는 베스트셀러를 낸 적 있는 작가이자, 인기 많은 강사, 행사마다 참석 티켓이 매진되는 세미나 리더이며 1년에 상담료로 2만 5,000달러를 지불하고 상담을 받으려는 대기자들이 수십 명이나 있는 코치, 원하는 프로젝트만 골라 할 수 있는 컨설턴트이자 수백만 달러 상품을 파는 온라인 마케터다. 그리고 나는 이 모든 일을 최소한의 직원과 매우 단순한 사업 모델을 가지고 해내고 있다.

앞에서 이미 이야기했지만 나는 처음으로 100만 달러를 벌 때까지 직원을 단 한 명도 두지 않았다. 어떻게 이렇게 할 수 있었을까? 왜냐하면 대부분의 경우 이 사업을 할 때 필요한 것은 전화, 노트북 컴퓨터, 전달할 메시지, 이 세 가지뿐이기 때문이다.

나에게 맞는 상품화 및 사업 로드맵을 짜기 위한 점검사항

1 　나의 핵심 콘텐츠는 무엇인가?

2 　나의 콘텐츠는 글과 강연 어느 쪽에 더 소구력이 강하며,
　　그 이유는 무엇인가?

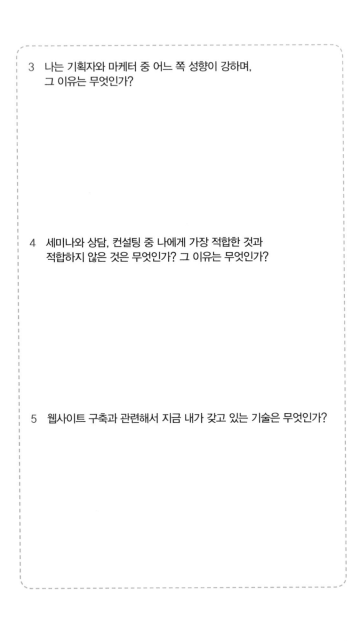

3 나는 기획자와 마케터 중 어느 쪽 성향이 강하며,
   그 이유는 무엇인가?

4 세미나와 상담, 컨설팅 중 나에게 가장 적합한 것과
   적합하지 않은 것은 무엇인가? 그 이유는 무엇인가?

5 웹사이트 구축과 관련해서 지금 내가 갖고 있는 기술은 무엇인가?

5가지 상품만으로 1년에 백만 달러를 벌 수 있다

[실전 노하우2_ 상품화 전략]

"브렌든, 12개월 안에 백만 달러를 벌 수 있는 계획이 필요해요. 엄청난 인프라를 구축하거나 신규고객 수만 명을 확보하지 않아도 백만 달러를 벌 수 있으면 좋겠어요." 어느 날 나의 고객 샐리는 노골적으로 이렇게 말했다. 대부분의 산업에서 이렇게 하기란 상당히 어려울 것이다. 하지만 앞에서 말한 방침과 수입원을 결합하면 백만 달러의 매출을 올리는 메신저 사업을 개발하는 일은 비교적 간단하다.

나는 샐리에게 다음 다섯 가지 상품을 만들어 고객을 수백 명만 확보하면 단 한 명의 직원 없이도 목표를 달성할 수 있음을 보여주었다.

우선 나는 샐리에게 저가 정보 상품을 만들라고 말했다. 메신저 산업에서 '저가'란 20~200달러 범위를 말한다. 그리고 '정보 상품'이란 기본적으로 교육 자료, 즉 성공에 대한 당신의 조언 또는 전략을 교육 상품이나 프로그램으로 상품화한 것이다. 이 가격 범위 안에 있는 정보 상품으로는 책, 전자책, CD 오디오 프로그램, DVD 가정학습 프로그램 등이 있다.

샐리가 CD 일곱 장으로 구성된 오디오 프로그램을 만들어 197달러에 팔려고 한다고 가정하자. 이런 오디오 프로그램은 만들기 쉽다. 샐리는 성능 좋은 마이크를 사서 컴퓨터에 연결하고 무료 소프트웨어를 사용하여 본인의 음성으로 교육 내용을 녹음할 수 있다. 해야 하는 일이라고는 한 시간 길이의 강의 일곱 개를 녹음하는 것이다. MP3 파일을 만들고 나면 그것을 CD 제작업체로 보내어 CD로 만들고 상품 디자인을 하도록 부탁한다. 샐리에게는 이제 판매할 상품이 생겼다. 주문이 들어오면 제작업체가 CD를 만들 것이다. 이제는 프로그램을 판매할 웹사이트가 필요하다.

숫자를 한번 살펴보자. 샐리가 197달러 프로그램을 하루에 한 개 판매하는 경우 한 달에 5,910달러를 벌 것이다. 이것을 12개월로 곱하면 1년에 7만 920달러를 벌 수 있다. 나쁘지 않다. 고객을 365명만 확보하면 1년에 7만 달러를 벌 수 있는 것이다. 그러나 이것은 시작에 불과하다.

이 시점에서 회의론자들의 의견을 한번 들어보자. 신참 메신저들이나 이 사업에 비판적인 사람들 중에는 이렇게 말하는 이들이 많을 것이다. "세상에, 10달러면 살 수 있는 책이나 테이프도 있는데 누가 오디오 프로그램을 197달러나 주고 사겠어?" 이런 질문을 하는 이들은 메신저 산업에 대한 이해가 부족한 사람들이다.

메신저 산업의 프로그램의 가격은 제작 단가가 아니라 그것이 제공하는 가치에 달려있다. 우리가 제공하는 전문지식은 치약 같은 일용품이 아니다. 가령 일곱 장의 CD로 구성된 오디오 프로그램의 제작 단가는 15~25달러이지만 어떤 사람의 문제를 해결하거나 사업을 개선시킨다면 분명히 그 이상의 가치가 있다. 그렇지 않은가?

예를 들어, 토니 로빈스는 〈우월함을 추구하라〉라는 제목의 자기계발 오디오 프로그램을 팔고 있다. 멋진 상자 안에 일곱 장의 CD가 들어있다. 나는 몇 년 전에 약 197달러를 주고 이 상품을 샀다. 그러고 나서 내 인생이 180도 바뀌었다. 인생을 바꾸는 일에 197달러를 투자할 가치가 있을까? 나는 당연히 있다고 생각한다. 그렇게 생각하지 않는 사람들은 우리의 고객이 아니라고 보면 된다. 지금부터 매출이 어떻게 늘어나는

지 본격적으로 살펴보도록 하자.

2단계, 저가의 회원 프로그램을 만들어라

이제 샐리는 197달러짜리 오디오 프로그램을 팔아서 연간 7만 920달러를 번다. 여기에 더해 나는 회원 프로그램을 만들라고 제안했다. 회원 전용의 지속적인 프로그램이다. 고객에게 잡지처럼 월간 콘텐츠를 발송해주기도 한다.

이 단계에서 나는 샐리에게 매달 새로운 교육 비디오를 고객들에게 보내주는 월간 회원 프로그램을 만들 것과, 더 자세한 교육을 제공하고 질문들에 답해주는 컨퍼런스 콜을 기반으로 한 '월간 교육'을 주관할 것을 제안했다. 그리고 고객들이 회원 전용 사이트에 로그인하여 녹화된 비디오와 오디오를 다운로드할 수 있도록 했다. 이러한 저가 상품은 포지셔닝과 제공하는 가치에 따라 9.97~197달러를 청구할 수 있다. 나는 그녀에게 97달러부터 시작할 것을 권했다.

다시 숫자들을 살펴보자. 샐리가 만약 회원 프로그램에 매달 97달러를 지불하는 고객 100명을 확보하면 매달 9,700달러를 추가로 벌 수 있으며 이를 연 단위로 환산하면 11만 6,400달러가 된다. 이는 고객 100명에게 매달 비디오를 한 편씩 보내주고 컨퍼런스 콜을 한 번 운영하는 것만으로 벌어들이는 금액이다.

그런데 비디오를 보내거나 컨퍼런스 콜을 주관하는 일을 매달 할 필요는 없다. 특별한 뉴스레터를 보내거나 새 오디오 CD를 보낼 수도 있다. 심지어 스스로 콘텐츠나 상품을 만들 필요도 없다. 프리랜서를 고용하여 글을 쓰게 하거나 교육용 비디오를 만들 수도 있고 또는 다른 메신저와 제휴하여 그들의 콘텐츠를 당신의 고객에게 보낼 수도 있다. 선택 사항은 매우 많으며 본인이 가장 좋아하는 방식을 정하면 된다. 단지 훌륭한 가치와 콘텐츠를 전달하는 것은 기본 중의 기본이라는 점을 항상 염두에 두길 바란다. 어쨌든 매출이 얼마나 빨리 늘어나는지 이해가 되는가?

백만 달러의 매출을 올리려면 어떤 서비스를 추가해야 하는지 계속 살펴보자.

3단계, 중가의 정보 상품을 만들어라

다음으로 내가 샐리에게 제안한 것은 중가에 팔 수 있는 포괄적인 고급 교육 프로그램을 만드는 것이었다. 참고로 저가 프로그램이 10~200달러 범위라면 중가란 보통

200~999달러, 고가란 1,000달러 이상을 말한다.

저가, 중가, 고가를 구분하는 것은 단지 설명하기 위한 목적이다. 실제로는 자기계발 분야의 중가 가격대는 부동산이나 재테크 프로그램의 중가 가격대와 다르다. 가령 자기계발 분야에서 497달러는 고가 상품에 속하지만 온라인 마케팅 분야에서는 저가에 속한다.

샐리가 497달러의 가정학습 DVD 코스를 만들었다고 가정하자. 그녀는 이 상품을 고객의 집으로 배송한다. 가정학습 코스에는 10장의 DVD, 대본, 워크북, 그리고 보너스로 세 장의 오디오 프로그램 CD가 포함돼 있다. 한 달에 60개를 판다고 가정하면 매달 2만 9,820달러, 연간 35만 7,840달러를 벌 수 있다.

샐리가 상품을 수만 개 팔 필요가 없다는 사실에 주목하기 바란다. 이 예에서는 매달 60개만 팔면 이 상품 하나로 1년에 35만 7,840달러를 번다. 미국인의 연평균 소득은 6만 5,000달러 이하이기 때문에 대부분의 사람에게는 놀랄 만큼 큰돈이다.

하지만 여기서 끝이 아니다. 샐리가 판매하는 오디오 CD, 회원제 프로그램, DVD 프로그램 덕분에 인생이 바뀐 사람들은 대부분 그녀를 직접 만나고 싶어할 것이고 따라서 그녀가 주관하는 세미나에 참석하려 할 것이다.

4단계. 고가의 세미나를 개최하라

세미나는 메신저들에게 가장 수익성이 높은 분야이다. 당신이 따르고 있는 '권위자'를 떠올려보라. 이들이 세미나나 워크숍을 개최한 적이 있는가? 물론 그런 적이 있을 것이다. 재미있는 사실은 이들이 세미나를 처음 시작한 이유는 스스로 세미나 리더가 되고 싶어서가 아니라 고객들이 원했기 때문이라는 점이다.

사실 메신저 산업의 고객들은 어떤 주제를 완전히 익히고 싶어하고 계속 교육받고 싶어한다. 따라서 만약 사람들이 당신의 책과 오디오, DVD 프로그램을 구입했다면 이제는 더 자세한 내용을 당신과 직접 만나 배우고 싶어한다. 음악 산업과 비슷하다. 음악 CD를 산 사람들은 어떤 시점이 되면 라이브콘서트에 가고 싶어하게 되어있다.

이상하게도 대부분의 메신저들은 자신의 세미나를 열기를 두려워한다. 이러한 공포는 불확실성에서 비롯된다. 세미나를 어떻게 진행할지 잘 모르기 때문에 자신이 없는 것이다. 하지만 세미나는 당신이 해야 할 일들을 제대로 알기만 하면 역시 어렵지 않게 열 수 있다. 게다가 수익성이 높은 분야이다. 그리고 참석자를 수천 명 모을 필요도 없다. 향후 12개월 동안 세미나에 참석할 사람을 100명 정도 모은다면 충분하다. 이는 당신이 포지셔닝, 상품화, 홍보, 제휴를 적절히 했다면 가능성 있는 수치이다. 산술적으로 나누면 12개월 동안 한 달에 아홉 명 정도만 설득하면 된다. 만약 세미나에 참석하도록 100명도 설득하지 못한다면 당신은 고객과 의사소통하는 능력이 부족하다고 볼 수 있다.

샐리가 1년 동안 준비해서 세미나 참가자 100명을 확보했다고 상상해보자. 참가비는 인당 1,000달러이다. 이들이 그만한 금액을 지불하는 이유는 세미나에 참석하면 샐리를 직접 만날 수 있고 이는 그녀가 제공하는 콘텐츠 중 최고급 콘텐츠이기 때문이다. 그녀는 초대 연사로 다른 메신저들도 몇 명 초청했으며 세미나 장소는 교통편이 좋은 곳에 위치한 멋진 리조트이다. 이 예에서 숫자를 한번 살펴보면 샐리는 참가비로 10만 달러를 번다. 이것은 주말 교육 1회의 매출이며 참가비만 계산한 것이다. 세미나를 할 때에는 참석자들이 현장에서 구매하는 상품 및 프로그램 매출이라는 부가 매출이 있다. 세미나의 부가 매출은 보통 참가비의 두 배 정도 되지만 여기에서는 이 매출을 포함시키지 않겠다.

나는 내가 개최한 첫 세미나에서 참가비로 2,000달러를 받았고 참석자는 28명이었다. 당시 나는 메신저 산업에 대해 당신이 지금 알고 있는 내용의 절반도 알지 못했다. 그런데도 주말 세미나 1회에 5만 6,000달러를 벌었다. 그 세미나를 개최하는 데 들어간 총 비용은 고작 5,000달러였는데, 여기에는 대실료와 스크린 임대비도 포함돼 있다.

당시 내게는 프로그램을 녹화하거나 조명과 음악을 담당해주는 팀이 없었다. 나는 한 친구에게서 프로젝터를 빌리고, 사람들에게 대접할 간식거리도 직접 준비했다. 나는 작은 탁자 위에 올려놓은 노트북 컴퓨터를 이용해 세미나를 진행했다. 그리고 싸구려 컴퓨터 스피커를 사서 탁자 밑에 두었다. 휴식시간 전후에 음악을 틀고 참석자들과 대화를 나누고 사람들이 춤추도록 하고 그러고는 음악을 껐다. 행사 진행 자체만 놓고 보면 웃기지만 그 프로그램 때문에 인생이 바뀐 사람들도 있었다. 출발점은 다 다르다. 최근에는 세미나가 꽤 근사해져서 보통 한 강의실에 수백 명의 사람들을 모아놓고 인당 3,495~5,000달러를 받는다.

다시 샐리의 예로 돌아가자. 샐리는 첫 세미나에서 참가비로 10만 달러를 벌었다. 곧 사람들은 그녀가 제공하는 교육을 더 깊이 있게 받고자 개인 상담을 부탁할 것이다.

5단계, 고가의 상담 프로그램을 만들어라

샐리에게서 개인적인 조언을 듣고 싶어하고 완전히

숙달된 수준의 교육을 지속적으로 받고 싶어하는 사람들은 샐리를 인생이나 사업 코치로 삼고 싶어할 것이다.

상담 프로그램을 제공하는 여러 가지 방법 중 하나는 샐리가 전형적인 일대일 인생 코치 또는 사업 코치로 고용되는 것이다. 여기서 샐리는 고객들이 필요로 하는 것과 그들의 현재 상황을 파악한 후에 고객들이 목표를 설정하도록 돕는다. 그런 다음 고객들이 꿈에 더 다가가는 데에 도움이 되는 계획을 작성하고 고객이 그 계획을 구현하고, 책임감을 가지며, 한 사람의 인간으로 혹은 직업인으로 성장하도록 상담을 시작한다. 전문적인 코치들은 물론 이 외에도 다른 요소들이 더 있다고 말할 것이며 이 말이 옳지만, 어쨌든 상담의 일반적인 개요는 이렇다.

오늘날 상담 사업에서 가격 책정은 점점 더 도박처럼 되고 있다. 일반적인 인생 상담의 경우 시간당 150~350달러를 받는다. 그러나 이 금액은 그저 평균일 뿐이며 평균만 받아서는 백만장자가 될 수 없다. 나는 '전통적인' 개인 상담만 하는 것은 거의 권하지 않는다. 왜냐하면 확장성이 없기 때문이다. 전통적인 시간 기반 모델에서는 한정된 사람만 상담해줄 수 있다. 그리고 달력이 상담 일정으로 빽빽한 경우에는 심리상담가, 의사, 변호사 등 시간 단위로 일하는 전문가들이 그렇듯이 결국 상황에 회의를 느끼게 된다.

나도 개인적으로 그런 경험을 했다. 한번은 상담 고객이 너무 많다 보니 하루 종일 전화기를 붙잡고 있는 일이 끔찍하게 느껴진 적이 있다. 그때 내 인생은 시계와 달력을 중심으로 돌아갔으며 기업가로 산다고 보기는 힘들었다.

상담 사업을 확장하기에 가장 좋은 모델은 그룹 상담을 시작하는 것이다. 그러니 여기에서는 그룹 상담을 예로 사용해보자. 샐리가 매달 인당 2,000달러를 받는 고가의 그룹 상담 프로그램을 만든다고 생각해보자. 이 프로그램에서 샐리의 고객들은 매달 고객 전용 신규 비디오를 제공받고 그룹 교육과 질의응답 컨퍼런스 콜, 현장 세미나 무료 티켓 두 장, 매년 고객 전용 주말 세미나에 참석할 자격을 얻는다.

그녀는 한 달에 한 번 그룹 고객들 개개인과 대화를 나눌 수도 있고 그렇게 하지 않을 수도 있다(나는 내 고객에게 하지 않는 편을 권한다). 이 그룹 상담 프로그램을 구입하는 사람들은 고객 전용 교육을 받고 샐리 및 그룹의 다른 참가자들과 의견을 나눌 수 있다. 만약 샐리가 월 2,000달러의 이 프로그램을 열다섯 명에게 판매한다고 하면 이때의 수입은 월 3만 달러, 연 36만 달러에 해당한다. 이 마지막 전략까지 구현한다면 단지 다섯 가지 상품을 가지고 맨손으로 백만 달러 사업을 구축한 것이다.

여기에서 주목할 것은 샐리가 수만 명의 고객들에게 수십 개의 상품을 팔지 않아도 이 정도 매출을 올릴 수 있다는 점이다. 사람들이 살 수 있는 저가에서부터 고가의 상품 다섯 개만 있으면 된다.

저가의 오디오 프로그램을 하루에 한 개씩 팔고, 한 달에 97달러의 회원 전용 프로그램을 100명에게 팔고, 중가 상품을 한 달에 60개 팔고, 1년에 세미나 참가 티켓을 100명에게 팔고, 15명의 상담 고객을 확보하면 된다. 물론 이 계획은 단지 본보기일 뿐이며 백만 달러를 벌 수 있는 다른 방법들도 많이 있다.

샐리는 세미나에만 집중하기로 결정하고 2,000달러짜리 세미나 티켓을 500명에게 팔거나 500달러짜리 세미나 티켓을 2,000명에게 팔아서 백만 달러를 벌 수 있다. 또는 회원제 프로그램을 구축하는 데에 집중하여 한 달에 97달러를 지불하는 사람 1,000명을 확보하여 백만 달러를 벌 수 있다. 혹은 497달러 상품을 2,000명 이상에게 판매하거나 월간 2,000달러짜리 상담 프로그램을 45명에게 판매해도 백만 달러를 벌 수 있다.

이렇게 설명하면 다음과 같이 말하는 사람이 있게 마련이다. "브렌든, 누구나 다 메신저가 되어 이렇게 할 수는 없잖아요." 나는 이렇게 대답하고 싶다. "왜 안 되죠?" 사람들이 자기는 할 수 없다고 생각하는 이유는 무엇일까? 분명히 누구나 어떤 주제라도 배우고 숙달할 수 있다. 그렇지 않은가? 그리고 누구나 자신이 아는 지식을 정리하여 유용한 조언으로 만들 수 있다. 그렇지 않은가? 요즘은 누구나 웹사이트를 구축하고 자기의 상품을 판매할 수 있지 않은가? 무엇이 그렇게 '누구나 할 수 없는 일'인가? 나는 이 책이 이 이상한 통념을 없애는 데에 일조하기를 바란다.

물론 분명히 누구나 백만장자, 즉 엄청난 재무적 성과를 거둘 수는 없다. 여기에서 나는 누구나 부자가 된다고 보장해줄 생각은 없다. 게다가 어떤 교육 상품이든 성과를 보장하는 것은 분명히 불법이다. 미국연방거래위원회에서 정한 법은 "내 교육 코스를 듣기만 하면 경매에 나온 집을 사서 누구나 하룻밤 만에 백만장자가 될 수 있습니다."라는 지나친 주장을 하지 못하도록 금지하고 있다. 사실 우리 모두는 야망, 지식, 기술, 재능, 능력, 자원, 노력의 정도가 모두 다르다. 그러므로 각자 인생에서 다른 결과를 얻게 된다.

내가 이 간단한 계획을 설명하는 목적은 단순하다. 몇 개 안되는 상품만으로도 큰 기회를 만들 수 있음을 보여주는 것이다. 나는 메신저들이 어떤 수입원들을 통해 돈을 벌고 있는지 초보자들의 궁금증을 해소시켜주기 위해 메신저 산업과 그 작동 메커니즘을 유형화해 제시한 것이다.

내가 언급하는 수치에 이견을 가진 사람들도 많다. 많은 초보 메신저들과 회의론자들은 이렇게 질문한다. "도대체 누가 그렇게 높은 가격을 지불하겠습니까?" 앞서도 말했지만 어떤 상품의 가격을 정하는 사람은 누구인가? 무슨 원리가 메신저들은 상품의 가격을 그렇게 책정하는가? 답은 바로 자본주의의 개념이다. 수요와 공급의 법칙, 동등 가치교환이라는 원리 말이다. 성공적인 메신저들은 이 정도 금액을 책정해도 된다는 점을 알고 있는데 단순하고 솔직하게 말하자면 그 이유는 사람들이 그 금액을 지불하고 상품을 사기 때문이다. 소비자들은 돈으로 투표를 하는 것과 같다. 만약 그만큼 가치있다고 생각하지 않으면 소비자들은 우리가 요구하는 값을 지불하지 않을 것이다.

사람들은 학습 기간과 성공에 이르는 길을 단축하기 위해 많은 돈을 지불한다는 사실을 잊으면 안 된다. 사람들이 오늘날 대학에 지불하는 엄청난 돈을 한번 보라. 너무 심하다고 말하는 사람들도 물론 있다. 그러나 사람들은 등록금을 내고 학교에 다닌다. 그리고 계속 그렇게 할 것이다. 왜냐하면 배움은 중요하니까. 메신저들도 사람들이 개인적인 차원이든 직업의 차원이든 자신의 문제를 해결하여 인생에서 더 빨리 전진할 수 있도록 도와주는 구체적인 정보를 종합하고 체계화하여 고차원의 교육을 제공한다.

다행히도 이런 교육에 대한 수요는 항상 많고 사람들은 항상 새로운 전략과 아이디어에 굶주려 있다. 지난 수년 동안 모든 경제 부문이 위축되고 있지만 다재다능한 메신저들이 운영하는 사업은 크게 성장하고 있다는 사실을 생각해보라. 왜 그렇겠는가? 그 어느 때보다도 많은 사람들이 성공과 동기 부여에 도움이 되는 영감과 교훈을 구하고 있기 때문이다. 사람들은 대량 실직을 당하고 베이비붐 세대는 은퇴하고 있으며 신세대들은 성공을 추구하고 있다. 이 모든 것들은 기업가형 메신저들에게 좋은 조짐이다.

만약 당신 스스로 자신의 상품에 높은 가격을 요구하기 힘들다고 생각한다면 아마도 그 생각이 맞을 것이다. 잠재력은 자신이 어떤 것을 할 수 있다는 믿음에 달려있는 것이기 때문이다. 만약 스스로가 자신과 자신의 정보 및 전문지식이 소중하다고 생각하지 않는다면 아무도 당신을 도울 수 없다. 당신에게 찾아와서 증명서를 주면서 "축하합니다. 이제 가격을 올릴 자격이 됩니다!"라고 말해주는 사람은 아무도 없다. 인생의 다른 모든 일들과 마찬가지로 원하는 것을 이루려면 당신이 얼마나 열심히 일하는지 그리고 얼마나 많은 가치를 제공하는지가 중요할 뿐이다.

나만의 프로그램 종류와 개발 단계를 정하는 법

1   내가 가장 먼저 만들 수 있는 저가 정보 상품은 무엇인가?

2   회원 전용 프로그램이라면 회원 운영은 어떻게 할 것인가?

3   저가—중가—고가로 상품의 가격을 다양화하기 위한
    단계별 안은 무엇인가?

4   세미나 운영을 할 때 나만의 차별화 전략은 무엇인가?

실무기술은 절대 아웃소싱하지 마라

[실전 노하우 3_ 필수 실무 파악하기]

일반적인 산업에서는 회사와 직원들 모두 실무기술 개발을 매우 진지하게 생각한다. 직장을 구하는 사람들이 회사를 평가할 때 교육과 실무기술 개발 기회를 얼마나 제공하는지도 고려 대상이 된다. 회사들은 수조 원의 돈과 많은 인력을 인사관리부서와 조직개발부서에 투입하여 정교한 '직업경로', '고속 승진' 프로그램과 업무능력 훈련 프로그램을 만든다.

그런데 이상하게도 메신저 산업에서는 실무기술 개발에 거의 신경쓰지 않는다. 이렇게 된 이유 중 하나는 아이러니하게도 "무엇이든 아웃소싱하면 된다."는 메신저들의 편리한 상황이다. 이 상황 때문에 수천 명의 메신저 지망생들이 많은 돈을 낭비하고 자기 일에 대한 통제권도 잃게 된다. 어떤 일을 하던 자기 운명을 스스로 통제하고 싶다면 일에 필요한 실제 기술을 익히고 향상시켜야 한다.

아웃소싱, 언젠가는 해도 지금은 아니다

나는 기업에서 일해본 경험이 있었기 때문에 열과 성을 다해 메신저 산업에 필요한 기술을 닦았다. 2007년에 나는 곧 사람들이 동영상을 통해 소통하게 될 것임을 깨달았다. 물론 2007년에야 이 사실을 깨달았다니 좀 늦었다고 볼 수도 있지만, 당시에는 용량이 큰 동영상을 스트리밍하는 신뢰할 만하고 값싼 기술이 존재하지 않았다. 메신저들은 주로 교육용으로 동영상을 사용하다 보니 그 길이가 한 시간 이상인 경우가 많은데 그에 적합한 기술은 아직 상용화돼 있지 않았던 것이다. 그런 여건 탓에 당시에는 온라인 홍보나 교육 프로그램에 동영상을 효과적으로 사용하는 사람들이 거의 없었다.

그러다 새 스트리밍 기술 덕분에 길이가 한 시간이 넘는 교육용 비디오와 웹세미나 녹화 비디오를 온라인에 올릴 수 있게 됐다. 이것은 획기적인 변화였다. 당시 몇 안 되는 온라인 마케팅 메신저들, 즉 프랭크 컨, 앤디 젠킨스^{Andy Jenkins}와 마이크 쾨닉스 등은 메신저 커뮤니티에 마케팅에 동영상을 사용해보라고 조언하기 시작했다. 그런데 동영상을 사용하면 더욱 효과적이고 수익성도 높일 수 있다는 사실이 입증됐음에도 불구하고 이 글을 쓰는 지금까지 대부분의 메신저들은 여전히 동영상을 활용하지 않는다. 그 이유가 뭘까?

그 까닭은 메신저들 중에는 이 산업을 전체적으로 조망하면서 "내가 계속 제대로, 효과적으로 일하려면 어떤 새로운 스킬이 필요할까?"라는 질문을 해보는 사람이 거의 없기 때문이다. 기업에서 일하는 사람들은 항상 이런 질문을 하기 마련이지만 자기 사업을 하는 사람들은 오히려 그렇지 않은 경우가 종종 있다.

성공가도를 달리는 메신저들 중에서조차 온라인 동영상에 대해서만큼은 "맞아, 동영상은 정말 중요해. 아웃소싱을 하자."라고 생각하는 사람들이 많다. 이때의 '아웃소싱'은 "언젠가 하겠지만 지금은 아니다."라는 의미와 같다.

그러나 나는 이 문제에 다르게 접근했다. 나는 '동영상은 메신저 산업에서 매우 중요해질 것이고 그러니 장기적으로 성공하는 데에 있어 필수적인 요소가 될 거야. 지금 당장 그 사용 기술을 배워 익혀두는 것이 좋겠어.'라고 생각한 것이다. 그래서 나는 지역 예술학교에서 무료로 제공하는 비디오 촬영 수업을 들었다. 비디오 촬영, 편집, 업로드하는 법을 익히고 공부했다. 온라인 마케팅에 동영상을 활용하고 있는 사람들에게 이메일을 보내 방법을 묻기도 했다.

가장 중요한 것은 내가 이 모든 것들을 행동으로 옮겼다는 점, 즉 작고 저렴한 비디오카메라를 한 대 사서 아파트에서 동영상을 찍기 시작했다는 점이다. 처음으로 찍은 동영상들은 내가 카메라를 보면서 기본적인 자기계발 개념 몇 가지를 가르치는 단순한 내용이었다. 그 비디오들은 형편없었다. 그렇지만 자전거 타는 법을 배울 때도 처음부터 멋지게 탈 수는 없다. 나는 동영상에 대해 자전거 타기 같은 다른 기술을 익힐 때와 똑같이 접근했다. 즉 연습하면 잘하게 된다는 생각으로 대한 것이다.

이 글을 쓰는 지금, 아마도 메신저들은 내가 온라인 동영상을 마케팅에 사용하는 방식을 많이들 언급할 것이다. 나는 자동카메라로 촬영한 동영상이나 파워포인트 슬라이드를 캡처하여 변환한 비디오만으로도 놀라운 성공을 거두었다. 한 프로모션에서는 동영상만 활용했는데도 12개월 만에 200만 달러 이상을 벌었다. 나는 매주 평균 한 편의 동영상을 촬영한다. 이 동영상들은 청중과 고객들에게 큰 가치를 제공한다. 플립 비디오카메라로 시작한 것치고는 나쁘지 않다.

당신은 장기적으로 성공하기 위해 어떤 실무기술이 중요

한지 파악하고 지속적으로 그 기술을 익히도록 해야 한다. 내 미래에 있어 동영상은 중요하므로 나는 동영상 촬영 및 편집 기술을 완전히 익히기로 결심했다. 장기적인 성공에 중요한 HTML 코딩, 광고문안 작성, 상품 개발, 설득 기술, 그래픽 디자인 등 다른 기술도 같은 식으로 노력했다.

다시 말해 당신의 성공은 당신이 보유한 실무기술에 달려있다. 그러니 장기적으로 성공하는 데에 꼭 필요한 기술은 아웃소싱하지 말고 직접 익히기 바란다.

절대 아웃소싱할 수 없는 메신저의 실무기술

개략적으로 볼 때 메신저가 되려면 누구나 글쓰기, 특히 마케팅에 필요한 광고문안 작성에 익숙해져야 하고, 사람들이 자신의 목표를 달성하도록 이끌어주는 기술을 가지고 있어야 하며, 동영상 촬영 및 편집, 블로그 관리 및 소셜미디어 사용에 불편함이 없어야 한다. 이렇게 보면 배울 것이 엄청나게 많아 보일 수도 있다. 하지만 나는 4년 만에 이 모든 분야를 매우 능숙하게 다루게 됐다. 4년 정도 열심히 노력하여 평생 동안 자신있게 일할 수 있다면 그 정도는 투자할만하지 않은가? 게다가 이 기술들 대부분은 메신저로 일하면서 배울 수 있다. 메시지를 전달하려면 다음과 같은 일을 해야 한다.

- 블로그를 만들고 소셜미디어 웹사이트에서 활동한다.
- 이런 사이트에 글을 써서 올린다.
- 비디오를 찍고 편집하여 이런 사이트에 올린다.

이런 일을 하다 보면 기술을 익히게 된다. 행동에 옮겨 고생도 해보고 많은 질문을 하면서 꾸준히 하다 보면 어느 날 그 기술을 완전히 익히고 있음을 깨달을 것이다.

위에서 언급한 스킬 외에 고소득 메신저들은 앞으로 말할 다섯 가지 실전 노하우를 더욱 개발하고 연습하는 데에 많은 시간을 쏟는다. 메신저 산업이라는 독특한 분야에서 성공하기 위해서는 이러한 노하우를 익혀야 한다. 이것들은 반드시 노력해야 할 일, 또는 업무이다. 이 노하우는 바로 "메신저 산업에서 일하려면 무엇을 해야 하나요? 그리고 성공하려면 무엇을 잘해야 하나요?"라는 질문에 대한 답이기도 하다.

일의 통제권을 잡기 위해 알아야 할 것들

1   당신이 만들고자 하는 상품과 그것에 필요한 실무기술은
    무엇인가?

2   그 목표를 이루기 위해 당신이 현재 갖고 있는 실무기술은
    무엇인가?

3   그 목표를 이루기 위해 새로 익혀야 하는 기술은 무엇인가?

4   새로 익혀야 하는 기술을 위해 어떤 노력을 해야 할까?

차별화된
최상위
메신저로
포지셔닝할 것
[실전 노하우 4_ 포지셔닝]

모든 메신저들은 '포지셔닝'에 능숙해야 한다. 이것은 '고객이 원하는 것'과 '고객과 다른 메신저들이 당신의 콘텐츠를 높이 평가하도록 만들기 위해 무엇이 필요한지'를 잘 파악하는 능력을 말한다. 어떤 일에서든 마찬가지지만 메신저 산업에서 포지셔닝에 실패하면 성공할 수가 없다. 자신이 적절한 고객을 대상으로 하고 있는지, 그 고객들이 당신에게 주목하는지, 당신과 다른 메신저들을 비교했을 때 당신의 상대적인 가치를 빨리 알아보는지 유의해야 한다.

고객에게 자신을 포지셔닝하는 것에 대해 먼저 살펴보자. 일단 당신의 청중은 어떤 사람들이며 무엇을 원하는지 알아야 한다. 그것을 파악하고 나면 당신은 주기적으로 이들에게 매우 유용하고 실천에 옮길 수 있는 정보를 제공해야 한다. 제공하는 정보가 덜 유용하거나 정보를 자주 제공하지 않을수록 포지셔닝은 불리하다. 청중들이 어떤 주제를 생각할 때 맨 처음 떠올리는 사람에 당신이 포함되지 않으면, 당신은 영향력이 없거나 존재감이 없는 것이다. 만약 청중들로부터 "다음 동영상(뉴스레터)을 빨리 받아보고 싶어요! 메일 수신함에 선생님 이름을 볼 때면 제일 먼저 열어보게 됩니다."라는 소리를 자주 듣지 못한다면 포지셔닝이 잘못된 것이다.

또한 다른 메신저들과 비교하여 용의주도하게 자신을 포지셔닝해야 한다. 자기계발 세미나를 시작하기로 결심했을 때 나는 '경쟁자'들에 대해 조사하기 시작했다. 사실 메신저들은 모두 저마다 독특하기 때문에 어느 누구를 경쟁자로 생각하기는 힘들다. 나는 나와 같은 주제를 가르치고 있는 사람이 누구인지, 무엇을 가르치는지, 어떻게 가르치는지, 프로그램을 어떻게 홍보하는지, 가격은 얼마인지, 웹사이트는 어떻게 생겼는지 등을 알고 싶었다. 나는 가능한 한 많은 메신저들의 뉴스레터에 등록하고 상품을 사고 행사에 참석했다. 이렇게 하는 동안 나는 내가 이들과 무엇이 다르며 어떻게 인식되기를 바라는지 끊임없이 생각했다.

드디어 이 산업을 충분히 알고 있다는 생각이 들었을 때 나

는 누구나 마주치는 어려운 결정에 직면했다. 내가 다른 메신
저들과 다른 점이 무엇이라고 설명할까? 내 콘텐츠가 어떤 점
에서 유용할까? 가격은 얼마로 정해야 할까? 어떤 '수준'에서
활동할까? 이런 질문들에 답하면서 본질적으로 나 자신을 포
지셔닝하고 있었다. 만약 이런 질문들에 현명하고 사려 깊게
대답할 수 없다면 나는 다른 사람들과 다를 바가 없고 아무도
나를 주목하지 않을 것이다(그리고 내 프로그램을 구매하지 않을
것이다). 그래서 나는 나 자신과 콘텐츠를 의도적으로, 전략적
으로 차별화하는 데에 많은 시간을 보냈다. 당신도 바로 이렇
게 해야 한다.

나만의 차별화된 포지션을 찾는 5가지 노하우

　　　　나는 포지셔닝 결과 다소 논쟁의 여지가 있는 길을
선택했다. 메신저 일을 막 시작한 단계였음에도 불구하고 나
는 내가 제공하는 정보에 최고 메신저들과 비슷한 수준의 가
격을 책정하기로 결정했다. 이렇게 한 데에는 몇 가지 이유가
있었다.

　　첫째, 내 이야기와 성공 전략이 독특하고 사람들의 인생을
전환시킬 수 있다고 생각했기 때문이다. 나는 나의 메시지를

통해 다른 사람들이 어떤 효과를 얻는지 직접 확인했고 결과는 매우 극적이었다.

둘째, 내 콘텐츠는 매우 많은 '좋은 관행'들을 포괄적으로 종합해놓았고 최신 내용을 담고 있었다. 또한 내 콘텐츠가 실용적이며 실행 가능하게 구성됐다는 점도 중요했다. 당시 메신저 산업에서 가장 흔한 고객의 불평은 대부분의 세미나가 너무 개념적이거나 아니면 너무 감성에 호소한다는 점이었다. 사람들은 실질적이고 실체가 있는 교육을 원했기 때문에 나는 모든 콘텐츠를 이런 요구에 맞게 구성했다. 나는 액센츄어Accenture에서 컨설턴트로 일하면서 세계 일류 교육 프로그램 및 성인학습 프로그램에 대해 많은 것을 배웠고 이 내용들을 메신저 산업에서 내 일에 접목시켰다.

셋째, 다른 사람들보다 내 태도와 설명 스타일이 더 눈에 띄고 매력적이라고 생각했다. 나는 수많은 강연을 접하면서 대부분의 메신저들과 강사들의 강의가 너무 정적이고 무미건조하며 그저 외운 것을 암기하는 것처럼 보인다는 사실을 확인했다. 이 상황은 내 스타일(친근하고 활발하고 열정적이며 딱딱하지 않은 스타일. 폴라 압둘은 한 강연에서 내가 '흥분한 치와와' 같기 때문에 나를 좋아한다고 말하기도 했다)이 주목받을 수 있는 좋은 기회였다.

넷째, 세미나에서 사람들에게 수십 개의 유료 프로그램을 홍보하기보다는 교육 콘텐츠에 더 초점을 맞추는 쪽을 선택했다. 이것은 매우 중요한 차이점이었고 아마 내가 성공하게 된 가장 큰 요인일 것이다. 당시 세미나들 중에는 그저 사람들에게 더 비싼 프로그램을 팔려고 하는 하루짜리 행사라고 할 만한 것들이 많았다. 또는 강연을 통해 뭔가를 팔려고 하는 연사들이 줄줄이 등장하는 행사들뿐이었다. 이런 '판매 행사'는 매우 수익성이 좋았기 때문에 대유행이었고 나도 많은 행사에 참석했다. 그렇지만 나는 이런 행사에는 미래가 없다고 봤다. 그래서 나는 사나흘간 진행되는 교육 세미나를 개최하기로 결정했다. 또한 강연을 통해서 판매하는 프로그램 수를 줄이고 콘텐츠와 교육에 더 신경을 쓰기로 했다.

다섯째, 나는 나의 교육용 자료들과 현장 행사 및 사업에 대한 접근방식이 기존의 것들과 매우 다르다고 판단했다. 간단히 말해서 나는 품질과 탁월함에 집착했기에 자신있었다. 당시 대부분의 세미나는 침침한 싸구려 호텔에서 열렸다. 참석자들에게 나눠주는 유인물과 세미나 자료들은 복사물을 다시 싸구려 종이에 복사하여 싸구려 바인더에 철한 것들이었다. 게다가 제일 나쁜 점은 세미나장 분위기와 음악에는 아무런 신경도 쓰지 않는다는 점이었다. 나는 더 좋은 호텔과 창문이 있는 회의실을 예약했다. 방의 조명을 환하게 밝히고 사운드에도 신경을 썼으며 고품질 유인물과 바인더를 배포했다. 나는 대기업들이 하듯이 최대한 전문성을 추구하고 사소한 것까지 최선을 다했다.

　마지막으로, 나는 내 분야의 최고 메신저들을 모두 만나기로 결심했다. 나는 그들을 접촉하여 그들에게 가치를 제공하거나 인터뷰하거나 그들의 행사에서 강연을 해주거나 내가 글을 쓸 때 그들을 인용해주거나 그들의 상품을 홍보해주거나 그들이 내 행사에 와서 강연하도록 해주겠다고 제안했다. 곧 나는 거의 모든 최고 메신저들과 친구가 됐다. 그러자 그들은 나를 자신의 청중들에게 소개해주기 시작했으며, 그를 통해 내가 '대가'들과 밀접한 관계를 맺고 서로 협력하고 있다는 사실을 더 많은 청중들이 알게 됐다. 이로써 나의 포지셔닝은 더욱 개선됐다.

최상위급 메신저로 포지셔닝하는 방법

　　　이 모든 것들을 고려할 때 나는 스스로 프리미엄 가격을 받을만하다고 판단했다. 이런 차별화와 고가 정책을 통해 나는 얼마 지나지 않아 메신저 커뮤니티의 최상위급에 포지셔닝하게 됐다. 그리고 내가 세미나를 시작한 지 1년도 채 되지 않아 모든 세미나의 참석 티켓이 매진됐다. 경기 침체 와

중에 대부분의 메신저들의 행사 티켓이 잘 팔리지 않아 고전하던 상황에서 일어난 일들이다.

여기에서 강조하고자 하는 것은 차별화 수준, 가격 정책, 동료 메신저들과의 협력관계가 포지셔닝에 매우 중요하다는 점이다. 이 세 가지는 매우 유의해야 한다. 왜냐하면 당신의 목표는 빠른 시간 안에 전략적으로, 윤리적으로 메신저 집단에서 존재감을 높여 돋보이고, 더 많은 고객들을 확보하고, 동료 메신저들이 관계를 맺고 싶어하고 홍보해주고 싶어하는 브랜드를 만드는 것일 테니 말이다.

또한 포지셔닝에 있어서는 지속적으로 다음과 같은 세 가지 방식을 사용해야 한다. 첫째, 자신이 다루는 주제에 있어 신뢰할 수 있는 사람으로 포지셔닝해야 한다. 그럼 어떻게 이렇게 할 수 있을까? 당신이 누구이며 어떻게 다른지 사람들이 알 수 있도록 가치있는 콘텐츠들을 무료로 제공해야 한다. 즉 블로그 글, 비디오, 웹세미나, 원격 세미나, 팟캐스트, 전자책 등을 만들어 무료로 제공하여 사람들이 당신이 누구인지 맛볼 수 있도록 해야 한다.

둘째, 자신의 정보를 최고의 교육 콘텐츠로 포지셔닝해야 한다. 고객들에게 "이 콘텐츠는 최근 결과와 연구를 반영한 것으로, 여러분이 쉽게 이해하고 실천할 수 있도록 구성한 독보적인 자료입니다."라고 확실하게 그리고 직접적으로 이야기해야 한다. 훌륭한 교육 자료를 부지런히 만들수록 사람들은 당신이 고부가가치 콘텐츠를 제공한다고 생각할 것이다. 당신의 콘텐츠가 최고라는 것을 알면 사람들은 당신을 믿고 신뢰하며 상품을 구매할 것이다.

　마지막으로, 같은 분야에서 일하는 동료 메신저들과 가깝게 지내라. 이들의 세미나에 가보고, 컨퍼런스에서 이들과 어울리고, 이들의 상품을 홍보하고, 이들의 사업에 가치를 더해주겠다고 제안하라. 다른 산업과 마찬가지로 어떤 단계가 되면 사업의 흥망은 자신이 알고 지내며 협력하는 사람들에 달려 있다. 그러니 최고 메신저들과 어울리고 당신의 고객들을 위해 이들을 인터뷰하라. 그리고 이들의 고객들을 위해 당신을 인터뷰해달라고 부탁하라. 좋은 관계를 맺어라. 메신저 커뮤니티의 일원이 돼라.

　당신과 당신의 콘텐츠를 현명하게 포지셔닝하는 것은 이 산업에서 성공하기 위해 반드시 필요한 기술이자 행동수칙이다. 포지셔닝은 차별화, 가치, 좋은 평판을 얻는 것이다. 나는 홍보물을 보낼 때마다 그리고 프로그램을 개발할 때마다 이 점에 중점을 둔다. 다시 한 번 말하지만 당신도 그렇게 해야 한다.

차별화된 포지셔닝을 잡기 위해 점검해야 할 사항

1   여기에서 포지셔닝에 대해 새롭게 알게 된 내용은 무엇인가?

2   메신저 산업에서 나 자신을 포지셔닝하기 위해
    밟아야 할 단계는 무엇인가?

3 메신저 산업에서 가깝게 지내야 할 사람들은 누구인가?

4 메신저 산업에서 사람들이 나를 어떤 모습으로
   인식하기를 바라는가?

당신의
콘텐츠 상품에
매력과
가치를
입혀라

[실전 노하우 5_ 경쟁력 제고]

가장 근본적인 관점에서 본다면 메신저들은 콘텐츠 창작자들이다. 우리는 고객들이 원하는 것을 찾아내어 그들의 삶을 개선시키거나 사업을 성장시킬 수 있는 방법을 알아낸 다음 그들이 사용할 수 있는 정보 상품과 프로그램을 만든다.

첫째, 콘텐츠를 상품화하는 법

포지셔닝과 마찬가지로, 사람들에게 유용한 정보를 만드는 것도 메신저에게 필요한 기술이자 중요한 노하우이다. 이러한 상품화를 위해서는 어떤 활동을 하는 것이 좋을까?

가장 먼저 고객들이 정보를 쉽게 이해하고 실현할 수 있도록 상품화하는 법을 배워야 한다. 다듬기만 하면 된다는 식으로 이야기들 하지만, 사실 상품화는 그렇게 간단한 일이 아니다.

메시지의 개요를 잡고, 덩어리를 만들고, 순서를 정하고, 구성하는 것은 시간이 지나야 능숙해지는 기술이다. 사실 사람들은 대부분 자신이 알고 있는 많은 지식들을 차근차근 살펴볼 줄도 모른다. 이들은 심지어 사람들이 제대로 이해하고 실제 자신에게 적용할 수 있도록 자신의 조언을 전달하는 법도 모른다. 물론 재미있고 감동적으로 전달하는 방법도 모른다.

왜 전문 컨설턴트가 대학교수보다 연봉이 더 많은지 생각해 본 적이 있는가? 또는 왜 자기계발 메신저가 치료사나 상담사보다 돈을 많이 받는지 아는가? 분명 시장에서 자신을 포지셔닝하는 방식과 많은 관련이 있다. 그리고 또한 정보를 상품화하는 방식과도 관련이 있다.

대학교수도 다른 모든 메신저들처럼 정보를 만들어 전달한다. 그런데 교수들은 주로 개념과 이론을 가르친다. 학생들이 해당 주제에 대해 폭넓은 관점을 가질 수 있도록 그리고 이를 통해 그 주제를 이해하고 비판적으로 사고하는 능력을 개발할 수 있도록 내용을 구성한다. 제한된 시간 때문에 그리고 예전부터 그래왔기 때문에, 교수들은 개괄적인 개요만을 가르친다. 몰랐던 것을 배우고 외우게 하는 것이 강의 성과이다.

반면 전문 컨설턴트들은 교육에 매우 다른 방식으로 접근한다. 컨설턴트들은 개념이나 이론보다는 과정과 실질적인 방법에 더 초점을 맞춘다. 이들은 학습자들이 직접적이고 효율적으로 다음 단계로 나아갈 수 있도록 과정과 체계 위주로 정보를 구성한다. 목적은 학습자의 비판적 사고 능력을 개발하는 것보다는 구체적인 결과를 얻게 하는 실질적인 능력과 기술을 개발하는 것이다. 전통적인 교육방식에 얽매일 필요가 없는 컨설턴트들은 학습자들이 개념과 이론을 구현하기 위해 현실 세계에서 실제로 해야 하는 것들을 가르친다. 그것을 구현하는 과정과 목표를 달성하는 것이 성과이다.

이제 전 세계 교육자로부터 항의 메일이 쏟아지기 전에 내가 한 말에 보충 설명을 해야겠다. 위의 말은 요지를 설명하기 위해 개념화하고 일반화한 이야기이다. 교수들이 컨설턴트들보다 무기력하다거나 능력이 없다는 말은 당연히 아니다(나는 전통적인 교육을 지지하고 있으며 나 자신이 전통적인 교육의 가치를 몸으로 입증하고 있다).

오해하지 말고 내 이야기의 핵심을 이해해주기 바란다. 옳건 그르건, 개념과 이론을 가르치는 사람들에 대한 수요보다 과정과 실행 가능한 해결책을 가르치는 사람들에 대한 수요가 더 많다. 그리고 사람들은 개요보다 단계적으로 가르치는 것을 더 필요로 한다. 특히 여러분을 한 번도 직접 만난 적 없는 사람이 여러분의 콘텐츠나 프로그램을 사려고 하는 경우, 이 고객은 그 상품을 통해 다음 단계로 옮겨가는 데에 필요한 조언과 정보를 얻을 수 있을지 궁금해한다.

이 점은 매우 중요하다. 나는 메신저들에게 고객이 문제를 해결하고 매우 구체적인 성과를 내는 데에 적용할 수 있도록 시스템을 더욱 명확하고 실행 가능하게 만들도록 조언한다. 그리고 이 조언을 실제로 적용한 메신저들 중에는 상품 가격을 열 배나 올린 경우도 있다.

따라서 정보를 잘 구성하려면 고객이 극복하고자 하는 것과 성취하고자 하는 것을 명확하게 알고 있어야 한다. 그런 다음 여러분은 고객들에게 목표를 달성하는 법을 보여주는 단계별 프로세스를 만들어야 한다. 이 부분이 뛰어날수록 더 많은 가치를 제공하게 된다. 더 많은 가치를 제공할수록 더 높은 가격을 책정할 수 있다. 더 많은 가치를 제공하고 더 높은 가격을 책정할수록 당신의 입지는 더 단단해진다.

둘째, 콘텐츠를 좀더 가치 있게 포장하는 법

상품화하는 법을 익혔다면 자신의 상품을 '제대로'

상품화하는 법을 배워야 한다. 만약 여섯 장의 오디오 CD와
내용 전문(全文), 워크북으로 구성된 오디오 프로그램을 만들
려고 한다면 프로그램이 논리적으로 구성돼 있어야 하고 디
자인 또한 보기 좋아야 한다. 이것은 두말할 필요도 없는 사실
이지만, 많은 메신저들이 그저 일을 시작하는 데에만 급급해
서 모든 것을 날림으로 싸게 만들려고 한다. 그래서는 곤란하
다. 애플이 PC와 모바일기기의 외관과 느낌을 혁신해서 큰 성
공을 거두었듯이 메신저들도 상품을 더 보기 좋게, 직관적으
로 만들어야 한다.

상품 디자인 때문에 걱정하는 사람들은 용기를 내기 바란
다. 상품 디자이너, 제조업체와 함께 상품을 디자인하는 일은
매우 간단하다. 모든 메신저가 그래픽 디자이너나 상품 디자
이너가 될 필요는 없다. 그저 사업의 주인으로서 모든 상품이
훌륭해 보이는지 확인하기만 하면 된다.

셋째, 자기 자신을 상품화하는 법

마지막으로 메신저들은 '자기 자신'을 상품화하는
법을 배워야 한다. 메신저라면 매우 체계적이고 조리있으며
상냥하고 신뢰할만하며 행복하고 건강한 사람으로 보여야 한

다. 메신저에게 외모는 중요하다. 만약 당신이 후줄근하고 흐트러져 보이면 사람들이 따르고 싶겠는가. 자기 자신을 잘 돌보지 못하고 자신의 조언을 스스로도 따르지 못한다면 과연 누가 당신의 말에 귀를 기울이고 당신에게서 상품을 사겠는가?

그렇다고 외모에 지나치게 신경쓰라는 것이 아니다. 메신저 산업은 패션모델 산업이 아니다. 성공하기 위해 잡지 표지모델이나 영화배우처럼 보일 필요는 없다. 오늘날 내가 이만큼 성공할 수 있었던 것은 내 외모 덕분이 아니다. 사실 메신저들은 대부분 마치 이웃집 사람처럼 평범하다. 차이가 있다면 최고 메신저들에게는 성공의 기운이 넘쳐난다는 것이다. 그것은 그들이 스스로를 성공한 사람으로 여기고 성공한 메신저처럼 옷을 입고 행동하기 때문이다.

성공하고 싶다면 잘 차려입고, 활기차게 말하고, 세련되게 행동하라. 세상에 대한 관심과 열정의 에너지를 내뿜어라. 자기 자신이 아닌 다른 사람이 되려고 애쓰지 말고 입에 발린 말이나 떠벌이는 인물이 되려고도 하지 마라. 그저 자신의 최고의 모습을 끌어내려고 노력하라. 특히 주목을 받을 때 더욱 그렇게 하라. 사진, 웹사이트, 비디오, 상품, 발표, 이 모두에서 최고의 모습을 보여라. 이것은 브랜드 관리와 포지셔닝에 매우 중요하다. 스스로가 다른 사람들의 롤모델이며, 건강을 유지하고 넘치는 에너지로 모범을 보여야 함을 절대 잊지 마라.

나의 콘텐츠를 매력적인 상품으로 만들기 위한 점검사항

1 상품화에 대해 여기서 배운 점은 무엇인가?

2 콘텐츠를 판매하기 위해 어떤 식으로 상품화하고 싶은가?

3 어떤 방식으로 나를, 그리고 나의 브랜드를 세상에
  표현하고 싶은가?

4 건강과 활력을 유지하기 위해 해야 할 일은 무엇인가?

성심껏 가르치고 봉사하듯 홍보하라

[실전 노하우 6_ 홍보 전략]

포지셔닝과 상품화를 완료했으면 그다음 무엇일까? 이제 자신이 어떤 사람이며 무엇을 가르치며 무엇을 제공하는지 세상에 알릴 때이다. 즉 당신을 홍보할 때인 것이다. 아마 홍보라고 하면 겁부터 날 것이다. 나는 많은 초보 메신저들이 홍보에 그토록 겁먹는 것을 보면서 메신저들이 오만방자하다는 세간의 인식은 틀렸다고 농담하곤 한다. 사실 대부분의 메신저 지망생들은 마케팅이라는 개념을 매우 무서워한다.

그러나 여기 좋은 소식이 있다. 메신저 산업의 마케팅은 많은 사람들이 생각하는 것과 매우 다르다. 지금부터 살펴보도록 하자.

판매를 서두르지 마라, 가치를 제공하면서 다가가라

메신저 산업에 종사하는 강사들은 종종 "메신저 여러분이 제일 먼저 할 일은 항상 자신을 마케팅하는 것입니다."라고 말한다. 어떤 의도로 하는 말인지는 알겠지만 사실이것은 틀린 이야기다. 당신이 최우선으로 해야 할 일은 사람들을 가르치고 봉사하는 일이다. 이것이 당신이 하고자 하는일이며 해야만 하는 일이다. 다행히도 우리는 가르치는 것이곧 마케팅이 되는 시대에 살고 있다.

예전에는 메신저들이 새로운 상품을 만들면 고객들에게 일회성 광고를 보내곤 했다. 예를 들어 작가들은 새 책이 출판되면 이를 알리는 엽서나 브로슈어, 이메일을 난데없이 보냈다. 이는 사실 다음과 같이 얘기하는 것이나 다름없다. "주목하세요. 오랫동안 연락 못 드린 건 알지만 여러분들에게 도움이 될만한 내용이 있습니다. 지금 당장 내 책을 사보세요!"

과거에도 이런 '공지 마케팅' 전략은 효과가 별로 없었다. 그리고 지금은? 완전히 쓸모가 없어졌다. 오늘날 메신저들이사용할 수 있는 더 좋은 접근 방법은, 고객들에게 가치를 무료로 제공하는 것이다. 앞에서도 언급한 적이 있지만 무료 전화, 비디오, 웹세미나, 전자책 등 몇 개의 무료 콘텐츠를 며칠 혹은 몇 주에 걸쳐 보내주는 것이다. 그런 다음 "고객님, 이것들이 마음에 든다면 제 새 프로그램은 더욱 마음에 들 겁니다." 라고 말하는 것이다. 방식의 차이는 미미하지만 결과의 차이는 의미심장하다. 가치를 먼저 제공하지 않고 판매부터 하면 안 된다. 이것은 홍보와 캠페인의 차이이기도 하다. 무료 콘텐츠를 먼저 제공하면 고객들은 당신과 당신의 상품에 흥미를 가지게 된다. 그리고 나서 유료 상품이 있다고 말하면 고객들은 그 가치에 대해 더 잘 이해하고 기대하게 되며 이로써 구매 확률도 보다 높아진다.

당신의 메시지, 브랜드, 상품을 효과적으로 알리기 위해서는 웹사이트와 쇼핑카트 시스템이 필요하다. 이런 것들을 이용하면 고객의 연락처 정보를 확보하고 이메일을 보낼 수 있고, 신용카드 주문 또한 처리할 수 있다. 메신저들 대부분은 소프트웨어업체들이 제공하는 쇼핑카트 서비스를 이용하여 일을 시작한다. 일단 온라인 인프라를 구축한 다음 해야 할 일은 고객들을 이해하고, 상품을 제작하며, 알리는 것이다.

탁월한 프로모션을 위한 8가지 지침

뛰어난 프로모션의 핵심은 판매 행위와 구매 심리를 이해하는 데에 있다. 어떤 물건이든 판촉 활동에는 공통적인 기본 개념 여덟 가지가 있다. 당신은 이 모든 요소들을 판매에 활용해야 한다.

차별화된 내용으로 주장하라

모든 강력한 판매 메시지는 주장으로 시작한다. 즉 상품이나 서비스가 사람들의 성공을 위해 무엇을 도와줄 수 있는지 분명히 밝혀야 한다. 사람들은 비디오를 볼 때 처음 몇 분 정도만 보는 경우가 많다.

왜 그런가? 오래 주의를 집중하지 못해서가 아니다. 계속해서 볼만큼 흥미를 느끼지 못하기 때문이다. 그 비디오가 더 알고 싶어질 만큼 강력하고 적절한 약속으로 그들을 사로잡지 못했기 때문이다. '주장'하는 목적은 사람들의 흥미를 끄는 것이다. 당신이 주장하는 것을 고객들이 읽거나 듣고 "이걸 더 알아봐야겠군."이라고 생각하게 만들어야 한다. 이렇게 하려면 당신의 주장에는 당신이 제공하는 상품의 장점, 성과, 새로운 점, 차이점, 놀라운 점이 강조돼야 한다.

고객들의 잠재된 문제점을 상기시켜라

고객들은 어떤 문제를 겪고 있는가? 이 문제들 때문에 얼마나 많은 비용을 치르고 있는가? 무엇 때문에 문제에서 벗어나지 못하는가? 그 문제들을 해결하지 못하면 어떻게 되는가?

잠재고객들과 관계를 맺을 때는 이 질문들에 답할 수 있어야 한다. 고객들에게 그들의 상황과 문제를 이해하고 있음을 보여라. 상황과 문제가 얼마나 '심각한지' 그리고 뭔가가 곧 바뀌지 않으면 계속 얼마나 나빠질지 주목하게 만들어라.

판매는 사람들이 느끼는 문제를 명확하게 만들어 당신의 해결책을 사용하도록 만드는 예술이자 과학이다. 고객들로 하여금 뭔가가 필요하며 그 필요한 것을 손에 넣을 수 있고 손에 넣어야만 한다고 느끼게 만드는 것이 훌륭한 프로모션이다. 다시 말해 당신은 고객들이 가지고 있는 문제점과 그런 문제점을 해결하려면 무엇이 필요한지를 밝히고, 그렇기 때문에 당신의 상품이 필요하다는 점을 보여줘야 한다. 그러나 당신 스스로는 이런 문제를 한 번도 겪은 적이 없다는 듯이 행동하면 안 된다. 다음 요소는 여기에 대한 것이다.

강력한 유대감을 형성하라

초보 메신저들이 자신의 메시지를 마케팅할 때 가장 흔히 저지르는 실수는, 액면 그대로 믿기에 너무 완벽하고 너무 성공적으로 보이려고 애쓰는 것이다. 지금 그렇게 생각하고 있다면 위대한 교육자 부커 T. 워싱턴Booker T. Washington이 "성공은 그 사람이 얼마나 높은 위치에 도달했는가가 아니라 얼마나 많은 장애물을 극복했는가로 평가된다."라고 한 말을 기억해야 한다.

　사람들은 성공 이야기보다는 고생담에 더 공감한다. 그러므로 잠재고객들이 직면하고 있는 문제가 서로의 공통점이며 당신도 성공으로 가는 과정에서 고객과 비슷한 문제들에 부딪쳤다는 점을 반드시 이야기하라. 또한 당신과 잠재고객이 어떻게 성공적인 미래를 함께 공유할 수 있는지도 말하라. "여러분의 상황을 이해합니다. 저도 그랬던 적이 있거든요. 제가 도와드리겠습니다. 우리는, 여러분과 나는, 성공할 거예요."라고 말하라.

　당신과 고객의 공통된 문제 극복담과 극복 과정은 놀라울 만큼 강력한 유대감을 형성한다. 잠재고객과 심리적인 신뢰 관계를 형성했다면 다음 단계에서는 왜 당신이 그들을 도울 수 있는지 설명해야 한다.

공감대를 형성해 신뢰를 쌓아라

　고객들이 문제를 극복하고 삶을 향상시키도록 당신이 도울 수 있다는 점을 납득시켜 신뢰를 쌓아야 한다. 당신이 살면서 성취한 결과, 종합적인 연구 결과 또는 당신이 롤모델이 될 수 있는 이유를 설명해야 한다. 당신이 살면서 이룬 모든 소소한 것들을 자랑하거나 당신의 경력과 재산을 자랑하라는 뜻이 아니다. 그 대신 문제점에 대한 해결책을 찾아서 상황을 극복했던 이야기를 고객에게 해줘야 한다. 이렇게 이야기하는 것이다. "여러분이 지금 가고 있는 그 길을 저도 가봤습니다. 저는 이미 목적지에 도착했으므로, 여러분의 학습 시간과 성공으로 가는 길을 단축시켜주고 싶습니다. 제가 해냈듯이 다른 사람들도 해내도록 돕고 있습니다. 여기 성공 사례가 있습니다." 그러고는 당신을 신뢰할만하다는 증거로 당신이 성취한 것과, 당신의 조언과 해결책 덕분에 성공한 다른 사람들의 성공 사례를 제시한다.

차별화된 해결책을 제시하라

만약 잠재고객이 당신의 상품을 선뜻 선택하지 않는다면 판매 메시지가 효과적이라고 볼 수 없다. 당신의 상품, 프로그램, 서비스가 다른 어떤 것보다 확실히 훌륭하고 차별화됐다는 점을 보여야 한다.

왜 다른 상품들은 효과적이지 않은지 과감하게 드러내야 한다. 강력하고 구체적으로 왜 당신의 해결책이 지금까지 나온 것들 중 최고인지 말하라. 당신의 해결책의 모든 장점들을 잠재고객들에게 설명하여 그들이 그 해결책을 필요로 하고 원하도록 만들어라. 그러기 위해 왜 당신의 해결책을 선택했는지 구체적으로 설명해주는 기존고객들의 증언을 보여줘라. 그러면 잠재고객들도 비슷한 선택을 하려는 생각이 들기 시작한다.

가격은 상대적으로 결정하라

이 세상 누구나 좋은 가격에 물건을 사고 싶어하고, 구입한 물건이 가격보다 훨씬 더 가치있기를 바란다. 그 욕구를 충족시키기 위해서는 높은 가치를 먼저 제공한 다음 가격을 제시해야 한다. 당신의 상품이 실제 가격보다 더 비쌀 거라고 짐작하게 만드는 것이 좋다. 이렇게 하려면 가격 병치 기법을 쓰면 된다. 고가의 물건을 보여준 다음, 가치는 같지만 값은 더 싼 물건을 보여주는 것이다.

예를 들어 만약 어떤 물건을 19.95달러에 팔고 싶다면 비슷한 것들이 수백 달러나 한다는 점을 알려주거나 당신의 상품을 사용하면 수백 달러를 벌 수 있다는 점을 보여주는 것이다. 만약 가망고객이 당신의 해결책이 가격대비 열 배의 가치가 있다고 생각하지 않는다면 당신은 뭔가 잘못하고 있는 것이다. 물론 이 모든 것은 윤리적이고 현명하게 처리해야 한다. 그러나 핵심은 분명하다. 고객들이 구매하길 잘했다는 생각을 하도록 만들어야 한다.

고객의 염려에 성실히 답하라

가망고객이 당신의 해결책을 구입하는 것을 망설이는 이유는 무엇일까? 어떤 점을 못 미더워하는 것일까? 당신의 상품, 프로그램, 서비스를 구매했을 때 혹시나 얻지 못할까봐 걱정하는 것은 무엇일까?

성공하기 위해서는 판매 메시지가 이 질문들에 답하는 것이 매우 중요하다. 상품을 홍보할 때 이런 의문들을 더 많이 해소해줄수록 더 많이 판매할 수 있다. 뛰어난 마케터들은 가망고객들이 의사결정과정에서 품을 수 있는 질문들에 대답하느라 매우 많은 시간을 보낸다. 당신도 그렇게 해야 한다. 나는 먼저 친구, 낯선 사람, 기존고객에게 비공식적인 테스트를 해보지 않고는 어떤 상품도 팔지 않는다. 나는 그들에게 새 상품과 홍보 비디오를 보여주고는 묻는다. "왜 사람들이 이 상품을 즉시 구입하지 않고 망설이거나 걱정한다고 생각하세요? 만약 당신이라면 이것을 그 자리에서 즉시 현금으로 구입하겠습니까? 왜 그렇게 하세요? 아니면 왜 그렇게 하지 않으세요?" 이런 테스트에서 내가 얻은 교훈을 세일즈 메시지에 직접적으로 그리고 명시적으로 반영한다.

희소성과 긴급성을 강조하며 구매를 유도하라

구매 의사를 확실히 굳히고 실제로 구매 행위를 하도록 만드는 것은 당연한 일로 보이지만 거의 모든 초보 마케터들은 여기에서 실패한다. 노련하게 구매를 유도하려면 매우 많은 장점들, 부가적인 가치, 보증하는 내용, 즉시 구입해야 하는 이유 등을 점점 강하게 보여줘 고객이 "이 상품을 지금 당장 사야겠어!"라고 마음먹도록 만들어야 한다. 앞의 문장을 다시 한 번 살펴보자. 노련하게 구매를 유도하는 경우에는 여러 가지 메시지가 전달된다.

첫째, 구매를 했을 때의 이점과 예비 고객이 지금 당장 구입해야 하는 이유와 가치를 계속 추가한다. 잡다한 물건을 파는 인포머셜informercial(소비자나 이용자를 상대로 유익한 소재를 넣은, 설명적이며 해설적인 광고)에서 판매 광고가 끝날 때쯤 되면 같은 값에 두 개를 주겠다고 나서는 것은 이런 이유다. "지금 당장 주문하면 한 개가 아니라 두 개의 상품을 받을 수 있습니다!"

둘째, 훌륭한 판매 광고에서는 마무리 메시지가 구매에 따른 리스크를 없애주고 가망고객이 마음 편하게 구매할 수 있게 해준다. "이 제품이 마음에 쏙 들지 않는 경우 30일 안에 환불 조치하시면 전체 금액을 돌려받을 수 있습니다!" 메신저 산업에서 보증제도는 매우 중요하다. 대부분의 초보 메신저들은 고객들이 보증제도를 악용할까봐 걱정하지만 악용하는 사람들보다는 보증제도 때문에 구매하는 사람들이 더 많다.

다음으로, 뛰어난 판매 광고는 희소성 또는 긴급성을 강조하는 메시지로 끝난다. 가망고객들에게 왜 지금 구입해야 하는지를 설명하거나 이렇게 훌륭한 가치, 가격 혹은 일회성 판매 행사를 까딱하면 놓칠 수 있다고 말한다. 그리고 이 마무리는 명확하고 직접적이며 간단하고 반복적으로 구매 행위를 촉구한다. "시작하려면 아래 버튼을 지금 당장 클릭하세요. 주문하시려면 지금 당장 이 번호로 전화하세요."

메신저 산업에서 뛰어난 마케터가 되는 과정은 다른 일에서와 비슷하다. 다른 사람들로부터 배우거나, 직접 해보거나, 실험해보거나, 테스트하고, 스스로를 개선하면서 숙달하게 된다. 마케팅을 매우 진지하게 대하고 끊임없이 공부하기를 바란다. 당신의 메시지는 많은 사람들에게 전달될 가치가 있으며 당신은 이를 통해 돈을 벌 자격이 있다. 그렇게 되려면 당신은 먼저 훌륭한 마케터가 되어야 한다.

효과적인 홍보 전략 수립을 위한 점검사항

1 내가 만들어서 홍보할 다음 상품, 혹은 다음 프로그램은 무엇인가?

2 사람들이 이 프로그램에서 얻을 수 있는 것은 무엇인가?

3 이 프로그램을 판매하기 전에 무료로 제공할 부분은 무엇인가?

4 사람들이 이 프로그램을 사고 싶어한다면 그 이유는 무엇인가?

동종 업계
전문가들과
상호이익
제휴를 하라

[실전 노하우 7_제휴 마케팅]

지금까지는 혼자 힘으로 메시지를 전달하는 것에 대해 설명했다. 흔히들 자기 메시지가 입에서 입으로 퍼져 나가 어느 날 갑자기 유명인사가 되거나 유튜브에서 폭발적인 인기를 얻게 되기를 바란다. 그러나 그런 일은 거의 일어나지 않는다.

사람들은 필요한 순간이 와야만 메신저를 찾는다

나는 자기 메시지에 사람들이 별 반응을 보이지 않

자 완전히 맥이 빠져버린 메신저 지망생들을 많이 만나왔다. 그들은 이렇게 말한다.

브렌든, 정말 이해가 안 돼요. 이 세상 사람들에게는 내 정보가 필요해요. 매우 중요한 메시지고 이 메시지를 이해하면 정말 인생을 바꿀 수 있어요. 그런데 그렇게 되지 않아요. 사람들은 왜 내 이야기에 관심을 보이지 않을까요? 그들은 유튜브에 올라와있는 이상한 고양이 영상에나 열광하지, 인생을 확 바꿔줄 내 메시지에는 관심도 없어요. 도와주세요!

이 이야기는 슬프지만 진실이다. 동물이 어디에서 떨어지거나 토하거나 뭔가를 물거나 놀거나 혹은 귀엽기만 해도 그것은 당신의 메시지보다 더 주의를 끌 수 있다. 현대사회에 사는 사람들은 별로 중요하지 않은 것들에 정신을 빼앗긴다. 이런 현상을 극복하고 자존심을 죽이자. 배울 사람이 준비가 되어야 선생님이 눈에 들어온다. 사람들이 당신의 메시지를 필요로 할 때 당신의 메시지는 퍼져 나갈 수 있다.

그러나 이 이야기는 아이러니하다. 왜냐하면 사람들을 좋아하고 도와주고 싶어하는 매우 많은 메신저들이 결국은 "사람들은 왜 그럴까요?"라고 말하게 되기 때문이다. 그들은 불쌍하게도 지칠 대로 지쳐서는 고객과의 커뮤니케이션 와중에

무의식적으로 생색내는 태도나 분노의 태도를 내재한다. 그렇게 되면 고객들은 불쾌함을 느끼게 되고 메시지는 생명력을 잃기 시작한다. 메신저 경력이 끝장나는 것이다. 사람들이 당신의 메시지를 좋아하지 않고 믿지 않고 널리 알리지 않는다고 해서 그 사람들이 뭔가 잘못됐다고 생각하면 절대 안 된다. 누구나 자신의 관심사와 필요한 것들이 있기 때문에 필요한 때가 되면 당신을 찾을 것이다.

그렇다면 메시지의 효과를 키우고 입소문을 탈 수 있도록 하려면 어떻게 해야 할까? 먼저 위대한 가치와 콘텐츠를 만들어라. 그리고 입소문을 내줄 파트너를 구하라. 세상 모든 메신저들은 자신의 메시지를 더 널리 알려줄 다른 메신저들을 확보하려고 노력한다. 심지어 예수도 열두 제자와 함께 전도했다.

거물급 홍보 파트너의 마음을 사로잡아라

메시지를 널리 알리고 재정적으로 성공하기 위해서는 동종업계의 거물급 홍보 파트너를 확보하는 것이 매우 중요하다. 그렇기 때문에 이 일에 신경을 쓰고 끊임없이 노력해야 한다. 다행히도 이것은 꽤 단순한 작업이다.

가장 먼저 할 일은 앞에서도 말했듯 당신과 같은 주제를 다루는 다른 메신저들을 파악하는 것이다. 새로운 일을 시작할 때에는 주요 경쟁자들을 모두 파악해야 한다. 엑스퍼트아카데미에 참석한 사람들에게 같은 주제를 다루는 메신저를 열 명 이상 알고 있는지 물어보면 겨우 10퍼센트만이 그렇다고 대답한다. 신참들은 이런 일을 무시해버리는데, 같은 주제를 다루는 다른 메신저들을 아직 파악하지 못한 것보다 아예 신경을 꺼버리는 것은 더 심각한 일이다.

구글, 유튜브, 페이스북, 링크드인^{LinkedIn} 등 다양한 사이트를 검색해 다른 메신저들을 찾아보라. 누가 당신과 같은 주제에 대해 교육하고 있는가? 누가 그 주제에 대해 책을 썼는가? 누가 블로그에 그 주제에 대한 글을 올리는가? 누가 그 주제에 대해 강연하고 세미나를 진행하는가? 누가 주요 대학에서 그 주제에 대해 강의하는가?

웹에서 다른 유명 메신저들에 대해 조사하는 것은 별로 신나는 일이 아닐지 모르지만 반드시 해야 할 일이다. 어떤 메신저들이 있는지, 이들이 어떤 얘기를 하는지, 무엇을 하는지 등을 살펴보면 다행히 대부분은 허접하기 짝이 없음을 확인하게 될지도 모른다. 따라서 이참에 자신의 주제에 대한 주도권을 잡아 선두주자가 돼야겠다는 열정이 불타오를지도 모른다.

이 일을 할 때는 모든 다른 메신저들의 이름, 이메일 주소,

사무실 주소, 웹사이트를 스프레드시트에 입력하라. 이들의 연락처 정보는 쉽게 찾을 수 있다. 세상에 믿을만한 메신저 치고 자신의 연락처를 웹사이트에 올리지 않는 메신저는 한 명도 없다. 연예인과 달리 기업가형 메신저들은 사람들이 자신을 발견하고 인터뷰하고 연락해오기를 바란다.

또한 이들의 뉴스레터에 등록하여 어떤 내용을 보내주는지 파악하라. 뉴스레터를 보면 이들의 상품과 가치를 파악할 수 있다. 나는 100개가 넘는 뉴스레터에 가입해있다. 다른 메신저들이 어떤 이야기를 하는지 알고 있으면 항상 상황을 파악하여 적절히 대처할 수 있기 때문이다. 메신저 뉴스레터를 받는 용도로 별도의 이메일 주소를 사용하면 관리하기 쉽다. 한동안 다른 메신저들을 관찰한 후, 믿을만하고 호감이 가며 존경하는 사람들을 추려내기 시작하라. 그 명단이 바로 제휴 대상자 명단이 된다.

초보 메신저들이 저지르는 흔한 실수

위의 일을 끝냈다면 이제 이 제휴 대상자들에게 연락할 때이다. 여기까지 잘해온 초보 메신저들은 이 단계에서 갑자기 일을 완전히 망치고 만다. 이들은 다른 메신저들에게 보통 다음과 비슷한 방식으로 접근하는 것이다.

제목 : 입소문 좀 퍼뜨려주세요!

존경하는 [수신자 이름] 귀하

저는 이 일을 시작한 지 얼마 안 된 사람으로 귀하의 가르침을 좋아하고 있습니다. 저는 귀하의 책은 거의 다 읽었습니다. 또한 [해당 주제]에 대해 매우 열정적입니다. 왜냐하면 [지금까지의 인생, 그동안 겪었던 문제들 때문에 자신의 영혼이 어떤 메시지를 깨달았던지 등등 구구절절한 이야기] 때문입니다.

다름이 아니라 3일 후면 저의 새 [블로그, 책, 이벤트, 상품 등]이 나옵니다. 귀하가 [일반적으로 초보들이 부탁하는 (a) 뭔가를 공짜로 주는 것 (b) 자기 상품을 추천해주는 것 (c) 고객들에게 이메일을 보내 자기 상품을 사라고 말해주는 것 등]을 해주셨으면 합니다. 그렇게 해주시면 대단히 감사하겠습니다.

언제 해주실 수 있는지 답장을 주실 수 있을까요? 제 [발췌문, 기사, 이력서, 또는 스팸메일로 취급받게 만드는 쓸데없는 대용량 파일들]을 첨부했습니다. 다시 한 번 호의에 감사드립니다. 정말 감사합니다.

– 순진무구한 초보 드림

다소 과장하여 우스꽝스럽게 썼지만 핵심은 전달됐으리라 생각한다. 불행하게도 대부분의 초보들은 최고 메신저들에게 이런 식으로 접근한다. 나는 이 점을 너무나 잘 알고 있다. 왜냐하면 일주일에 이런 이메일을 100통 정도 받기 때문이다.

모르는 사람과 효과적으로 관계 맺는 법을 조금이라도 아는 사람이라면 위의 메일이 왜 형편없는 접근방식인지 알 것이다. 이런 메일은 자기중심적이고 쓸데없이 길며 느닷없이 호의를 베풀어달라고 호소하고 있다. 혹자는 이런 유형의 이메일은 데이트할 때 내내 자기 이야기만 하다가 헤어질 때 키스받고 싶어하는 것과 같다고 표현하기도 했다. 나는 그 표현이 너무 약하다고 생각한다. 이런 메일은 누군가에게 걸어가서 갑자기 진한 프렌치키스를 해버리는 것과 같다. 데이트조차 없이 당신이 누구인지 판단할 시간도 주지 않고 그저 강압적이고 이기적으로 행동하는 것이다.

이런 말도 안 되는 일이 항상 일어나는 이유는 내가 '시크릿 증후군'이라고 부르는 현상 때문이다. 이 책을 읽는 사람이라면 『시크릿』이라는 책에 대해 들어보거나 관련 동영상을 봤을 것이라 생각한다. 이 책은 훌륭하다. 자신이 원하는 것에 좋은 의도를 가지면 온 우주가 당신의 에너지를 느끼고 원하는 것을 줄 것이라는 게 요지이다. 이 책은 분명히 많은 사람들에게 도움이 됐다. 이 책은 "당신의 생각과 당신이 집중하는 것은 중요하다."라는 훌륭한 메시지를 전달하고 있으며, 나는 이 책에 나오는 사람들 중 많은 이들과 알고 지내는 사이다.

그러나 그 사람들조차도 나중에 이 책에서 빠진 것이 있다고 경고했다. 진정으로 성공에 이르려면 열심히 일해야 한다. 이 책에 그 점은 한 번도 언급되지 않았다. '구하라, 그러면 얻을 것이니.'라는 신조를 바탕으로 살아가게 만드는 많은 자기 계발서 중 하나일 뿐인 것이다. 그러나 단언컨대 '구하라, 그러면 얻을 것이니.'의 시대는 지났다. 오늘날 성공한 사람들은 '먼저 주어라. 그러면 얻을 것이니.'라는 신조를 바탕으로 살고 있다.

내 것을 먼저 주어라, 그래야 얻을 수 있다

'먼저 줘야 얻을 수 있다.' 이것이 홍보 파트너를 확보하는 첫 번째 원칙이다. 우리 커뮤니티에서 가장 좋은 접근 방식은 다른 메신저에게 당신이 받고 싶은 바로 그것을 먼저 주는 것이다. 만약 다른 메신저들이 당신의 웹사이트를 홍보 해주기 바란다면 먼저 그들의 웹사이트를 홍보하라. 추천받고 싶은가? 먼저 추천하라. 당신의 프로젝트에 대한 피드백을 원하는가? 그렇다면 그들의 프로젝트에 피드백을 보내라. '먼저 주어라, 그러면 얻을 것이니.' 원칙에 따라 제휴 대상자에게 완전히 다른 방식으로 접근한 메일을 살펴보겠다.

제목 : 귀하의 프로그램을 홍보해드리고 싶습니다

[수신자 이름] 귀하

먼저 귀하께서 다른 사람들을 위해 하는 모든 일에 감사드리며, 귀하의 메시지와 사업을 제 회원들에게 홍보해도 좋을지 여쭙습니다. 귀하께서는 항상 더 많은 사람들을 통해 메시지를 알리고자 할 것으로 생각합니다. 저 또한 그러합니다. 그래서 혹시 귀하의 프로그램에 대한 이메일을 제 친구, 가족, 회원들에게 보내도 좋을지 문의드립니다. 귀하께서 현재 홍보하고자 하는 구체적인 프로그램이 있는지요?

저는 귀하의 [블로그, 책, 상품, 행사 등 적절한 내용]을 매우 좋아합니다. 특히 [상대방의 핵심 메시지]에 대한 귀하의 생각에 크게 공감합니다. 메신저라는 일이 남에게 좋은 소리를 듣기 힘들 때가 많다는 것을 저도 잘 알고 있습니다. 그렇기 때문에 귀하의 메시지가 사람들의 인생을 변화시키고 있으며 제 인생도 덕분에 변화되었음을 꼭 말씀드리고 싶습니다.

귀하와 저 둘 다 [해당 주제]에 관한 일을 하고 있으니 제가 작으나마 도움을 드릴 수 있을 것으로 생각합니다. 비록 제 고

객이 귀하의 고객만큼 많지는 않지만 귀하의 메시지를 제 고
객들과 나누고 싶습니다. 저는 사람들이 [해당 주제]를 배우
고 성취하는 것을 돕고 있습니다. 따라서 귀하와 저는 지향하
는 바가 비슷하다고 생각합니다.

　다시 한 번 귀하가 하시는 일에 감사드립니다. 저의 고객들
에게 이야기해주고 싶은 메시지가 있다면, 제가 도움드릴 만
한 일이 있다면 주저 없이 말씀해주십시오. 긴 글 읽어주셔서
감사합니다.

- 초보 메신저 드림

이 편지는 앞의 편지와 180도 다르다. 이 편지는 가치를 제
공하겠다고 제안하고 있다. 이 편지는 수신자에게 감사하고
있으며 요령도 있다. 그리고 향후 할 일을 수신자가 결정하게
하고 있다. 좋은 편지이다.

　그런데 주의할 점이 있다. 당신은 메신저이기 때문에 어떤
면에서는 너무 분석적일 수 있다. 즉 새로운 기회나 아이디어
를 보면 그 즉시 거기에 의문을 품고 속으로 반대 의견을 생각
한다. 이런 반대 의견 때문에 새로운 것을 시도하고 아이디어
들을 구현하는 능력이 사장될 수도 있다. 내가 이런 말을 하는
이유는, 당신이 멋진 초보 메신저의 이메일을 읽자마자 이렇
게 생각할지도 모르기 때문이다. "그렇지만 브렌든, 저는 회원

이 별로 없어요. 고객도 별로 없고요. 세상에, 저한테는 소용 없겠어요. 메신저들이 뭐 하러 저랑 협력하고 싶겠어요?"

이것이 지금 당신의 머릿속에 떠오른 생각과 같은가? 그러나 상황을 다른 관점에서 본다면 이를 더 이상 염려하지 않을 것이다. 만약 어떤 사람이 당신의 메시지를 홍보해주겠다며 이런 이메일을 보냈다면, 회원이 몇 명인지 궁금하겠는가? 물론 궁금할 것이다. 그러나 거부하겠는가? 물론 거부하지 않을 것이다. 당신의 메시지를 대상자가 누구든 몇 명이든 전달하고 싶을 것이다. 이것은 비영리사업을 위한 기금 마련과 비슷하다. 만약 기부자가 비영리재단에 연락해서 기부하고 싶다는 뜻을 밝힌다면 그 재단은 그 돈이 5달러이든, 50달러이든, 5,000달러든 개의치 않을 것이다. 물론 5달러보다는 5,000달러 쪽을 더 좋아하겠지만 가능한 모든 기부금을 받을 것이다. 그리고 금액에 상관없이 감사할 것이다. 이 경우도 마찬가지다. 메신저들은 협력 제안을 거절하는 법이 거의 없다.

그러므로 메신저가 고마워하며 당신에게 홍보할 것을 주면 그것을 홍보하면 된다. 웹사이트, 소셜미디어, 그 외 사용 가능한 수단을 통해 홍보하라. 아무런 부대조건 없이 메신저의 메시지가 널리 전달되도록 도와라. 그런 다음 그들의 프로그램을 홍보하는 데에 사용한 홍보문안이나 자료를 메신저에게 보내주어 당신이 할 일을 완수했음을 보여주어라. 이제 협력

관계가 시작됐다.

"그렇지만 브렌든, 내가 다른 메신저들을 홍보해줬는데도 그 사람들은 내게 아무것도 안 해주면 어쩌죠?" 이런 우려에 대해서는 이렇게 답하고 싶다. "그래서 문제될 게 있습니까?" 당신은 고객들에게 어떤 좋은 콘텐츠를 알려줬다. 어쨌든 고객들은 그 정보를 준 것에 대해 고마워할 것이다.

초보 메신저들은 걱정을 하겠지만 실제로는 다음의 시나리오처럼 일이 진행될 가능성이 더 높다. 그 메신저는 고마워하면서 당신이 하고 있는 일에 관해 더 알고 싶어한다. 그리고 대화다운 대화가 시작된다. 아마도 언젠가 행사장에서 그를 만나게 될지도 모른다. 정확한 때는 경우마다 다르겠지만 적절한 시점이 되면 제휴 파트너로서 서로 홍보를 해주자고 제안을 해보라. '제휴 파트너'란 무엇인가? 서로 홍보해주고, 결과를 축적하고, 홍보를 통해 발생한 매출을 나눈다는 뜻이다. 다시 말해 함께 수익을 올리는 홍보 파트너라는 의미다.

제휴 마케팅의 가치를 극대화하는 법

제휴 마케팅에 대해서는 책 한 권 분량만큼이나 할 말이 많지만 여기서 모두 설명할 순 없고, 대신 또 다른 샘플

편지로 요점을 제시하겠다. 그 사람을 직접 만난 후 관계가 적절한 수준까지 발전했다면 다음과 같은 메일을 보내도 좋다.

제목: 귀하를 다시 홍보하고 싶습니다

[수신자 이름], 잘 지내셨는지요?

저에게 좋은 제안이 있어 연락드렸습니다. 제가 귀하의 프로그램을 제 고객들에게 홍보했던 것을 기억하시는지요? 고객들의 반응이 정말 좋았습니다. 귀하와 저의 사업은 여러 면에서 겹치는 부분이 많기 때문에 서로의 아이디어와 상품 중에 공유할 것이 많을 것으로 보입니다. 다음의 제안을 살펴봐주십시오.

제 상품 중에 귀하의 고객들에게 유용하게 쓰일 [영상, 웹세미나, 보고서 등]이 있습니다. 예전에 제가 이 상품들을 [금액] 달러에 제공했는데요. 귀하의 고객들이 이 상품을 무료로 사용할 수 있도록 해드리겠습니다. 상품 링크가 삽입된 샘플이메일을 보내드리겠습니다. 귀하의 고객들이 링크를 클릭하면 제 무료 콘텐츠와 교육 페이지로 이동하게 됩니다. 원한다면 즉시 사용할 수 있게 해놓았습니다.

며칠 뒤에 귀하의 고객들에게 이메일을 보내겠습니다. "만약 이 무료 콘텐츠가 마음에 드신다면 새 [상품 혹은 프로그램]도 유용할 것이라 생각합니다."라고 알립니다. 이렇게 해서 고객들이 저의 새 상품을 구매하는 경우 매출의 50퍼센트를 귀하에게 드리겠습니다. 고유의 링크를 통해 제 페이지로 이동하기 때문에 귀하의 고객임을 확인할 수 있습니다. 귀하는 매우 유용한 무료 콘텐츠를 귀하의 회원들에게 제공하면서 동시에 수입을 얻을 수 있는 것입니다.

귀하의 회원들에게 보낼 이메일과 링크를 보내드리겠습니다. 뜻이 있으시다면, 귀하의 뜻에 맞게 수정하신 후 '보내기' 버튼만 클릭하면 됩니다. 어떻게 생각하시는지요?

중요한 한 가지를 더 말씀드리자면, 저 또한 귀하의 상품을 이렇게 하고 싶습니다. 그러니 제가 홍보할 것이 있다면 알려주십시오. 제 회원들은 이제 귀하의 콘텐츠를 좋아하니까요.

- 백만장자 메신저 드림

이는 상대방에게 선택권을 주는 상호 이익주의를 토대로 하고(제가 당신을 홍보해드렸는데, 당신도 저를 홍보해주시겠습니까?), 고객에게 가치를 제공하며(무료 콘텐츠를 제공하겠습니다), 간단하고(보내기 버튼만 클릭하면 됩니다), 수입이 발생하는(당신도 돈을 벌고 저도 돈을 벌게 됩니다) 효과적인 접근방식이다.

조금도 복잡할 것이 없다. 당신은 아마 이런 제휴 마케팅을 수십 번 겪었을 것이다. 그런데 이 접근방식에서 잊지 말아야 할 것이 몇 가지 있다. 첫째, 이런 방식은 잠재적인 홍보 파트너와 밀접한 관계를 형성했을 때에만 효과가 있다. 둘째, 당신이 제공하는 무료 콘텐츠가 고객들에게 정말 유용할 때에만 효과가 있다. 셋째, 제휴 파트너의 회원들에게 당신이 그 메신저의 제휴 파트너이며 만약 링크를 통해 상품을 구매하면 당신에게 수입이 발생한다는 점을 분명하게 밝혀야 한다. 넷째, 여러 소프트웨어업체들이 제공하는 제휴 파트너 추적 기능과 쇼핑카트 기능을 이용하여 제휴 마케팅 환경을 쉽게 구축할 수 있다.

이렇게 하여 동료 메신저가 당신을 홍보해주는 것이 간편하고 수익성도 좋은 일이 되도록 만드는 것이 중요하다. 홍보 파트너를 몇 명 확보하면 당신의 사업을 확장시켜줄 원군을 얻은 것이다. 더 많은 사람들이 당신을 알게 될수록 더 많은 사람들이 당신의 회원으로 가입하고 더 많은 사람들이 홍보 제휴 아이디어를 가지고 연락하기 시작할 것이다.

그런데 홍보 파트너는 다른 메신저들에만 국한되지 않는다. 나는 제휴 세미나에서 수천 명의 메신저와 기업가들에게 포춘 선정 500대 기업 및 비영리재단과 제휴하는 방법을 가르치고 있다. 이 세미나는 제휴 마케팅에 대해 가장 포괄적으로 가르치는 세미나이다. 기본적인 개념은 당신의 브랜드와 콘텐츠에 바탕을 두고, 기업이나 비영리재단과 협력하여 그들의 고객에 적합한 콘텐츠를 만들고 홍보하는 것이다. 그에 대한 보답으로 기업과 비영리재단은 여러분에게 돈을 지불하거나 수백만 명에게 여러분의 메시지를 알리거나 매우 소중한 시각 및 자원(인력, 기술 등)을 제공한다.

누구나 홍보 파트너를 필요로 한다. 만약 이 생각에 동의한다면 잠재 파트너들을 부지런히 그리고 전략적으로 찾아야 한다. 나는 홍보 파트너들 덕분에 전 세계 수백만 명에게 알려졌고 이를 통해 수백만 달러를 벌었다. 홍보 파트너들이 없었다면 결코 연결되지 않았을 사람들에게 가치를 제공할 수 있었고 윤리적이고 협력적인 방식으로 백만장자 메신저가 됐다. 당신도 같은 성과를 거두기 바란다.

효율적인 제휴 마케팅을 하기 위한 점검사항

1 내가 이미 알고 있는 메신저들 중 접촉하고 싶은 홍보 파트너는
   누구인가?

2 이들에게 내가 제공할 수 있는 가치는 무엇인가?

3 　이들에게 지원받고 싶은 나의 캠페인은 무엇인가?

4 　제휴 마케팅을 위해 지금 당장 해야 할 일들은 무엇인가?

CHAPTER 5

나만의
메시지와
올바른 목적을
지켜내라

[실전 노하우 8_ 지속가능한 성장]

메신저 산업에서 성공하려면 자신을 잘 포지셔닝하고, 정보를 적절히 상품화하며, 브랜드를 전략적으로 홍보하고, 지속적으로 제휴해야 한다. 그런데 이 모든 노하우(포지셔닝, 상품화, 홍보, 제휴)의 토대가 되고 더 중요하지만 종종 무시되는 행동수칙이 하나 있다. 나는 이것을 궁극적인 메신저 행동수칙이라고 부른다. 바로 '올바른 목적을 가지고 서비스를 제공하는 것'이다.

사실 누구나 자신이 어떤 사람인지, 무엇을 알고 있는지 사람들 앞에서 거짓말할 수 있다. 조금만 애쓰면 유용한 정보를 약간만 제공하고는 마케팅을 하고 다른 사람들이 앞다투어

추천해주는 굉장한 사람인 체할 수도 있다. 이렇게 사기꾼처럼 메신저로 행세하기란 쉬운 일이며, 많은 사람들이 이런 식으로 해서 메신저 산업을 망치고 있다.

어떤 경우에도 목적을 잊어선 안 된다

내가 길지 않은 시간 내에 지금과 같은 성공을 거둔 것은 올바른 목적을 가지고 서비스를 제공하고 메시지나 일에 그 목적을 끊임없이 반영해왔기 때문이다. 나보다 더 똑똑하고 더 유머 감각이 있고 더 잘생기고 더 말 잘하는 사람들이 많이 있다. 그럼에도 불구하고 나는 그들보다 더 자주, 더 나은 성과를 거둔다. 그 이유는 내가 고객들과 그들의 성공에 열정적으로 마음을 쏟기 때문이다.

나는 내가 이 일을 하는 이유를 절대 잊지 않는다. 그것은 바로 사람들이 더 나은 삶을 살도록 돕는 것이다. 나는 정신적으로, 정서적으로, 영적으로, 재정적으로 더 큰 목적을 추구한다. 이것은 큰 차이를 만든다.

나는 좋은 일을 하면서 돈도 벌 수 있다는 것을 보여주기 위해 이 모든 이야기를 하고 있는 것이다. 올바른 목적과 돈, 모두에 의해 움직이는 오늘날의 경제 체제하에서는 어느 한 가지를 선택할 필요가 없다. 세상을 변화시키느냐 아니면 돈을 버느냐 둘 중 하나를 선택해야 한다는 낡은 생각에서 벗어나길 바란다.

오늘날 소비자들은 사회적 의식을 갖추고 누구에게서 구매해야 하는지, 그리고 자신의 인생을 어떻게 펼쳐야 하는지 항상 신경을 쓴다. 당신이 이들에게 가치를 제공할 때, 그리고 섬김의 자세와 이 일을 하는 목적을 잊지 않을 때 사람들은 그 사실을 느끼게 되고 그로써 당신의 사업은 성장하게 된다. 당신은 세상을 바꾸는 동시에 돈도 벌게 된다. 메시지와 의미, 수입이 멋지게 공존하는 것이다.

메신저로서의 권태를 극복하려면

메신저가 되면 분명 많은 돈을 벌 수 있는 기회가 있다. 이 일을 시작해서 메시지를 계속 전달하기 위해서는 돈이 필요함을 알기 때문에 나는 늘 돈을 버는 방법을 언급한다. 그러나 돈벌이와 사업 운영에만 초점을 맞추면 이 일을 왜 하는지 잊어버리기 쉽다. 메신저로서 엄청난 부를 쌓을 기회가 있는 것은 분명하지만 동시에 더 큰 소명과 의무가 있음을 항상 스스로에게 상기시켜야 한다. 우리의 사명은 훌륭한 가치와 정보를 제공해 사람들의 삶과 사업을 향상시키는 것이다.

다른 기업가들과 마찬가지로 메신저들도 사업의 재무적인 부분과 운영에 초점을 맞추게 되기 쉽다. 그렇게 돈 문제와 까다로운 고객들을 다루다보면 우리가 하는 일의 의미는 쉬이 잊게 된다. 그리고 많은 일들을 온라인에서 하고 고객들과도 웹을 통해 접촉하기 때문에 개별 고객과의 관계에는 무신경해질 수 있다. 그러나 우리는 고객과의 일대일 관계를 통해 우리 일이 얼마나 큰 변화를 일으키는지 깨달을 수 있다.

이 일이 아무리 자유롭고 창조적이라고 해도 강연과 세미나를 하기 위해 돌아다니고, 새 글과 책을 쓰기 위해 고심하는 한편 최신 비디오나 홍보 자료를 만들어 웹에 올리려고 종종거릴 때면 만족보다 스트레스가 더 크게 다가올 때가 있다. 이 일의 핵심은 관계이고 기존의 직업군에 비하면 만나고 함께하는 사람을 비교적 자유롭게 선택할 수 있다 해도, 때로는 고객과 전혀 대화를 나누지 않는 날도 있고 또 어떤 날은 고객이 아니었으면 하는 사람을 응대해야 한다. 직원이 나를 실망시키는 날이 있는가 하면 내가 그들을 실망시키게 될 때도 있다. 그리고 메신저로 일하는 것이 외롭게 느껴지는 순간도 어쩔 수 없이 찾아온다. 메신저들끼리 서로 협력한다고 해도 본질적으로 이들은 만나는 일이 거의 없는 탓에 진정한 커뮤니티가 생기지 않기 때문이다.

이런 점들은 메신저도 마냥 피해갈 수만은 없는 기업가 생활의 어쩔 수 없는 일부이다. 그렇더라도 나는 내가 이 일을 하는 이유를 결코 잊은 적이 없으며, 당신도 이 점을 자주 되새겨야 한다고 본다. 자신의 일이 다른 사람의 인생을 바꿀 수 있다는 점을 항상 기억한다면 항상 동기를 유지하고 고객들을 보살필 수 있다. 그리고 당신이 일을 제대로 하고 고객과 항상 대화한다면 이 일을 하는 이유를 그들을 통해서도 되새기게 될 것이다.

당신의 경험은 절망 끝에 선 누군가를 일어서게 한다

나는 메신저 사업을 하면서 특히 바빴던 한때에 큰 교훈을 얻은 적이 있다. 당시 나는 점점 인지도를 얻고 있었고 여러 가지 기회가 동시에 많이 찾아왔다. 6개월 만에 나는 협력업체 두 군데와 계약하고, 웹사이트 네 개를 구축했으며, 새로운 세미나 두 개를 시작하고, 백만 달러를 벌었으며, 수십 개의 도시를 방문했고, 새로운 온라인 교육 프로그램을 시작했으며, 아버지가 돌아가시자 혼자가 되신 어머니를 몬태나 주에서 라스베이거스로 모셨다. 나는 지칠 대로 지쳐버렸다. 예전에는 겪지 않았던 문제들이 수없이 발생했고 사업이 성장함에 따라 우리의 관대함을 이용하려는 고객들도 일부 생겼다. 우리 콘텐츠를 훔치거나 불법으로 복사해서 판매하는 사람들도 많았다. 돈은 쏟아져 들어오고 있었다. 나는 매우 바빴지만 별로 신나지 않았다. 왜냐하면 내가 하고 있는 일의 의미를 잊어버리기 시작했기 때문이었다.

그러던 와중에 『골든 티켓』을 읽고 감명을 받았다는 한 고객으로부터 이메일을 받았다. 우리 일이 얼마나 의미있는 일인지 일깨워주는 그 편지를 소개하면서 이 장을 마칠까 한다.

너무 바쁘게 일하는 나머지 우리는 스스로가 얼마나 다른 사람들에게 도움과 영감을 주고 있는지 종종 잊어버린다. 나는 운 좋게도 이 편지를 읽고 내 일의 가치를 다시 한 번 생각해보고 진심으로 감사하게 됐다. 좋은 일을 하고 메시지를 나눠라. 자신이 변화를 일으키고 있는지 모르는 동안에도 당신은 변화를 일으키고 있다.

다음은 그때 내가 실제로 받은 이메일이다. 보낸 사람의 개인정보를 보호하기 위해 필요한 부분은 수정했다.

브렌든, 당신은 나를 모를 겁니다. 당신의 회원 중 한 명일 뿐이니까요. 염려하지 마세요. 저는 미치광이도 아니고 스토커도 아니고 당신에게 뭔가 팔려고 하는 것도 아닙니다.

몇 달 전에 나는 당신의 책을 읽었습니다. 당신의 이야기와 태도에 깊은 감명을 받았고, 정말이지 당신 이야기의 가치를 높이 사게 됐습니다. 당신의 이야기는 내게 깊은 영향을 미쳤지요. 그래서 나는 그 책이 도움이 될만한 가까운 친구들에게도 책을 빌려주곤 했습니다.

3주 전, 교외에 있는 친척 결혼식에 가는 길에 나는 아내에게 책 이야기를 했습니다. 우리 아이들은 뒷좌석에서 자고 있었지요. 그녀는 내게 전혀 간섭을 하지 않는 사람이지만 그녀 또한 당신의 이야기를 듣고 감동을 받았습니다. 그리고 집에 돌아가면 그 책을 읽어달라고 부탁했습니다.

우리는 결혼식에서 즐거운 시간을 보냈습니다. 그러나 집으로 돌아오는 길에 우리는 잘못된 차선으로 오던 차와 정면으로 충돌하는 사고를 당했습니다. 아내는 그 자리에서 숨지고 뇌를 심하게 다친 내 딸은 그 다음 날 세상을 떠났습니다.

병원 침대에 누워있으면서 나는 당신 이야기를 계속 생각했습니다. 그리고 희망이 생겼습니다. 병원에서 바로 편지를 쓰려고 했지만 눈물을 참을 수가 없었습니다.

당신의 이야기를 해줘서 감사하다고 말하고 싶습니다. 내가 시련을 이겨내는 데에 도움이 됐습니다. 여전히 고통스럽고 앞으로 어떤 일이 닥칠지 모르겠지만 어쨌든 고맙습니다.

초심을 잃지 않는 메신저로 살기 위한 점검사항

1 일의 목적을 더 강하게 의식하면서 일한다면
  무엇이 달라질 것인가?

2 고객들을 섬기지 않는 사람들은 어떻게 되었는가?

3   목적을 의식하며 훌륭하게 일하는 사람들에게서
    나는 무엇을 배웠는가?

4   이 사업에서 흔들리지 않고 서비스에 초점을 맞추려면
    어떤 식으로 해야 하는가?

CHAPTER 6

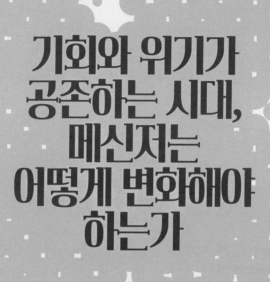

기회와 위기가
공존하는 시대,
메신저는
어떻게 변화해야
하는가

"브렌든, 메신저는 어떻게 해야 살아남을 수 있나요?"

오늘날 새로운 기술과 마케팅 전략 덕분에
신화적 거물이건 초보 전문가이건 누구나 자신의 메시지를
빠르게 많은 사람들에게 알릴 수 있다.
동시에 고객들은 더 많은 것들을 원한다.
더 높은 가치와 소셜미디어를 통한 더 밀접한 상호작용을 원한다.

수십 년 동안 메신저 집단을 이끌던 거물들은
새로운 세대에게 길을 양보하고 있다.
4차 산업혁명을 앞둔 시점에서 이러한 흐름은 더욱더 자명한 사실이다.
다가올 새 시대, 메신저로 살아남기 위해서는
어떤 혁신을 해야 하는지 살펴보자.

경쟁이 치열할수록 더 많이 공유하라

[혁신 비결 1_ 공유의 가치]

초보 메신저들에게는 우리 커뮤니티 내부의 변화가 알아차리기 힘들 정도로 미미해 보일 것이다. 그러나 변화의 결과들은 마침내 거대한 해일이 돼 우리가 일하는 방식을 영원히 바꾸고 있다. 메신저 집단 내부에는 세 가지의 혁신이 시작됐다. 더 많이 공유하기, 콘텐츠 차별화하기, 이미지 업그레이드하기가 바로 그것이다.

특히 '더 많이 공유하기'는 메신저 산업에서 반드시 필요한 부분이었다. 액센츄어에서 성과 및 조직개발 컨설턴트로 일할 때 나는 '공유'가 얼마나 중요한지에 대한 소중한 교훈을 얻었다. 거기서 일하는 동안 JC페니JC Penney, 이베이eBay, 베스트바이Best Buy, 노드스트롬Nordstrom, 리바이스Levis, 월그린즈 Wallgreens 등 세계 최고 소매업체들이 대규모 조직 변화를 도모하는 것을 볼 수 있었다. 이런 시도는 조직 내의 팀들이 얼마나 서로 잘 협력하는지 그리고 소매업 내의 다른 기업들과 정보 및 좋은 경영 관행들을 얼마나 잘 공유하는지에 따라 성공하기도 하고 실패하기도 했다.

그 이후로 나는 잘 협력하지 않거나 좋은 경영 관행을 공유하지 않는 회사나 산업들의 경우 그 점만 고치도록 해도 18개월 내에 이익을 열 배나 더 내도록 만들 수 있다고 생각하게 됐다.

이런 신념을 가지고 있던 나는 메신저 산업에 처음 발을 디뎠을 때 놀랄 수밖에 없었다. 이 산업 분야에서는 메시지를 전달하는 방법이나 사업을 구축하는 방법에 대한 좋은 관행을 거의 공유하지 않고 있었기 때문이었다.

메신저들은 서로 단절돼 있었고 다양한 사업이나 다양한 고객들에게 공통으로 적용할 수 있는 것이 무엇인지 아무도 모르고 있었다. 이런 현실이 혼란스러웠던 나는 최고 메신저들에게 그 이유를 묻기 시작했다. 그들의 솔직한 응답을 통해 다음의 세 가지 이유가 밝혀졌다.

집에서 혼자 일할수록 유대와 공유에 집중해야 한다

첫째, 메신저 집단은 대부분 집에서 혼자 일하는 기업가들로 이루어져 있기 때문이다. 메신저들은 부하 직원도 없고 직장 동료도 없으며 상사도 없고 업계 동료들과의 정기적인 접촉도 없기 때문에 이들은 자신이 더 큰 집단에 속해 있다고 생각하지 않는다.

전통적인 기업에서 일하면 매일 아침 아홉 시에서 여섯 시까지 동료들과 함께 일한다. 이때는 자신이 앉은 자리에서 그리고 자판기 앞에서 동료들과 만날 뿐만 아니라 늘 함께 회의를 하기 때문에 스스로를 더 큰 조직의 일원이라고 간주한다. 그리고 이렇게 직장에서 여러 사람들과 함께 일할 때는 어떤 방식이 효과가 있고 없는지 서로 공유하기 마련이다.

그러나 메신저들은 다르다. 이들은 종종 예술가들처럼 혼자 콘텐츠를 만든다. 이들이 책이나 무대, 웹에서 자신의 정보를 나누기 때문에 언뜻 보기에는 많은 사람들과 어우러진 생활을 할 것 같지만 사실은 그 반대이다. 이들의 일상은 개인적이고 심지어는 고립돼 있다. 때로는 인기를 얻을수록 사생활을 보호하기 위해 더 높은 장벽을 치게 된다. 메신저들은 동료들과 정기적인 교류가 없기 때문에 이미 있는 것을 다시 만드느라 쓸데없이 시간을 낭비하는 오류를 반복한다. 이는 메신저들은 모두 사실 본질적으로 같은 일을 하고 있음에도 불구하고 자신이 동질적인 집단의 일부로 연결돼 있다고 보지 않음을 반증하는 모습들이다.

물론 메신저 산업에도 사람들을 규합하려고 노력하는 단체들이 있다. 작가들을 위한 글쓰기 컨퍼런스 및 단체, 강사들을 위한 강사 단체, 코치들을 위한 코칭 단체 등. 그런데 문제는 이런 조직들도 이 산업에 개별적으로 접근하고 있다는 데에 있다. 메신저 산업을 이런 식으로 분할해서는 다수의 수입원을 운영하는 데에 필요한 다양한 기술들을 공유할 수 없다. 만약 당신이 글만 쓰며 강연, 세미나, 코칭, 컨설팅, 온라인 마케팅에 대해서는 아무것도 모른다면 메시지를 널리 전달하지 못하고 수백만 달러를 벌 기회를 놓치고 있는 것이다. 온라인 마케팅을 모르는 강사는 가족과 많은 시간을 보내지도 못하고 항상 여기저기 돌아다니는 생활을 해야 한다. 자신이 알고 있는 지식을 책으로 펴내 돈을 버는 방법을 모르는 코치들도 마찬가지이다.

나는 작가, 강사, 세미나 진행자, 코치, 컨설턴트, 온라인 마케터 등 여러 분야를 관통하는 최고의 작업 방식들을 공유해야 한다고 생각했다. 나는 수년 동안 이 일을 성공적으로 해왔지만 메신저 산업이 한 단계 더 도약하도록 하기 위해 메신저 산업 협회를 만들기로 결심했다. 일회성 세미나를 주최하고

마는 것이 아니라 메신저 집단 전체가 매년 함께 모이게 하고 싶었다. 또한 내 범주를 넘어서는 단체를 만들고 싶었다. 메신저들이 매년 모여서 최고의 업무방식을 공유하고 유대관계를 맺고 새로운 표준을 정하며 뛰어난 인물들을 기리고 새로운 세대들을 돕는 단체 말이다. 세상의 거의 모든 산업들은 새로운 표준을 만들고 해당 산업을 성장시키기 위해 힘을 모은다. 메신저라고 그래선 안 된다는 법이 있는가?

다른 메신저들을 두려워할 필요가 없다

메신저 산업의 내부가 이렇게 단절돼 있고 모두가 개별적으로 일하는 두 번째 이유는 많은 메신저들이 서로를 경계하기 때문이다. 다른 사람들이 두려움을 극복하도록 도와주는 집단이 집단 내부에서는 이토록 서로 두려워하다니 매우 아이러니한 일이다. 메신저들은 다른 메신저가 자신의 아이디어를 훔칠까봐, 또는 자신의 교육 콘텐츠나 마케팅 전략을 훔칠까봐 비이성적으로 겁을 낸다. 그러다 보니 많은 메신저들은 자신의 정보와 업무방식을 혼자 움켜쥐고 있다. 다른 사람과 좋은 아이디어를 나누는 메신저들은 거의 없다.

아무도 효과적인 방식이 무엇인지 또는 효과가 없는 방식이 무엇인지 공유하지 않는다. 메신저들은 모두 이미 존재하는 것을 새로 만들고 효과가 있는지 실험해보고 있다. 즉 이들은 매번 더 많은 사람들에게 메시지를 전달하는 방법을 알기 위해 새롭게 방황하며 학습 기간을 줄이지 못한 채 애쓰고 있다.

사업가라면 누구나 자신만의 아이디어를 보호하려는 마음이 드는 것도 당연하겠지만 오늘날 메신저 산업 내부의 상황은 스스로에게 피해를 주는 모습이다. 이러한 접근방식을 바꾸지 않는 한 그리고 우리가 알고 있는 것을 터놓고 나누지 않는 한 자신의 협소한 아이디어는 보호할 수 있을지언정 산업 전체의 발전을 도모하기란 힘들다.

아이를 계속 품안에만 끼고 있으면 그 아이는 결코 세상에 나가서 성장할 수 없다. 나는 내가 가지고 있는 어떤 아이디어든 세상에 노출되면 더 커지고 더 좋아질 것이라고 생각한다. 나는 엄청난 양의 교육 자료를 세상에 공개했지만 노골적으로 훔치는 사람보다는 그 자료들을 이용하고 구입하는 사람들이 더 많았다. 게다가 요즘은 검색과 소셜미디어를 쉽게 사용할 수 있기 때문에 불법적으로 내 콘텐츠를 사용하는 사람이 있다면 어렵지 않게 찾아낼 수 있다.

내가 도둑들을 겁내지 않고 모든 것을 공유하는 가장 큰 이유는 내가 창작자이기 때문이다. 만약 누군가가 이제까지 공유한 내 모든 교육 아이디어와 콘텐츠를 도둑질한다고 해도 나는 내일 새로운 정보를 만들 수 있다고 자신한다. 메신저들은 학생이자 창작자이며 우리는 항상 더 유용한 정보를 만들 수 있다.

불법 복제물은 어쨌든 최초의 순수한 창작물만큼의 성과를 보지 못한다. 겁내지 말고 사업 모델과 마케팅 아이디어를 공유한다면 산업 전체의 발전을 통해 자신의 사업의 발전을 꾀할 수 있을 것이다.

그동안 메신저들은 새로운 메신저들을 육성하지 못했다. 수만 명의 사람들이 메신저 사업을 시작하려고 했으나 실패한 사실이 이를 뒷받침한다. 이는 정리된 성공 지침이 없기 때문이었다. 공유되고 공개된 집단의 지혜가 없는 것이다. 만약 부동산 사업을 하려고 하면 이에 대한 책을 수백 권 구해서 볼 수 있다. 그러나 메신저 되는 법에 대한 이런 류의 책을 본 적 있는가?

포춘 선정 500대 기업들의 경우, 지도자급 인물들이 회사를 옮기거나 은퇴할 때를 대비해 차세대 리더들을 육성하는 프로그램을 운영하고 있다. 기업 매니저들과 임원들은 항상 자신의 경험을 공유할 것을 요구받는다. 스포츠에서도 마찬가지다. 코트에서는 A급 선수들이 뛰고 있지만 벤치에서는 B급 선수들을 육성하고 있으며 이들은 기회를 기다리고 있다.

그러나 메신저 집단에 '벤치'가 없다. 자기계발 분야에서 토니 로빈스를 이을 인물은 누구인가? 웨인 다이어의 후계자는? 오프라 윈프리가 은퇴하면 어떻게 될까? 영성 부문에서 디팩 초프라와 매리앤 윌리엄슨의 뒤를 이을 사람은 누구인가? 자산관리 분야에서 데이비드 바크, 데이비드 램지David Ramsay, 로버트 기요사키Robert Toru Kiyosaki, 수지 오먼Suze Orman을 이을 차세대 인물은? 대인관계의 존 그레이, 존 고트먼John Gottman, 혁신 분야의 게리 해멀Gary Hamel과 클레이튼 크리스텐슨Clayton Christensen, 마케팅의 세스 고딘Seth Godin, 제이 콘러드 러빈슨Jay Conrad Levinson, 종교의 릭 워렌Rick Warren, 조엘 오스틴Joel Osteen, 리더십의 존 맥스웰John Maxwell, 워렌 베니스Warren Bennis, 영업 판매의 브라이언 트레이시와 제프리 기토머Jeffrey Gitomer, 건강관리의 앤드루 웨일Andrew Weil과 메멧 오즈, 부동산 분야의 딘 그라지오시Dean Graziosi와 도널드 트럼프Donald Trump의 뒤를 이을 인물은? 이 각각의 분야에서 차세대급 인물로 인정받고 있는 사람들이 과연 몇 명이나 될까?

나는 위에서 언급된 사람들에게 그들이 사업을 구축한 방법에 관해 물었다. 그 답을 토대로 미래의 메신저들에게 정보를 제공하기 위해서였다. 이들 모두는 수백만 달러짜리 사업을 어떻게 구축했는지 이야기해달라는 나의 요청을 받고는 깜짝 놀랐다. 그리고 이제까지와는 전혀 다른 새로운 발표를 준비해야 했다. 아무도 이들에게 구체적으로 어떻게 메신저 사업에서 성공하게 되었는지 말해달라고 부탁한 적이 없었던 것이다.

　더욱 흥미로운 것은 대부분의 메신저들은 사람들이 이런 내용에 흥미를 가지고 있다고는 꿈에도 생각지 못했다는 사실이다. 토니 로빈스는 매우 많은 사람들이 자신과 같은 직업을 가지고 싶어한다는 사실을 몰랐던 것 같다. 그의 유명한 세미나 '네 안의 힘을 자유롭게 하라'에서 사회자가 물었다. "토니 로빈스 같은 직업을 가지고 사람들을 돕고 싶은 사람은 손 들어 보세요." 강연장에는 2,000명이 넘는 사람들이 있었는데 거의 모든 사람들이 손을 들었다. 우리의 메시지에 귀를 기울이는 사람들은 어느 정도는 자기 자신에게서 우리와 같은 메신저의 모습을 보는 것이다.

서로의 멘토-멘티가 되어야 하는 이유

　마지막 이유는 많은 메신저들이 자신은 매우 독특하기 때문에 아무도 자신이 하는 일을 할 수 없다고 생각하는 것이다. 이것은 사실이 아니다. 물론 이 세상 어디에도 토니 로빈스 같은 사람은 없다. 그리고 당신 같은 사람도 없고 나 같은 사람도 없다. 그러나 기억하라. 토니 로빈스는 아파트가 너무 작아 부엌에 싱크대조차 없어 욕조에서 설거지를 하던 '애송이 젊은이' 시절에 사업을 시작했다. 그는 자격증도 없고 정규 교육도 별로 받지 못했다. 토니 로빈스가 즐겨 말하듯이 그는 비록 정규 교육은 못 받았지만 '성과에 있어서는 박사급'이었다.

분명히 아무도 토니 로빈스가 될 수는 없다. 그는 전설적인 인물이며 자기만의 기반이 있다. 나는 그를 마음 깊이 존경하고 친구나 멘토로서 의지하며 그 누구와도 바꿀 수 없다고 생각한다. 그러나 사람들은 토니 로빈스가 알고 있는 내용들을 배울 수 있고 그 내용을 따라할 수 있고 개선할 수도 있다. 사업을 시작하고 운영하는 것은 따라할 수 있는 내용이며, 거물급들이 자신이 알고 있는 것을 공유하면 할수록 더 많은 초보들이 사업을 지속할 수 있다. 차세대를 육성하기 위해 메신저 산업에 종사하는 사람들은 다양한 방법을 통해 자신의 노하우를 공유해야 한다.

다른 산업들은 이런 개념을 알고 있다. 누구나 워렌 버핏Warren Buffett, 스티브 잡스Steve Jobs, 빌 게이츠를 대신할 수 있는 사람은 없다는 것을 알고 있다. 그러나 이들이 속한 산업 분야에서는 그 자리를 대신할 이들을 열심히 키우고 있다.

나는 메신저 산업이 다른 산업 분야들과 힙합 가수들에게서 한수 배워야 한다고 생각한다. 힙합 크루는 전설적인 인물들에게 엄청난 경의를 표하는 집단이다. 제이지Jay-Z가 랩에 대해 이야기하는 것을 들어보면 마치 역사 수업 같다. 그러나 그와 다른 리더들이 선구자들에게 경의를 표하는 만큼 이들은 또한 현재에 안주하는 래퍼들을 경멸하고 끊임없이 새로운 재주꾼들을 찾아 세상에 알린다. 제이지는 한 인터뷰에서 신인 래퍼들에 대한 질문을 받자 열 명이 넘는 유망 래퍼들의 이름을 술술 읊었다. 메신저 산업에서는 불가능한 일이다.

이야기가 길어졌다. 간단히 요약하면 마음을 모아 알고 있는 것을 서로 가르쳐주고 차세대 리더들을 키워야 한다는 것이다. 이는 메신저 산업의 재편돼야 할 방향인 동시에 엑스퍼트아카데미와 메신저 산업 협회의 창립자인 나의 입장과 맞물리는 것이다. 메신저 산업의 재편 방향 속에 이미 나의 신념과 의지가 반영돼 있기에 객관성을 위해서는 전후 과정을 조금 상세하게 밝힐 필요가 있다고 여겼다. 다음 사안부터는 좀 더 간략하게 짚도록 하겠다.

흉내내지 말고
훔쳐서
완전히
나의 것으로
만들어라

[혁신 비결 2_ 창조적 차별화]

지난 30년간 메신저 산업이 호황을 누리는 동안에 전설적인 인물들을 그저 흉내나 내면서 성장한 가짜 메신저들이 많았다. 이들은 새로운 콘텐츠를 만들어내지 않고, 서로의 이야기를 베끼고 이미 알려진 구절을 인용하면서 거물급들이 이미 구축해놓은 후광에 기대기만 할 뿐 혁신하지 않고 있다. 메신저란 기본적으로 혁신을 논하는 이들임에도 말이다.

일례로 아직도 'F. E. A. R'라는 약자를 사용하는 강사들이 있다. 이는 'False Evidence Appearing Real(사실처럼 보이는 잘못된 근거)'를 일컫는 말로 두려움을 이야기할 때 흔히 사용된다. 이 단어가 등장한 지는 30년이나 됐다.

불가사리 이야기는 어떠한가. 한 아이가 해변으로 떠밀려온 불가사리를 바다에 던져주고 있다. 노인이 아이에게 묻는다. "해변에 불가사리들이 이렇게 많은데 그렇게 해봤자 무슨 소용이 있지?" 아이는 다시 불가사리를 바다로 던지면서 대답한다. "이 불가사리에게는 의미가 있어요." 이 이야기는 로렌 아이슬리Loren Eiseley가 한 것으로, 물론 시사하는 바가 깊다. 하지만 너무 오래, 자주 언급됐다는 것이 문제이다.

성당 이야기도 있다. 어떤 사람이 성당 공사장에서 일하고 있는 노동자에게 무엇을 하고 있는지 묻는다. 그러자 한 사람은 "나는 먹고살려고 돌을 깨고 있다오."라고 답한 반면 다른 한 사람은 "우리는 신이 거주하실 집을 짓고 있지요."라고 답했다고 한다.

이 이야기 또한 매우 의미있는 교훈을 던져준다. 하지만 어떤 사람이 이렇게 훌륭한 이야기를 한다고 해서 그가 새로운 이야기와 참신한 비유, 사례 등을 개발하기 위해 능력과 기술을 갈고 닦지 않는, 상상력이라고는 찾아볼 수 없는 모방꾼이라는 비난에서 벗어날 순 없다. 오늘날 메신저 산업은 같은 이야기를 반복해 사용하고 상상력이 부족하며 '너무 관대하다'는 평판을 듣고 있다. 혁신에 게으르고 새로운 아이디어들을 충분히 창조하지 않기 때문이다.

결국 모방꾼은 소리소문없이 사라진다

　　　　메신저들은 오랫동안 같은 비유만 반복하고 있을 뿐만 아니라 오랫동안 새로운 가치를 창조하지 못했다. 메신저 산업은 티셔츠나 양말 산업과 같은 '일용품' 산업처럼 굴러가서는 안 된다. 메신저 산업은 항상 시대를 선도할 새롭고 선구적인 아이디어와 상품을 발표해야 한다. 5년 전에 잘 팔린 상품과 프로그램에 안주해서는 곤란하다.

　나는 샌디에이고에서 어떤 여성 강사와 이야기를 나눈 적이 있다. 그녀는 20년 전에 참석한 적이 있는 세미나에 오랜만에 다시 참석했다가 막 돌아온 상황이었다. 그녀는 "브렌든, 그 세미나는 20년 동안 하나도 변한 게 없었어요! 세미나를 진행하는 사람이 20년 동안 성장하거나 새롭게 배운 것이 하나도 없더라고요!"라고 말하며 "더 나쁜 것은 그 메신저더러 변화하라고 말하는 사람이 없다는 거예요. 왜냐하면 사람들은 그의 말이라면 모두 받아들이고 감히 '발전하세요'라고 말하지도 못하거든요."라고 실망을 표했다.

　시간이 흘러도 계속 사용할 수 있는 상품과 프로그램은 거의 없다. 만약 이런 상품과 프로그램이 있다손 치더라도 메신저가 그것에만 안주하면서 같은 곳에서 새 가치와 정보를 찾아내서는 안 된다. 그건 고객들의 몫이다. 또한 블록버스터 프로그램을 하나 가진 채 더 이상 아무것도 만들지 않는 것도 있어서는 안 될 일이다. 고객들은 어떤 주제를 완전히 익히고 싶어하는데 하나의 프로그램으로는 이렇게 하기가 불가능하기 때문이다.

이에 시간이 흘러도 변치 않는 가치를 지닌 책들과 개념이 존재한다고 반박할 수 있을 것이다. 물론이다. 『놓치고 싶지 않은 나의 꿈 나의 인생』, 『카네기 인간관계론』, 『연금술사』 같은 자기계발서들은 그 자체가 완성된 텍스트로서 앞으로도 계속해서 개정판을 내며 다음 세대에게 교훈을 전할 것이다.

내가 말하려는 요지는 오래된 것들을 다 버려야 한다는 것이 아니다. 낡은 것들을 계속 우려먹으면 안 된다는 것이다. 우리는 지속적으로 새 상품과 프로그램으로 새로운 아이디어, 좋은 이야기와 관점, 최신 정보들을 전달하려고 노력해야 한다.

새로운 재료를 만들기란 어렵다. 또한 이제 막 진입한 초보 메신저들은 자기가 사용하는 것이 낡은 재료라는 것을 모르는 경우도 매우 흔하다. 어떤 사람들은 하늘 아래 새로운 것은 없고 아담과 이브 이래로 새로운 이야기는 없다고 말하기도 한다. 사실 메신저 산업에서는 매우 많은 내용이 이미 다루어졌기 때문에, 우리가 가르치는 지식이 예전에 어떤 식으로든 이미 다루어졌을지도 모른다고 생각하는 편이 마음 편할 수도 있다. 만약 그러한 지적을 받으면 정중히 사과하거나 ("다른 사람이 이미 예전에 말했다는 사실을 몰랐습니다. 말씀해주셔서 감사합니다.") 혹은 그것을 인정하고 당신의 요지가 어떤 점에서 다른지 제시해야 한다("맞습니다. 이미 예전에 누군가가 가르쳤다고 들었습니다. 그렇지만 저는 이러이러한 점이 다릅니다.").

나도 처음 메신저로 일하기 시작했을 때 이런 일을 경험했다. 앞에서 말했듯이, 나는 자동차 사고를 겪고는 내 인생을 돌아보며 "내가 충만한 삶을 살았나? 내가 열린 마음으로 사랑했었나? 나는 가치있는 존재였나?"라는 질문을 하게 됐다. 나는 이런 질문들을 3~4년 동안 다른 사람들과 나누었다. 그러던 어느 날 강연이 끝나자 한 멘토가 노먼 커즌즈Norman Cousins가 수십 년 전에 매우 비슷한 질문을 던졌다고 말해줬다. 나는 지금은 그를 매우 존경하게 됐지만 당시에는 그의 이름을 한 번도 들어본 적이 없었다. 일찍이 노먼 커즌즈는 사람들이 자신의 인생을 돌아볼 때 실제로 이런 질문들을 한다는 사실을 발견하고는 다음과 같이 썼다.

진정한 비극은 죽음이 아니라 살아있는 동안 우리 안에서 죽게 내버려두는 것들에 있다. 임종의 순간 당신은 당신이 소유한 재산이나 성취한 것들을 생각하지 않는다. 사람들이 죽음을 눈앞에 두고 일반적으로 던지는 질문들은 대부분 비슷하다. 나는 지혜롭게 살았던가? 나는 제대로 사랑했던가? 나는 다른 사람들을 위해 훌륭한 일을 많이 했던가?

남의 것을 훼손하지 말고 내 것과 결합해서 새롭게 창조하라

　　나와 비슷한 질문을 던진 사람이 있다는 것을 알고 내가 충격을 받았다고 생각할지도 모르겠다. 그러나 나는 노먼 커즌즈의 말이 내 생각이 옳음을 인증해줬다고 생각했다. 내가 진실이라고 생각했던 것을 다른 사람들도 진실이라고 생각한다는 것을 확인한 것이다. 그를 통해 나 이외에도 같은 생각을 하는 사람이 있다는 것을 알게 돼 매우 기뻤고, 내가 인간으로서, 공통의 가치와 경험에 연결돼 있다고 느꼈다.

　물론 나는 내가 새롭게 질문을 던지는 것이 의미있다고 여겼기에 노먼의 질문과 나의 질문 간 관계를 1999년에 한 연설 원고를 통해 분명히 했다. 이때는 『골든 티켓』을 출판하여 세 가지 질문을 알리기 훨씬 전이다. 조금 길지만 여기에 인용하는 이유는 당신의 메시지가 다른 사람의 메시지와 유사한 경우 어떻게 이런 사실을 터놓고 정직하게 이야기할 수 있는지 보여주기 위해서이다. 사실 우리 모두는 공통된 경험을 하기 때문에 인생으로부터 배운 메시지가 서로 겹칠 때가 종종 있다. 그러나 그렇다고 하더라도 우리 나름의 교훈을 얻고 성과를 얻고 사람들을 위해 새로운 가치를 창조한 자신만의 독특한 경험은 새로운 것이다.

자동차 사고를 겪은 이후 나는 내 이야기를 다른 사람들에게 들려주고 있습니다. 그 자동차 사고는 살면서 가장 중요하면서도 충격적인 순간이었습니다. 내 이야기를 하면서 나는 자신과 세상에 대해 많은 것을 알게 됐습니다. 부상에서 회복되는 동안 나는 내게 일어났던 그 모든 일들을 계속 생각했습니다. 나는 지금도 차가 빙글 돌던 그 마지막 순간들, 끝나버릴 수도 있었던 인생 그리고 삶이 얼마나 소중한지를 느꼈던 일들을 여전히 기억합니다. 나는 죽음의 순간에는 자신이 충만한 삶을 살았는지, 열린 마음으로 사랑했는지, 내가 도움이 되는 가치있는 존재였는지 묻게 된다는 것을 깨달았습니다. 그 이유는 내가 충분히 모험적이었는지, 사람들과 진정한 관계를 맺었는지, 나 자신 외에 다른 사람들을 위해 살았는지가 그 순간 궁금했기 때문입니다. 그렇지만 슬프게도 이 질문들에 대한 나의 답은 별로 마음에 들지 않았습니다. 당시 나는 인생에 관해 아는 것이 별로 없는, 방향을 잃은 젊은이에 불과했고 그러다가 인생의 가장 큰 교훈을 얻게 된 것입니다.

그 사고 이후 나는 호스피스 봉사활동을 시작했습니다. 나는 매우 많은 사람들이 임종을 앞두고 같은 질문들을 던지는 것을 목격했습니다. "내가 충만한 삶을 살았던가? 내가 열린 마음으로 사랑했는가? 나는 이 세상에 중요한 존재였는가?" 나는 인생의 끝자락에서 우리가 품는 질문들이 무엇인지 알면 살아가는 데에 도움이 된다고 생각했습니다. 왜냐하면 그렇다면 우리는 이 질문들에 행복하게 대답할 수 있는 삶을 살 테니까요.

나 외에도 비슷한 질문들을 찾아낸 사람이 있습니다. 작년에 한 친구가 내게 노먼 커즌즈의 글을 보여줬습니다. 내게 무척 의미가 있는 글이었습니다. 그 글은 훌륭했고 동시에 내 생각이 옳음을 입증해줬습니다. 노먼 커즌즈는 나보다 훨씬 오래 전에, 사람들이 숨을 거두기 전에 다음의 세 가지 질문을 한다고 썼습니다. "내가 지혜롭게 살았던가? 내가 제대로 사랑했나? 다른 사람들을 위해 훌륭한 일을 많이 했었나?" 내가 다른 사람과 같은 교훈을 얻었다는 것은 기분 좋은 일이었습니다. 사실 호스피스 일을 하는 사람이나 인생 말기 상담사들은 거의 비슷한 얘기를 할 겁니다. "그래요. 사람들은 죽음을 앞두고는 자신의 인생을 되돌아보며 치열하게 살았는지 질문을 던져보고 누구를 사랑했었는지 생각해보고 세상에 어떤 영향을 미쳤는지 살펴봅니다." 이것은 공통된 현상이므로 이것을 깨달았다는 것을 나만의 공적으로 돌리고 싶은 생각은 없습니다. 분명히 노먼 커즌즈나 나, 또는 누군가가 여기에 관한 글을 쓰기 이전에도 사람들은 이런 얘기를 했을 것입니다. 단지 나는 나의 독특한 이야기와 관점을 얘기하고 싶습니다.

내 세 가지 질문에 다른 점이 있다면 내가 선택한 단어들인 것 같습니다. 노먼 커즌즈는 우리가 '지혜롭게' 살았는지 묻는다고 했지만 나는 '충만한' 삶을 살았는지 묻는다고 표현했습니다. 이것은 미묘한 차이지만 적어도 내게는 중요합니다. 나는 활기차게 살고 싶고 전 세계를 누비며 불꽃처럼 열정적으로 살고 싶으며 단순하게 결정하고 모험하고 싶습니다. 그러나 나는 어떤 사람입니까? 노먼 커즌즈가 말한 지혜로운 삶이나 부처가 말한 "지혜롭게 인생을 산 사람은 죽음도 두렵지 않다."라는 문장을 떠올리면 나는 그저 풋내기 젊은이일 뿐입니다.

또한 노먼 커즌즈는 '제대로' 사랑하는 것을 얘기했지만 내가 세 질문을 만들 때만 해도 나는 너무 어려서 그게 무슨 뜻인지도 몰랐습니다. 나는 '열린 마음으로' 사랑한다는 표현을 선택했습니다. 첫사랑과 헤어진 후 나는 젊은이 치고는 너무 사랑과 담 쌓고 지내왔기 때문입니다. 내 생각에, 사랑하는 사람과의 관계는 우리가 상대를 얼마나 열린 마음으로 대했는지와 항상 많은 관계가 있습니다.

마지막 질문의 단어 선택은 당시 내게 매우 중요했던 것 같고 지금 내가 하고 있는 일과도 많은 관련이 있습니다. 노먼 커즌즈는 우리가 '다른 사람들을 위해 훌륭한 일을 했었는지' 궁금해한다고 말했고, 나는 이것이 매우 좋은 표현이라고 생각합니다. 그런데 나는 현실을 경험하면서 젊은이로서 다른 생각을 하게 됐습니다. 나는 훌륭한 일을 했었는지는 생각하지 않았습니다. 앞에서 얘기했듯이 나는 훌륭한 일을 하는 것을 좋아하지만 내가 '큰' 변화를 만들 수 있다고 생각하지는 않았기 때문이었습니다. 내 생각에는 수백만 명의 인생을 바꿀 수 있다거나 세상을 바꾸는 '위대'하고 원대한 일을 할 수 있다고 생각하는 사람들은 많지 않습니다. 어떤 사람들은 단 한 명이 변화하도록 돕고 싶어할 수도 있는데 이런 사람들은 그런 일이 위대하고 원대한 일이라고 생각하지 않을 것입니다. 우리가 세상을 바꿀 필요는 없습니다. 단지 누군가의 세상을 바꿔야 합니다. 그래서 "나는 훌륭한 일을 했었나?"라는 질문이 아니라 "나는 도움이 되는 가치있는 존재였나?"라는 질문을 하게 됐습니다. 아마 이것은 그리 원대한 질문은 아닐지도 모릅니다. 내가 누군가에게 도움이 되는 존재였나? 이것이 나의 질문입니다.

물론 이렇게 단어를 따지는 것이 바보처럼 보일지도 모르지만 자동차 사고와 호스피스 봉사활동 경험에서 내가 다른 사람과 비슷한 결론을 얻었다는 사실을 알게 됐을 당시에는 내게 큰 의미가 있었습니다. 이를 통해 나는 우리 모두가 같은 인생의 여정에서 비슷한 것들을 깨달으며 살고 있다는 것을 알게 됐습니다. 나는 우리 모두 이런 비슷한 깨달음을 나누기를 바랍니다. 살며 사랑하며 좋은 일을 하는 것은 모든 사람들이 소중하게 생각하는 인류 공통의 가치입니다. 여러분과 오늘 이 가치들에 대해 얘기를 나눈 것이 도움이 됐기를 바랍니다.

이 섹션의 요지는 바로 '차별화'이다. 당신 나름의 이야기를 제시하고 당신 나름의 콘텐츠를 만들어라. 사람들을 열광시키는 새로운 가치를 계속 만들어라. 그러면 우리의 명성과 매출은 올라갈 것이다. 어떤 이유 때문에 당신의 메시지가 다른 사람들과 비슷하다면 그것을 솔직하게 언급하라. 그런 일이 쉽게 발생한다는 점도 받아들여라. 우리 인간들의 감정과 경험에는 많은 공통점이 있기 때문에 가르치는 핵심은 성격상 비슷할 수 있다. 다만, 교육 상품과 프로그램은 매우 독특해야 한다.

사소한
서비스도
세련되게
만들어라

[혁신 비결 3_ 상품화 전략]

세미나에 참석했는데 인쇄 질이 매우 낮은 자료들로 꽉 찬 허접한 바인더를 받아본 적 있는가? 마치 고릴라가 디자인한 것처럼 보이는 싸구려 자비 출판 책을 광고하는 우편물을 받아본 적 있는가? 혹은 1995년 무렵의 웹사이트처럼 보이는, 마치 엽서처럼 생긴 메신저의 웹사이트를 방문한 적이 있는가? 내가 세계 곳곳에서 강연을 할 때 청중들에게 이런 질문을 하면 그들은 모두 웃으면서 그런 경험이 있다고 한다. 웃기고도 비극적인 일이다.

메신저 집단으로서 우리는 웹사이트, 상품, 프로그램의 외관을 개선해야 한다. 애플이 PC와 모바일기기들의 외관을 발전시켰듯이 우리도 메신저 산업의 전반적인 미적 감각과 디자인을 업그레이드해야 한다.

고객들의 가치가 기능에서 모양으로, 무미건조한 구매에서 창조적인 사용자 맞춤형 구매로 옮겨가고 있다는 것을 인식해야 한다. 세상은 쓰레기나 잡동사니를 좋아하지 않는다. 그런데 메신저 집단이라는 우리는 웹사이트를 종종 쓰레기와 잡동사니로 가득 채우고 있다.

노골적으로 말하자면 메신저 산업은 성형수술을 받아야 한다. 그동안 관찰한 바에 의하면 즉시 변모가 필요한 세 가지 핵심 분야는 다음과 같다.

지금 당장 바꿔야 할 서비스 3가지

첫째, 웹사이트를 더 현대적이고 상호작용성을 강화하는 쪽으로 개편해야 한다. 다시 말해 동영상을 기반으로 하고 댓글 기능을 확대해야 한다는 의미이다. 또한 회원 기반 사이트의 경우 회원들이 돈과 시간을 들일만한 가치가 있어 보이도록 만들어야 한다. 사람들이 온라인 커뮤니티의 일부인 것을 즐기고 자랑스러워해야 한다. 당신의 웹사이트는 어떤가? 당신의 웹사이트에 대해 그렇게 생각하는 사람을 만난 적이 있는가?

둘째, 배송하는 상품을 '가게에서도 팔릴 물건'으로 보이도록 제작해야 한다. 우편으로 배송되는 DVD 가정학습 프로그램, 오디오 프로그램, 바인더, 워크시트 및 자료들은 끔찍할 지경이다. 최상위 2퍼센트를 제외하고는 거의 모든 상품들이 그렇다.

이런 말을 하는 나는 디자인 메신저도 아니고 그래픽 디자인에 돈을 많이 쓰지도 않는다. 내가 알기로 아직도 "일단 빨리 끝내라. 싸게 만들어라. 지금 바로 팔아라."라고 말하는 마케터들이 많다. 또한 많은 고객들이 우리 정보가 어떻게 보이는지는 별로 신경을 쓰지 않는다는 사실도 안다. 이들은 그저 콘텐츠와 지식을 원할 뿐이며 그것들을 담고 있는 포장에는 신경쓰지 않는다.

예전 같으면 우리 상품의 외관을 개선하자는 것에 반대하는 의견이 일리가 있다고 볼 수도 있다. 그런데 우리가 각자의 분야를 확장하고 실질적인 산업에서 실질적인 직업을 가지고 일하는 집단이라고 생각한다면, 메신저 집단 전체가 같은 평판을 받는다는 사실을 깨닫게 될 것이다. 불행히도 허접하게 보이는 상품들은 연못의 물결과도 같아서 우리 산업의 전반적인 미적 수준에 영향을 준다. 만약 우리 모두가 상품의 외관을 개선한다면 고객들은 더 감사해하고 감동받고 행복해할 것이다.

셋째, 우리는 세미나를 주관하는 방식을 반드시 바꿔야 한다. 소수의 메신저를 제외하고는 대부분이 여전히 조명이 어둡고 환기가 잘 안 되며 의자가 불편한 싸구려 공항 호텔에서 세미나, 워크숍, 컨퍼런스를 개최한다. 더 나쁜 점은 조명, 음향, 브랜드 홍보, 자료 제작에 거의 돈을 쓰지 않는다는 점이다. 이것은 망신스러운 일이며 기업체들은 절대 이렇게 하지 않는다.

특히난 초보 메신저의 경우 이런 것들에 돈을 더 지출하기가 곤란하다는 사실을 모르는 바는 아니다. 그러나 동시에 나는 고객들이 이동하기 편하고 방값이 저렴한 호텔을 행사장으로 선호한다는 사실도 알고 있다. 좋은 호텔을 찾아서 보기 좋게 만든 배너를 걸고, 실력 있는 미디어 전문가를 고용하고, 깔끔하게 인쇄된 세미나 자료를 배포하는 데에는 의외로 그렇게 많은 비용이 들지 않는다.

위의 내용이 이런 책에서 언급하기에는 너무 상세한 내용인지는 모르지만 '세부적인 것이 중요하다'는 말을 우리 모두 되새겨야 한다. 무료 세미나든 참가비가 비싼 세미나든 당신은 학습 환경의 분위기와 외관을 신뢰할만하게 만들어야 한다. 이렇게 하는 것은 우리 스스로에 대한 의무이자 고객에 대한 의무이다.

이 세 가지 혁신은 큰 영향을 미친다. 각개전투식으로 운영되던 메신저 산업이 좋은 관행을 공유하고 차세대 메신저를 육성하는 커뮤니티로 바뀔 때 우리 모두는 승리하게 된다. 우리가 창조적이고 혁신적이며 차별화된 콘텐츠와 프로그램을 제공하면 우리 산업의 수준이 올라간다. 우리의 외관과 브랜딩을 시대에 맞게 업그레이드하고 더 단정하게 유지하면 그동안의 싸구려 이미지를 없앨 수 있을 것이다.

우리는 더 잘할 수 있다. 우리 모두가 메신저 산업에 영향을 미치고 그것을 개선할 수 있으며, 메신저 산업은 총체적인 평판을 모두 같이 누리는 단일한 산업이라고 생각해야 할 때이다. 변화는 내부에서 시작돼야 한다. 혁명과 개혁은 이미 가까이에 있다. 여기에 동참하기 바란다.

판촉과 가치를 결합해 커뮤니케이션하라

[혁신 비결 4_ 상생 캠페인]

앞에서 언급한 세 가지 혁신은 메신저 산업과 우리의 평판을 개선하기 위해 내부적으로 해야 할 일들에 초점을 맞췄다. 지금부터 얘기할 세 가지 혁신은 고객들에 대해 메신저들이 행동에 옮겨야 할 것들이다. 그 첫 번째는 커뮤니케이션을 판매 수단이 아닌 가치를 전달하는 수단으로 이용해야 한다는 것이다.

지난 5년 동안 회원 관리에 흥미로운 일이 일어났다. 메신저들이 회원들에게 쿠폰을 보내기 시작한 것이다. 이것은 미국 기업들이 전자제품 마케팅에 사용하고 있는 비효율적이고 나쁜 관행을 따르하는 것이다. 또한 이들 메신저들은 콘텐츠만 담고 있는 뉴스레터를 보내거나 판매 제품에 대한 홍보 메시지만 보내고 있다. 이건 정말 이상한 일이다.

판매만을 위한 커뮤니케이션은 중단하라

지금 메신저들은 오직 상품 판매만을 위한 이메일을 너무 많이 보내고 있다. 이들은 더 이상 이메일을 통해 가치있는 콘텐츠를 제공하지 않고, 단지 판매용 페이지로 가는 링크만 삽입한다. 이런 경향은 지금 당장 바꿔야 한다.

메신저 산업의 혁신은 판매와 가치있는 콘텐츠 전달 중 양자택일하는 것을 통해서가 아니라 판매와 가치를 결합하여 균형을 잡아야 마침내 완성될 수 있다. 내가 보내는 거의 모든 이메일은 다른 사람의 상품을 홍보하는 것이든 나 자신의 제품을 판매하는 것이든 항상 가치있는 콘텐츠를 제공한다.

가령 최근에 나는 소셜미디어에서 한 친구의 인포머셜에 대한 교육 프로그램을 홍보했다. 이 프로그램을 홍보한 다른 사람들은 거의 모두 자신의 회원들에게 이메일을 보내 "좋은 새 프로그램이 있으니 구입하려면 여기를 클릭하세요."라고 말했을 뿐 어떤 가치도 제공하지 않았다. 나는 이런 이메일을 '판매만을 위한 커뮤니케이션'이라고 부른다.

나는 다른 접근방식을 택했다. 나는 내 고객들과 소셜미디어에서 내가 하고 있는 일 중 효과가 좋은 것들을 곰곰이 생각해봤다. 그런 다음 내 비디오 스튜디오로 가서 내가 만든 소셜미디어 전략 중 가장 좋은 전략에 대해 설명해주는 인포머셜 비디오를 촬영했다. 그 비디오 끝에 나는 다음과 같은 취지로 말했다.

"이 내용이 여러분에게 도움이 되기를 바랍니다. 만약 소셜미디어에 대해 더 배우고 싶으시다면 이 비디오 아래에 있는 링크를 클릭하세요. 제가 잘 아는 메신저가 제공하는 교육에 대해 알려드립니다. 많은 도움이 되리라 생각합니다. 이 프로그램에 등록하시면 축하의 의미로 제 교육 프로그램 두 개를 무료로 제공합니다. 제 프로그램들은 소셜미디어 프로그램의 내용과 서로 보완이 되기 때문에 두 배의 가치를 얻으실 수 있습니다."

나는 메신저들의 일, 즉 가르치기를 통해 가치를 제공했다. 나는 회원들에게 유용한 내용을 가르쳐줬으며 내 친구 메신저의 프로그램에 등록하든 등록하지 않든 이들은 뭔가를 배웠다. 따라서 아무도 짜증나지 않으며 아무도 폐를 끼치지 않았다. 이렇게 하려면 좀더 노력이 필요하다고? 맞다. 물론 그렇다. 그러나 이렇게 하면 내 회원들과 좋은 관계를 유지할 수 있는데 내가 그들에게 약속한 일, 즉 그들의 인생에 가치를 제공해주겠다는 약속을 지키게 된다. 이 프로그램의 홍보결과를 밝히자면, 나는 홍보 파트너들 중 가장 높은 실적을 올렸으며 제휴 수수료로 20만 달러를 벌었다.

이 사례를 보면 가치를 제공하는 일과 상품을 판매하는 일 사이에서 양자택일로 고민할 필요가 없다는 점을 알 수 있다. 온라인 마케팅 분야를 포함한 대부분의 성공적인 메신저들은 이미 이런 식으로 일하고 있다. 이제 다른 모든 메신저들도 이를 따라야 한다.

영업 측면에서 메신저 집단은 커뮤니케이션과 홍보 일정을 보다 전략적으로 계획해야 한다. 대부분의 메신저들은 홍보 일정을 계획하지 않는다. 대신 이들은 매달 말일이 되면 "오늘 월간 뉴스레터를 보내야 되겠군. 쓸만한 거리를 찾든지 아니면 판매할 상품을 찾아봐야겠군."하고 생각한다.

나는 운 좋게도 세계 최고의 소매업체들에게 컨설팅을 제공한 경험이 있기 때문에 이 분야에 대해 식견을 좀 가지고 있다. 나는 노드스트롬과 베스트바이의 브랜드 매니저와 대화를 나누다가 이들이 홍보 일정과 상품 출시 계획을 매우 장기적으로 수립한다는 사실을 알고 깜짝 놀랐던 기억이 있다. 소매업체들은 다음 한두 달이 아니라 두어 시즌이나 두어 분기 일정을 미리 계획한다. 우리도 그런 기술을 배우고 언제 어떻게 가치를 제공하면서 수입을 올릴지 더 부지런하게 계획해야 한다.

마지막으로, 나는 자신의 프로모션 계획을 상대방에게 더 빨리 알려준다면 우리 커뮤니티 전체가 더 편하게 함께 일할 수 있다고 생각한다. 나는 "내일 새로운 상품 X를 출시할 계획인데 홍보 좀 부탁드려요!"라는 이메일을 얼마나 많이 받는지 모른다. 이제 몇 달 전에 미리 이런 계획을 알려주도록 하자.

고객과 함께 성장하기 위한 아이디어에 집중하라

이제 영업은 그만 얘기하고 가치에 대해 생각해보자. 정보 면에서 어떤 것이 과연 가치있는지에 대한 개념은 수십 년 동안 바뀌어왔다. 이제 더 이상 뉴스레터로는 고객들이 계속 흥미를 느끼고 뭔가를 제공받는다는 느낌을 가질 수 없다. 대부분의 고객들은 가치란 실질적인 콘텐츠와 당장 실천할 수 있는 실행 가능한 아이디어를 제공받는 것을 뜻한다고 말한다. 사람들에게 웃기는 비디오나 짧은 개요의 글 또는 블로그 글을 보내는 것은 가치 제공이 아니다.

고객들을 제대로 도우려면 그들의 목표를 생각해보고 이들이 목표를 향해 나아가는 데 도움이 되는 교육을 제공하라. 실천하기에 간단한 아이디어를 제공하라. 그러나 동시에 전체적인 개요와 과정도 함께 제공하라. 스스로에게 물어보라. "만약 내가 이런 내용을 받는다면 개인적으로 그리고 직업적으로 가치있다고 생각할까? 그리고 이것을 본 후 뭔가 새롭고 중요한 것을 할 수 있을까?"

　다시 한 번 말하지만, 이 모든 것들에는 수고가 필요하다. 그러나 가르치기 위해 해야 하는 일들이며 이를 통해 고객들을 도울 수 있다.

어떤
순간에도
고객 대응은
탁월해야 한다

[혁신 비결 5_ 고객서비스 마인드]

내가 이제까지 언급한 모든 것들이 바뀌어도 만약 산업 전반에서 고객서비스에 대한 접근방식을 개선하지 않는 다면 메신저 산업의 평판은 별로 개선되지 않을 것이다. 고객들은 메신저 산업의 고객서비스가 좋지 않다고 생각하게 됐고 이 때문에 구매하는 고객은 점점 줄어들고 많은 고객들이 공격적인 메시지를 보내기 시작했다. 한 친구는 최근에 "우리 산업의 새 고객들 중에는 냉소적인 사람들이 너무 많은데 그게 다 우리 잘못이야."라고 말했다.

나는 메신저로서 일을 시작한 첫날부터 고객서비스에 초점을 맞추었다. 우리는 고객으로부터 전화나 이메일을 받은 당일에 고객들에게 대응하고 있다. 좀 바쁜 집중 홍보 기간을 제외하고는 한 시간 내에 응대할 때도 종종 있다.

고객서비스 평판이 좋다는 것에 안심하지 마라

우리는 출시하는 모든 상품과 프로그램에 대해 비디오, 구매 페이지, 약관에 시험 사용, 반품, 환불 규정을 명시한다. 솔직히 말해 나는 환불 정책을 명확하게 하지 못했던 적이 한 번 있었다. 이로 인해 불필요한 걱정과 혼란을 겪었다. 고객서비스에 대해서는 어려운 일을 겪으면서 배우게 되기가 쉽다. 그러나 전반적으로 나는 고객서비스가 훌륭하다는 매우 긍정적인 평판을 누리고 있다고 말할 수 있다.

불행히도 최근에는 좋은 평판이 큰 의미가 없다. 그렇다. 고객서비스에 대한 평판이 좋은 것은 여러분이 생각하는 것만큼 의미가 없다. 그 이유는 메신저로서 사업을 운영하는 환경과 관련된 두 가지 현실 때문이다.

첫째, 최근에는 당신이 올리는 매출의 대부분이 당신에 대해 한 번도 들어본 적 없는 구매자에게서 발생한다. 특히 당신이 메신저 일을 시작한 지 얼마 안 됐을 때는 더 그렇다. 나는 꽤 알려진 편이지만 지난번 홍보 기간에 구매한 사람의 72퍼센트는 나에 대해 들어본 적이 없는 사람들이었다. 당신의 물건을 사려고 접촉하는 사람들은 완전히 새로운 가망고객들이며 당신의 명성에 대해서는 아무것도 모른다.

소비자 평가 사이트에서 메신저들에 대한 평가는 하지 않기 때문에(그렇다, 이것도 바뀔 것이다) 메신저들의 성격, 브랜드, 메신저 기업에 대해 구할 수 있는 정보가 많지 않다. 그에 반해 다른 산업들은 소비자들의 상품 리뷰의 영향을 대단히 많이 받고 있다.

둘째, 당신의 상품을 구매하는 사람들은 메신저 산업 전체에 대한 인상에 기본적으로 의지한다. 이것은 끔찍한 일이다. 왜냐하면 역사적으로 '대가'들은 매우 자기중심적이며 고객서비스에 절대 신경쓰지 않았지만, 아량이 넓은 팬들은 그들을 기꺼이 사랑해주었다. 록스타나 연예인들도 같은 이유로 고객서비스가 형편없다.

메신저 산업의 고객서비스가 엉망이라는 선입견 때문에 결국 고전하는 것은 지금 우리 메신저들이다. 나는 구매하기 전에 전화나 이메일로 무례하고 냉소적이며 쓸데없는 질문들을 던져 괴롭히는 고객들에게 질렸다. 나는 메신저 집단에서 가장 좋은 평판을 누리는 사람 중 하나이기 때문에 더욱 화가 난다.

우리는 즉각 대응한다. 우리는 고객의 성공을 진심으로 바란다. 게다가 우리는 구매 조건을 지나칠 정도로 상세히 설명한다. 그럼에도 불구하고 나는 지난번 프로모션에서 다음과 같은 이메일을 받았다. 수정하지 않고 그대로 싣는다.

나는 당신 상품이 맘에 들고 구입할 것 같긴 해요. 그렇지만 당신이 다른 사람들처럼 바가지를 씌우고 환불과 보증 정책에 대해 거짓말을 하지 않는다는 확신이 필요합니다. 만약 내가 당신의 그 빌어먹을 상품이 맘에 들지 않으면 젠장할, 당장 환불할 수 있는지 말해주쇼. 그렇지 않으면 안 살 거요. 그러니 당신이란 사람은 그래도 믿을만한지 아니면 다른 사람들처럼 도둑놈들인지 말해주시죠.

위의 메일을 보면 이 사람이 메신저 집단에 가진 선입견의 많은 부분을 알 수 있다. 요즘 사람들이 메신저 산업을 대할 때는 대부분 이런 불신의 감정을 가지고 있다는 사실을 알아야 한다. 모든 산업에서 지난 수년 동안 '대가'들의 평판은 나빠졌으며 이는 비극적인 일이다. 이것은 다른 어느 누구의 잘못도 아니고 그 집단에 속해 있으면서 평판을 망쳐버린 사람들의 탓이다.

강조하건데, 나는 대부분의 메신저들은 나쁜 사람들이 아니며 신의성실의 원칙으로 고객들을 대하고 나쁜 짓은 하지 않는다고 생각한다. 나는 우리 커뮤니티의 메신저들이 고객들을 보살피는 헌신적인 메신저들이라고 굳게 믿는다. 메신저 집단의 거의 모든 사람들이 좋은 사람들이지만, 이들은 사실 집에서 소규모 사업을 운영하는 매우 바쁘고 창조적인 사람들이다. 이런 현실을 고려할 때 나는 우리 산업이 고객서비스에 대한 평판이 나쁜 이유는 메신저들이 재택근무를 하다 보니 자원이 부족하고 일에 집중하기 힘들기 때문인 것 같다는 결론을 내렸다.

긍정적인 점은, 상품을 판매하기 전과 마찬가지로 판매 후에도 고객들에게 초점을 맞추도록 마음가짐을 바꾸면 이런 문제를 쉽고 빠르게 개선할 수 있다는 사실이다. 고객 한 사람의 평생가치를 생각할 때 고객이 행복하고 보살핌을 받고 좋은 서비스를 받도록 할 필요가 있다는 것을 항상 염두에 둬야 한다.

고객과 메신저는 서로의 팬이 되어야 한다

[혁신 비결 6_ 존중의 커뮤니케이션]

1980년대 후반에 메신저 산업에 미묘하지만 뚜렷한 변화가 발생했다. 이 변화는 좋은 변화가 아니었다. '탐욕은 좋은 것'이라는 월스트리트의 신조, 모욕적인 말로 일부러 청취자들을 화나게 하는 프로그램들의 인기, 영웅적인 CEO들을 찬양하는 분위기 등에 휩쓸려 메신저 산업은 길을 잃었다. 많은 자기계발 메신저들이 두 가지 나쁜 태도를 보이기 시작했다.

첫째, 메신저들은 자신이 고객들보다 우월하다는 태도로 강연하고 글을 쓰기 시작했다. 과거 고객들을 존중하던 이들이 사라지고, 그 자리를 '신병 훈련소 교관' 같은 메신저들이 대신 차지했다. 이들은 고객들의 '면전에 대놓고 가혹하게 얘기'했다.

사실 이런 유형의 메신저들이 보기에는 고객의 인생 전체가 엉망진창이다. 이들에 따르면 당신은 마치 몽유병을 앓는 것처럼 인생을 살고 있다. 사람들은 무의식 때문에 모든 일이 실패하고 만다는 사실을 모르고 있고, 인간관계와 일을 망치고 있고, 미래를 내던지고 있으며, 게다가 게으르고 멍청하다. 그렇기 때문에 아무에게도 사랑받지 못한다. 이것이 그들의 시각이다.

고객은 잘난 척하며 가르치는 메신저를 떠난다

좀 과장되기는 했지만, 정말 이상하게도 메신저들은 기본적으로 이런 쓰레기 같은 이야기를 해왔다. 오늘날에도 여전히 그렇다! 서점에 꽂힌 자기계발서를 한 권 집어 들어 살펴보면 자기 인생을 전혀 통제하지 못하는 실패자들을 위해 쓰인 것처럼 보인다. 이 분야의 작가들은 가장 낮은 수준의 고객들을 대상으로 글을 쓰고 말하기 시작했다. 메신저 산업 전체가 닥터 필의 유명한, "무슨 생각하고 있는 거야, 머저리야." 같은 표현을 쓰며 잘난 척하기 시작했다.

분명히 해두지만 나는 닥터 필을 좋아하고 특히 그의 책들을 좋아하며 그가 수백만 명을 도왔다고 생각한다. 또한 나는 그가 놀리는 투로 유머 감각을 섞어 그 같은 표현을 사용하기 때문에 더 친근하게 느껴진다고 생각하며, 그가 고객과 청중들을 진심으로 위한다고 생각한다. 그러나 모든 경우에 이런 표현이 의미있는 것은 아니다. 이제는 메신저들이 잘난 척하면서 마치 어린애들이나 부적응자들에게 충고하듯이 글을 쓰고 교육하는 태도를 바꿀 때가 됐다. 우리는 청중들을 더 존중해야 한다. 사람들이 최선을 다하고 있다고 가정하자. 그들이 무능하지 않고 유능하다고 생각하자. 일단 그들이 조언을 얻으려고 우리에게 온 것만 봐도 이들이 노력하고 있다고 생각하자.

나는 사람들이 속수무책이거나 인생을 몽유병 걸린 사람처럼 살고 있다고 생각하지 않는다. 우리 모두처럼 사람들은 자신의 문제와 현실을 매우 잘 알고 있으며 상황을 개선하는 데에 도움이 되는 영감과 가르침을 찾고 있을 뿐이다. 나는 고객과 청중들을 매우 존경한다. 그리고 그들에게 대화할 때 '진정한 메신저'의 모습으로, 즉 캠프 상담사 혹은 훈련 교관으로서가 아니라 친구로서 대한다.

물론 이 시점에서 사람들은 이렇게들 말한다. "그래요, 브렌든, 좋은 얘기네요. 그렇지만 우리 모두 알다시피 미디어는 조용한 하사관보다는 충격적이고 위압적인 훈련 담당 하사관 같은 스타일을 더 좋아하잖아요.” 슬프지만 나도 동의한다. 그러나 나는 주목을 끌기 위해 어떤 식으로 접근할지는 우리 자신이 선택해야 한다고 생각한다. 개인적으로 나는 미디어나 사람들의 주목을 끌기 위해 자신이 아닌 다른 사람인 척하거나 다른 사람들을 괴롭히는 일을 할 필요는 없다고 생각한다.

고객들을 믿고 그들이 우리 메신저들을 존경하는 것처럼 그들을 존경의 마음으로 바라보기 시작하자. 우리 고객을 존중하면 우리 산업도 존중받게 될 것이다.

고객과 메신저, 서로의 팬이 되어라

다음으로, 우리가 고객들을 존중하는 것만큼 우리의 팬, 고객들에게 더 많은 것을 기대해주자. 분명히 여기서는 우리 스스로 최고의 메신저가 되기 위해 더 많은 것들을 추구하자며 쓰고 있지만 나는 그럴수록 우리 고객들이 더 많은 것을 이루도록 기대하자고 강조하고 싶다.

정확히 언제인지는 모르겠지만(내가 조사하고 인터뷰한 바로는 1990년대 중반으로 보인다) 우리 산업은 갑자기 고객들이 우리가 가르쳐준 것을 실천하지 않아도 개의치 않는 분위기로 바뀌었다. 우리의 조언, 아이디어, 전략, 프로세스, 시스템 등을 고객들이 실행에 옮겼을 때 어떤 결과를 얻든 자유방임주의적인 태도를 보이게 됐다. "글쎄요, 고객들이 제가 가르쳐준 것을 실천하든 그러지 않든 제가 어떻게 할 수 있는 일은 아니잖아요." 이런 식이었다.

이런 태도는 오늘날 너무 만연하기 때문에 메신저들은 고객들에게 기대 수준을 설정하고 도전 과제를 제시하고 결과를 확인하는 시스템을 구축하고 후속 프로그램을 마련하는 일을 거의 하지 않는다. 그러자 고객들은 아이디어들을 실천하지도 않고 성과를 얻지도 못하며 그 때문에 우리의 평판은 점점 나빠지고 있다. 이제 이런 관행을 바꿔야 할 때다.

내가 이런 일들을 다 잘하고 있다는 뜻은 아니다. 다른 모든 사람들처럼 나도 더 많은 고객들이 내 프로그램을 실제로 사용하고 구현하기를 바란다. 더 많은 고객들이 자신이 주문한 책이나 DVD를 한 번 열어보기라도 한다면 정말 행복하겠다.

우리는 고객에 대한 태도와 소통방식을 바꾸어 즉시 혁신을 시작할 수 있다. 열심히 노력할 사람만 프로그램에 등록하기 바라며 프로그램에서 배운 내용을 행동으로 옮기기 바란다고 직접적으로 고객에게 말하기 시작해야 한다. 때로는 누군가가 고객들에게 목표 수준을 높일 수 있다고 말해주기만 해도 고객들은 실질적인 변화를 시작할 수 있다. 훈련 담당 하사관

처럼 굴지 않아도 고객들에게 열망과 도전 정신을 불어넣을
수 있다. 우리가 해야 할 일은 고객들에게 더 위대한 영감을
불어넣어주고 더 많은 수단, 목표, 후속 커뮤니케이션을 제공
하는 것이다. 마케팅을 위해서가 아니라 진실이기 때문에 다
음과 같은 말을 할 수 있다.

대부분의 사람들처럼 여러분 주위에는 여러분이 더 탁월
한 삶의 수준에 도달하도록 격려해주는 사람이 별로 없을 겁
니다. 사람들은 여러분을 보호하고 안전하게 해주려고 합니
다. 그리고 여러분을 더 세게 다그치지 않아도 괜찮다고 생각
합니다. 그러나 여러분과 제가 만난 것을 보면 여러분은 자신
이 더 많은 것을 성취할 수 있다고 생각하고 잠재력을 최고로
발휘할 새 방법을 찾고 있는 것 같군요. 그러니 한번 얘기해
봅시다. 만약 정말 이렇게 되고 싶다면 그리고 제가 가르쳐주
는 것을 실현할 용의가 있다면 시작해봅시다. 그렇지만 메신
저 산업의 고객들 중에는 그저 기웃거리기만 하는 사람들이
너무 많고 메신저들 중에는 팔고 사라져버리는, 그저 한몫 잡
을 궁리만 하는 이들이 너무 많습니다. 그러니 얘기해봅시다.
여러분이 내가 얘기하는 것을 실천한다면 나는 후속 프로그
램을 통해 여러분을 계속 이끌겠습니다. 배운 것을 실천하는
사람들이 더 많아져야 합니다. 만약 여러분이 그렇게 하겠다

면 한번 시작해봅시다. 그러나 제가 가르치는 내용을 그저 한 번 '시도나 해보고' 싶고 어떤지 맛을 보고 싶다면 내 블로그를 한번 훑어보시고 학생으로 등록하지는 않는 편이 좋습니다. 나는 내 학생들의 목표치를 높게 잡습니다. 만약 여러분이 제 학생이 된다면 여러분도 스스로에게 높은 목표를 부여하기 바랍니다.

이것은 너무 감상적이며 좋은 마케팅 전략이 아닐지도 모른다. "이보세요, 제 상품을 한번 사보세요. 그리고 나서 그게 당신에게 맞는지 한편 살펴봐요."라고 말하는 편이 더 쉽다. 그러나 나는 사람들로 하여금 스스로에게 높은 기대치를 설정하게 하고 우리의 아이디어를 실천하도록 북돋아주는 것이 중요하다고 생각한다. 고객들에게 다른 방식으로 이야기하기만 해도 변화가 일어나는 경우가 많기 때문에 사실 이 분야는 변화를 일으키기 쉬운 분야이다.

나는 고객들이 실천하겠다고 약속한 것을 지키지 않으면 그들을 다그치려고 최선을 다한다. 나는 고객들과 나 자신에게 높은 기대치를 가지고 있다. 나는 실천에 필요한 체크리스트, 샘플, 자료들을 고객들에게 제공하려고 노력한다. 그렇지만 개선할 부분도 있을 것이다. 나는 우리 모두 더 잘할 수 있다고 생각한다. 지금 당장 우리 모두 시작해야 한다.

가슴 뛰는 메신저로 살아갈 당신을 응원하며

당신이 지금 이 순간 이 책을 읽고 있는 이유를 나는 구체적으로 알지는 못한다. 아마도 당신이 이 책을 읽게 된 것은 내면 깊숙이 자신의 생각을 세상 사람들과 더 널리 나누고 싶다는 마음이 끊임없이 일어났기 때문이리라 생각한다. 혹은 당신의 인생 이야기와 경험을 다른 사람들에게 이야기해주면 어떨까 막 결심했기 때문일지도 모른다. 아니면 수입 면에서 더 효과적으로 일할 수 있는 새 아이디어와 전략을 찾고 있는지도 모른다.

어쨌든 나는 당신이 이 책을 읽고 있는 것 자체가 내면의 목소리와 깊은 관계가 있다고 생각한다. 만약 그렇다면 이 책을 마치기 전에 한 가지 이야기를 더 나누고 싶다.

새라의 인생을 바꾼 기말 프레젠테이션
새라는 나의 학생이었고 나중에는 나의 선생님이 됐다. 대학원에 다닐 때 나는 대중연설 수업을 몇 개 맡아 가르쳤다. 학생들을 독려하고 가르치는 위치에 있다는 사실에 나는 흥분을 주체하지 못했다. 나는 대중연설 강의 방식을 바꾸고 내가 가진 모든 열정을 담아 가르치는 등 맡은 강의에 전력을 다했다. 가르치는 일이 처음이었기 때문에 지금 생각해보면 당시 나는 내가 무슨 일을 하고 있는지 잘 몰랐던 것 같다. 그렇지만 나는 내 모든 것을 쏟아부었다.

그러나 초보 선생들이 흔히 그렇듯이 첫 학기가 끝나갈 무렵 나는 녹초가 됐다. 그 학기에 많은 일을 했지만 갑자기 나로 인해 달라진 게 하나도 없다는 생각이 들었다. 그런 와중에 나는 '새라'라는 수줍음 많고 내성적인 학생을 만났다.

학기 초에 새라는 전혀 문제가 없어 보였다. 새라는 지각하는 법이 없었다. 그러나 곧 말썽이 생겼다. 자신이 연설할 차례가 되자 그녀는 수업을 빠졌다. 두 번이나 교실에 나타나지 않았던 것이다. 이것만으로도 그녀는 이미 F학점을 받게 됐다. 그런데 이렇게 중요한 발표를 두 번이나 빠뜨리고도 그녀는 이후 매번 수업에 참석했다. 나는 수업이 끝난 후 그녀와 대화를 나눠보려고 애썼지만 내게 질문을 하는 학생들이 많았기 때문에 새라는 내가 말을 걸기 전에 항상 조용히 교실에서 사라졌다.

수업이 3주 남았을 때 나는 학생들에게 연설 과제를 알려줬다. 일정표에는 누가 어느 날 발표하는지 쓰여 있었다. 새라의 이름은 그 표에 없었다. 한 번도 수업 시간에 발표 과제를 한 적이 없고 이미 낙제가 확정되어 있었기에 나는 그녀의 이름을 포함시키지 않았다. 며칠 뒤, 내가 연구실에서 다른 학생과 대화를 나누고 있을 때 새라가 들어왔다. 매우 수줍어하는 것 같았다. 그녀는 내가 다른 학생과 상담을 마칠 때까지 기다리는 내내 손톱을 물어뜯고 발로 땅을 툭툭 찼다.

마침내 이야기를 나누게 되자 새라는 단도직입적으로 내게 부탁했다. "선생님, 마지막 연설 과제를 하고 싶어요." 나는 깜짝 놀랐다. 새라의 의도가 이해되지 않아 나는 학생을 격려해 줘야 한다는 사실을 잊은 채 물었다. "왜 연설 과제를 하려고 해요? 이미 이 강의에서 F학점을 받은 건 알고 있잖아요?"

새라는 말했다. "내가 이 수업을 망쳤다는 건 알고 있어요. 그렇지만 선생님이 저를 격려해주셔서 매일 수업에 참석했어요. 그리고 계속 수업에 참석하면 제가 학생들 앞에 설 수 있도록 선생님이 도와주시리라 믿었어요. 이제 저도 준비가 된 것 같아요. 선생님, 이번에는 해보고 싶어요. 지금까지 이끌어주셨잖아요. 제발 안 된다고 생각하지 말아주세요. 선생님과 수업을 같이 듣는 학생들을 위해 연설하고 싶어요. 저 자신을 위해서도요."

내가 그녀를 격려해줬고 '이끌어줬다'는 말을 듣자 내 마음속 깊이 뿌듯한 기분이 들었다. 나는 연설 일정표를 바인더에서 꺼내어 새라의 이름을 마지막 날 일정에 적어 넣었다. 그녀는 일정표에 적혀있는 자기 이름을 바라봤다. 그녀의 눈에 눈물이 맺혔다. 새라는 고맙다고 중얼거리며 말하고는 연구실을 나갔다.

다음 날 새라와 나는 그녀가 발표하고 싶은 주제와 내가 그녀에게 바라는 것에 대해 대화했다. 2주 동안 준비하기란 사실 빠듯했다. 나는 그녀가 연설하는 모습을 한 번도 못 봤지만, 잘 해내리라 생각한다고 말했다. 우리는 이틀에 한 번씩 만났다. 만나는 시간의 절반 이상은 할 수 있다는 생각을 그녀에게 불어넣어주고 두려움을 극복하도록 코칭하는 데 사용했다. 새라의 자신감이 흔들릴 때면 나는 그녀가 희망과 용기를 되찾도록 최선을 다했다. 스스로에 대한 믿음을 놓아버리려 할 때마다 나는 엘리자베스 퀴블러 로스^{Elisabeth Kubler-Ross}의 말을 반복해서 들려줬다.

빛의 가장자리에서 미지의 어둠 속으로 발을 내디디려 할 때, 믿음이란 그 어둠 속에 발을 디딜 탄탄한 뭔가가 있거나 아니면 날 수 있게 될 것이라고 생각하는 것이다.

나는 새라에게 연설하다가 실수를 하더라도 다른 표현이나 말할 거리가 떠오를 것이니 당황하지 말라고 격려했다. 새라가 자신의 목소리를 내기 시작한다면 자신의 목소리를 발견할 수 있을 것이다. 개인적으로 그녀를 지도한 지 2주가 지났을 때, 나는 솔직히 그녀가 발표하기로 한 날, 수업에 나타날지 확신이 서지 않았다.

그러나 그녀는 수업에 참석했다. 새라가 연단으로 나가자 학생들 거의 절반이 의아한 표정으로 나를 쳐다봤다. "새라가 정말 발표를 할까요?" 이렇게들 말하는 표정이었다. 새라는 10분 동안은 잘 해나갔다. 그러다가 몇 초 동안 할 말을 잊어버렸다. 표정을 보아하니 그런 것 같았다. 그녀로서는 고통스러운 긴 시간이었을 것이다. 그녀는 아무 말도 못하고 거기 서 있었는데 마치 자동차 헤드라이트에 비친 사슴처럼 겁먹은 눈을 하고 있었다. 나는 새라를 격려해주고 싶었지만 아무 말도 나오지 않았다. 그 순간은 나도 그녀만큼 겁을 먹고 있었다.

그런 가운데 한 학생이 부드러운 목소리로 새라를 격려했다. "잘하고 있어, 새라. 괜찮아." 새라는 이 말을 듣지 못했다. 그녀는 나머지 사람들과 동떨어져 자신의 악몽과 같은 두려움 속에서 꼼짝 못하고 있었다. "할 수 있어, 새라." "계속 말해, 새라. 바로 그거야." "새라, 그냥 말해, 우리는 널 사랑해." 마침내 새라는 눈을 한두 번 깜빡였다. 그러더니 마치 의식불명에서 깨어나기라도 한 것처럼 강의실을 둘러봤다. 다른 학생들이 자신을 격려해주는 광경을 믿지 못하는 것처럼 보였다.

더 많은 학생들이 격려해줬고 새라는 눈을 강연대에 고정시킨 채 그 격려의 말들을 되뇌고 있는 것처럼 보였다. 청중들은 그녀에게 열광과 지지의 물결을 보내줬고 여러 명이 눈물을 흘렸다. 나도 눈물을 흘렸다. 그리고 마침내, 새라가 다시 말하기 시작했다. 그녀는 고개를 들어 미소를 짓더니 고맙다고 얘기한 다음 연설을 이어갔다. 내 기억이 정확하다면, 새라는 총 20분 동안 연설하기로 돼 있었다. 그날 그녀는 40분 동안 연설했다. 내 생각에 어쩌면 그녀는 살면서 별로 이야기를 한 적이 없어서 그날 말할 것이 많았던 것인지도 모른다.

공식적으로 평가를 한다면 내용, 구성, 발표 면에서 새라는 C마이너스 정도의 성적을 받았을 거라 생각한다. 그러나 새라가 연설을 마쳤을 때 학생들은 역사상 가장 감동적인 연설이라도 들은 것처럼 우레와 같은 박수갈채를 보냈다. 그녀는 수줍게 미소를 짓고는 자신의 자리로 돌아갔다. 자리로 돌아가는 동안에도 다른 학생들은 계속 박수를 보내고 휘파람을 불었다. 한 친구가 얼굴이 상기된 채 말했다. "새라, 해냈구나." 그러더니 새라를 안아줬다. 새라가 자기 자리에 앉자 모두들 일어섰다. 그러더니 새라에게 기립박수를 보냈다. 강의실의 분위기는 열광적이었다. 수업이 끝나자 많은 학생들이 새라에게 다가가 그녀의 연설을 칭찬했다.

학생들이 강의실을 빠져 나가고 내가 폴더들을 가방에 넣고 있을 때 새라가 강의실 문 앞에 혼자 서있는 것이 보였다. 새라는 눈물을 흘리고 있었다. 그 다음 그녀가 내게 했던 말은 내가 살아오면서 들었던 말 중 가장 근사한 말이었고, 왜 우리가 다른 사람들을 도와야 되는지 다시 한번 확인하게 해줬다. 솟구치는 눈물과 끓어 넘치는 감정을 억누르려 애쓰면서 새라는 내게 이렇게 말했다. "감사합니다, 선생님. 아무도 제게 내 내면의 목소리가 중요하다고 말해준 적이 없었어요. 제게 잠재력이 있다고 말해준 사람은 선생님밖에 없어요."

두려워하지 말고 자신의 목소리를 내라

헨리 데이비드 소로Henry David Thoreau는 "사람들은 대부분 자포자기한 채 살아간다."고 말했다. 자포자기한 사람들을 알아채기는 어렵지 않다. 뉴스를 보거나 커뮤니티에 관여하거나 사랑하는 사람들과 이웃들의 이야기를 들어보면 도움을 바라는 천둥 같은 외침을 들을 수 있다. 사람들은 필사적으로 자신의 이야기를 세상과 나누고 싶어하고 자신의 잠재력을 충분히 발휘하고 싶어한다. 이들은 자신의 개인적, 직업적 삶을 개선시키기 위해 새로운 아이디어와 전략을 찾고 있다. 이들은 지도를 받고 싶어하며 누군가가 친절한 말과 도움의 손길을 뻗으면 매우 놀란다. 여러분이 다른 사람들에게 그런 기분 좋은 놀라움을 줄 수 있다. 이것이 이 책이 전달하려는 메시지이다.

새라가 그날의 연설을 한 지 거의 10년이 지났을 때 나는 친구를 만나러 모교를 방문했다. 나는 그 마법 같던 날 그 자리에 있었던 예전 학생도 몇 명 마주쳤다. 물론 그 학생들 모두가 나처럼 자세하게 그리고 기쁨에 겨워 '그 순간'을 기억하고 있지는 않았다. 사실 두 사람은 내가 상기시켜주기 전까지는 거의 그 일을 기억하지 못했다. 새라가 자신의 목소리를 냈다고 해서 모든 사람들의 인생이 바뀐 것은 아니다. 그렇지만 내 인생은 바뀌었고 새라의 인생도 바뀌었을 거라고 생각한다.

새라의 이야기를 통해 전달하고자 하는 교훈이 몇 가지 있다. 첫째, 나는 새라가 연설하던 그 순간으로 돌아가서 이 이야기를 하고 싶다. 당신은 다른 사람들 앞에서 자신의 목소리를 내는 것이 두려울지 모른다. 하지만 청중들은 상상하는 것보다 당신의 이야기를 잘 받아들여주고 지지를 보내주는 경우가 많다.

새라의 경우, 자신의 목소리를 내는 것은 두려운 일이었다. 자신의 생각을 다른 사람 앞에서 표현하도록 달래고 지도해야 했다. 그녀에게는 기념비적인 순간이었다. 그러나 대부분의 사람들에게는 그리 큰 사건이 아니었다. 청중들은 당신이 얼마나 열심히 준비했는지, 그러니까 당신이 연구하고 열심히 일한 시간들, 당신이 쏟은 노력 등에 대해서는 알지 못한다. 그들은 그저 일단은 당신이 자신의 생각을 표현했다는 그 사실에 존경을 보낸다. 그들의 지지와 감사는 거의 자동적이다. 왜냐하면 자신을 표현하는 영웅적인 행동을 찬양하는 것은 인간 본성이기 때문이다.

내가 이 책에서 밝힌 모든 내용을 습득했다면 이제 당신에게 남은 마지막 장애물은 '두려움'이다. 당신은 당신의 이야기에 아무도 귀 기울이지 않을까 봐 두려워한다. 그렇지만 사람들은 당신의 이야기를 들을 것이다. 청중들은 항상 그렇다. 세계 어디에 있든 청중들은 같은 것을 원한다. 당신의 책을 읽든, 오디오를 듣든, 비디오나 무대에서 당신을 보든 상관없다. 그들은 가치를 원하며 당신이 가치를 제공하면 그들은 당신을 지지하고 따르며 상품을 구매할 것이다. 세계 어디를 가더라도 스스로의 생각을 표현하는 것은 영웅 행위까지는 아니더라도 예술 행위로 간주된다. 자기표현 행위의 목적은 다른 사람들을 돕는 것이고 이는 친절하고 봉사하는 행위로 간주된다. 당신이 생각과 지혜를 나누면 사람들은 당신을 존경하고 감사하게 생각할 것이다.

또한 새라의 사례를 통해 나는, 아무리 열심히 노력해도 항상 모든 청중을 감동시킬 순 없음을 알게 됐다. 우리 메시지를 접한 사람들이 모두 인생의 전환을 경험하지는 않는다. 우리 메시지를 모든 사람들이 이해하지도 않는다. 몇 년이 지난 후에 우리를 기억하지 못하는 사람들도 많다. 그렇지만 몇 번이나 말했듯 학생이 받아들일 준비가 돼야 선생이 눈에 들어오는 것일 뿐이다. 역으로 당신은 준비가 된 사람들에게는 영향을 미칠 수 있다.

비록 내 학생 중 일부는 새라가 연설했던 날을 기억조차 못했지만 그것은 별로 중요하지 않다. 중요한 것은 새라가 자기 자신의 생각을 표현한 바로 그 순간 그녀는 힘든 일을 해냈고 학생들은 새라를 존경하고 지지했다는 사실이다. 새라에게 있어 그것은 매우 의미있는 경험이었다. 수줍음 많은 소녀가 드디어 자신의 목소리를 내고 기립박수를 받은 순간을 상상해보라. 그날 나와 학생들 전체가 감동을 받았다.

내가 모교를 방문하는 동안 마주친 예전 학생들 중 한 명은 그날을 기억하고 있었다. 그녀는 이렇게 말했다. "그날 나는 내 목소리를 표현하는 것은 용감한 일이라는 것을 배웠어요. 우리가 얘기를 나누면 사람들을 도울 수 있어요. 그날 이후 용감해지려고 노력하고 있어요."

나는 여전히 새라가 자랑스럽다. 그리고 내가 그녀 이야기의 일부였던 것이 영광스럽다.

행복한 메신저의 삶을 살아갈 당신을 위해

나는 이 책을 쓰면서 내가 당신 이야기의 일부가 되기를 바란다. 당신이 자신의 목소리를 나누도록 이 책을 통해 격려받기를 바란다. 당신의 메시지가 필요한 사람들에게 전달될 수 있기를 바란다. 그리고 다른 동료 메신저들이 자신의 이야기를 나누고 가르치는 것을 볼 때면 그들을 위해 기도해주기를 바란다. 그들을 격려해주면 좋겠다. 동료 메신저들에게 그들의 메시지와 사명이 중요하다고 말해주면 좋겠다. 우리 모두는 조언과 인생 경험을 통해 다른 사람들을 도우려는 사람들을 칭찬해야 한다.

나는 자신을 표현하고 자신이 아는 바를 이야기하는 과정에서 스스로를 발견한다고 믿는다. 자신의 목소리를 나누는 것은 인간으로 성장하는 데에 중요하며 사회에 기여하는 능력 면에도 중요하다. 다른 사람들이 자신의 목표를 향해 한 발짝 더 다가갈 수 있도록 도울 때 당신의 영혼은 빛난다.

이제 남은 유일한 질문은 자신의 목소리를 내는 것이 두렵지만 이를 극복하고 자신의 성장, 사회에 대한 기여, 청중들의 삶에 신경쓸 것인가이다. 당신은 매일 매 순간 세계라는 무대에 선다. 당신은 어떤 사람으로 비치고 싶은가? 당신의 목소리를 내고 싶은가? 어떤 이야기를 하고 싶은가? 어떻게 봉사하고 싶은가?

지금, 세상은 혼란스럽다. 인생의 거의 모든 면에서 정말 빠르고 격한 변화를 겪고 있다. 세계 곳곳의 사람들은 개인적인 면에서든 직업적인 면에서든 자신이 겪는 변화에 어떻게 대응

할지 잘 모르고 있다. 그들은 무엇을 해야 할지, 어디에서 도움을 구해야 할지 모른다. 이 모든 혼란 속에서 자신이 추구할 바나 자신의 잠재력을 어떻게 찾을지 확신하지 못하고 있다. 이런 불확실성 때문에 이들은 조심하고 멈칫거리게 돼 앞으로 나아가지 못하는 것이다. 사람들이 상황을 이해하고 극복하며 앞으로 나아가도록 도와줄 수 있는 롤모델이 별로 없기 때문에 이런 혼란은 더욱 증폭된다.

또한 우리는 엄청난 과도기를 겪고 있다. 사람들은 인생에서 죽도록 열심히 일하는 것이 전부가 아님을 깨닫고 있다. 수천만 명이 해고되거나 은퇴하고 새 기회를 찾고 있다. 모든 사람들이 더 창조하고, 더 나눠주고, 더 많은 일들에 개입하고, 더 성장하고, 사람들과 더 관계를 맺고 싶어한다. 이들은 전통의 속박에서 한층 벗어난 시선으로 더 서슴없이 자신의 세계를 탐구한다. 이들은 가르침과 영감을 찾고 있다. 사실 지금처럼 많은 사람들이 자신의 인생, 직업, 사업에서 다음 단계를 위한 아이디어와 조언을 구한 적이 없었다.

메신저들이 빛을 발하는 것은 이런 혼란과 과도기의 순간이다. 우리 메신저들이 나서서 우리의 이야기와 지식을 나누고 사람들이 더 나은 미래를 향하도록 도울 수 있다. 지금은 우리가 이끌고 봉사할 때다. 이 모든 두려움과 불확실성 가운데 우리는 길을 안내하는 불빛이 될 수 있다.

이제 당신의 시간이다. 오늘은 당신이 다른 사람들을 위한 희망과 도움의 등대가 되고자 결심하는 날이다. 밝게 빛나라. 메시지를 나누어라. 변화를 일으켜라. 메신저로 살아갈 새로운 문 앞에 선 당신의 건승을 빈다.

나는 인생의 두 번째 티켓을 받은 뒤 스스로가 그 축복을 누릴 자격이 있다고 자부할 수 있도록 매일 열심히 살고 있다. 충만한 삶을 살고 후회없이 사랑하고 변화를 일으키려고 노력하면서 신의 사랑과 이끌어주심에 감사한다.

이 책을 나의 아버지 멜 버처드Mel Burchard에게 바친다. 아버지, 너무 일찍 돌아가셨어요. 그렇지만 아버지가 있어 우리는 매우 축복받은 가족이었어요. 항상 보고 싶고 영원히 사랑합니다. "자기 자신이 되어라. 정직하라. 최선을 다하라. 가족을 돌봐라. 사람들을 존중하는 마음으로 대하라. 꿈을 따르라." 아버지의 이 뜻을 영원히 받들겠습니다.

어머니, 데이비드, 브라이언, 헬렌. 모두 사랑합니다. 가족의 사랑과 믿음, 우정, 지지가 없었다면 오늘의 나는 있을 수 없었습니다. 우리가 서로를 보살피는 우애 깊은 가족이라는 점이 매우 자랑스럽습니다. 앞으로도 계속 내가 좋은 사람이 되도록 격려해주세요.

나의 태양, 드니스Denice. 당신은 항상 나를 믿어주고 망설임 없이 나와 함께 고생해줬지요. 우리 관계가 얼마나 깊어졌는지 알고 있지요? 내 세상을 밝혀주는 당신은 내가 아는 사람 중 가장 친절하고 인상적인 사람입니다. 우리의 사랑은 경이롭습니다.

바쁘다는 핑계로 자주 만나지도 못하고, 이동 중일 때는 전화나 이메일에 답장을 제대로 못 하는 나와 계속 관계를 유지해준 친구들, 제이슨 소렌슨Jason Sorenson, 그웬다 휴스턴Gwenda Houston, 데이브 리스Dave Ries, 애덤 스탠디포드Adam Standiford, 라이언 그레퍼Ryan Grepper, 스티브 로버츠Steve Roberts, 제시 브루너Jesse Brunner, 매트와 마크 히스터먼Matt and Mark Hiesterman, 제프 버스즈먼Jeff Buszmann, 제시 빌라노 포크Jessy Villano Falk, 브라이언 시몬슨Brian Simonson, 데이브 스미스Dave Smith, 닉 디도미닉Nick Dedominic, 제니 오웬스Jenny Owens, 다나 페트로Dana Fetrow, 필 버나드Phil Bernard, 스테판과 미라 블렌드스트럽Stephan and Mira Blendstrup. 이들과 평생 동안 유지하고 있는 우정에 감사하며, 사랑한다고 말하고 싶다.

고등학교 때 저널리즘을 가르쳐주셨던 린다 밸루Linda Ballew 선생님에게도 감사하고 싶다. 선생님을 만나지 못했더라면 글쓰기, 조사, 발표, 메시지 나누기에 대한 열정을 개발하지 못했을 것이다. 선생님은 내가 처음으로 만난 메신저였고, 내가 선생님의 학생이었던 것을 영광이자 큰 행운으로 생각한다.

액센츄어에서 함께 일했던 친구이자 동료들에게도 감사한다. 이들을 통해 나는 사업, 탁월함, 전문성에 대해 배웠다. 특히 제니 챈Jenny Chan, 매리 바틀렛Mary Bartlett, 테리 바브콕Teri Babcock, 재닛 호프먼Janet Hoffman에게 고마움을 전한다. 이들 덕분에 나는 나만의 길을 갈 수 있었고 2004년에 첫 소설을 쓸 시간을 낼 수 있었다.

하퍼원HarperOne의 최고 에이전트 스콧 호프먼Scott Hoffman과 로저 프릿Roger Freet에게 감사한다. 이들이 없었다면 『골든 티켓』은 출판되지 못했을 것이며 내 일도 그렇게 보람되고 성공적이지 못했을 것이다. 이들은 다음 책으로 엑스퍼트아카데미와 관련된 내용을 쓰라고 설득했고 그들의 말이 옳았다. 나를 믿어준 데 대해 고마움을 전한다.

열아홉 살의 나이에 자동차 사고를 당한 후 수년 동안 다음과 같은 훌륭한 분들로부터 배울 수 있었기에 나는 메신저가 될 수 있었다. 토니 로빈스, 파울로 코엘료Paulo Coehlo, 제임스 레드필드James Redfield, 브라이언 트레이시, 스티븐 코비, 마크 빅터 한센, 잭 캔필드, 존 그레이, 웨인 다이어, 데비 포드, 벤저민 호프Benjamin Hoff, 옥 맨디노Og Mandino, 매리언 윌리엄슨, 존 고트먼, 나다니엘 브랜든, 필립 맥그로Phillip McGraw, 미치 앨봄Mitch

Albom, 레스 브라운Les Brown, 디팩 초프라, 데이비드 바크 및 기타 전설적인 인물들이 이들이다. 지금은 영광스럽게도 이들 중 많은 사람들과 친구이자 동료로 지내고 있다. 인생의 갈림길에서 이들의 생각과 지혜가 나를 격려해줬고 이 책을 쓰도록 씨앗을 심어줬다. 이들 덕분에 오늘의 내가 있을 수 있다는 점을 알고 있으며 영원히 이들의 지도와 우정에 감사할 것이다.

특히 토니 로빈스 덕분에 사고를 겪고 난 후 삶의 질을 극적으로 바꿀 수 있었다. 우리 일이 하나의 산업으로 간주되기 전에도 그는 이 산업을 이끌어왔다. 모든 것에 대해 토니에게 감사한다.

최근 수년 동안 많은 메신저들로부터 인생의 교훈과 마케팅 아이디어를 얻었다. 릭 프리시먼, 스티브와 빌 해리슨Steve and Bill Harrison, 제프 워커, 짐 크윅Jim Kwik, 프랭크 컨, 빌 해리스Bill Harris, 스리커마 라오Srikumar Rao, 에븐 페이건, 제이 에이브러햄Jay Abraham, 제프 존슨Jeff Johnson, 마이크 쾨닉스, 세스 고딘, 앤디 젠킨스, 조 폴리시Joe Polish, 라이언 데이스Ryan Deiss, 팀 페리스, 예니크 실버Yanik Silver, 로저 러브, 마이크 필세임Mike Filsaime, 폴 콜리건Paul Colligan, 브래드 팰런Brad Fallon, 가렛 건더슨Garrett Gunderson, 리처드 로시Richard Rossi, 트레이 스미스Trey Smith, 딘 그라지오시Dean Graziosi, 제이 콘래드 러빈슨Jay Conrad Levinson, 데이비드 핸콕David Hancock, 대런 하디Darren Hardy, 대니얼 에이먼Daniel Amen, 켄 클라인버그Ken Kleinberg, 보 이슨Bo Eason, 크리스 앳우드Chris Atwood, 텔먼 크누드슨Tellman Knudson, 랜디 가안Randy Garn, 토니 셰이Tony Hsieh, T. 하브 에커, 딘 잭슨, 브라이언 커츠Brian Kurtz, 리치 셰프런Rich Schefren, 브라이언 존슨Brian Johnson, 아먼드 모린Armand Morin, 존 칼튼John Carlton, 비셴 라크히아니Vishen Lakhiani, 돈 크로서Don Crowther, 제이슨 반 오던Jason Van Orden, 제이슨 다이치Jason Deitch, 댄 설리번Dan Sullivan, 존 애서래프John Assaraf, 폴라 압둘에게 감사한다.

내가 메시지를 나누도록 도움을 준 사람들 모두에게 감사의 말을 전하는 것은 불가능하다. 그러므로 여기에 이름이 언급되지는 않았지만 모든 나의 지지자들, 제휴 파트너들, 팬들, 친구들에게 사과와 감사의 말을 동시에 전하고 싶다.

내 일을 도와주는 뛰어난 팀이 없었다면 나는 아무 일도 못했을 것이다. 제니 로빈스Jenni Robbins는 탁월함이란 무엇인가를 보여주고 있으며 내가 아는 사람 중에서 가장 재능이 뛰어나고 상세한 부분까지 신경쓰며 효율적이고 협력적으로 일하는 놀라운 동료이자 메신저이다. 제니 로빈스야말로 버처드 팀의 상징이라고 할 수 있다. 나머지 팀원들에게도 나를 이 자리에 있게 해주고 내 일을 확장시켜준 데 대해 고마움을 전한다. 드니스 매킨타이어Denise McIntyre, 크리스티 거스리Kristy Guthrie,

트래비스 실즈Travis Shields, 숀 로이스터Shawn Royster, 존 조세포
John Josepho, 멜 에이브러햄Mel Abraham, 로베르토 세카데스Roberto
Secades, 톰 드워Tom Dewar가 그들이다. 또한 우리 행사를 빛내주
고 고객들을 격려해준 수많은 자원봉사자들에게도 감사의 인
사를 전한다.

마지막으로 메신저 집단의 현재 및 미래의 동료들에게, 같
은 일을 하고 있어 영광이라고 말하고 싶다. 이 산업은 똑똑하
고 애정 어린 사람들이 자신의 조언과 지식을 통해 다른 사람
들을 격려해주고 이끌어주는 산업이다. 여러분 모두는 중요
한 일을 하고 있다. 그러니 결코 포기하지 말기를 바란다.